R H
黄仁宇全集

黄仁宇
全　集
Ray Huang
Works

大历史不会萎缩

黄仁宇/著

九州出版社
JIUZHOUPRESS
全国百佳图书出版单位

图书在版编目(CIP)数据

大历史不会萎缩/黄仁宇著. --北京:九州出版社,2018.11

(黄仁宇全集)

ISBN 978-7-5108-7675-2

Ⅰ.①大… Ⅱ.①黄… Ⅲ.①史评—中国—文集 Ⅳ.①K207-53

中国版本图书馆 CIP 数据核字(2018)第 289367 号

大历史不会萎缩

作　　者　黄仁宇　著
出版发行　九州出版社
地　　址　北京市西城区阜外大街甲 35 号(100037)
发行电话　(010)68992190/3/5/6
网　　址　www.jiuzhoupress.com
电子信箱　jiuzhou@jiuzhoupress.com
印　　刷　三河市九洲财鑫印刷有限公司
开　　本　880 毫米×1230 毫米　　32 开
印　　张　8.375
字　　数　210 千字
版　　次　2019 年 1 月第 1 版
印　　次　2019 年 1 月第 1 次印刷
书　　号　ISBN 978-7-5108-7675-2
定　　价　42.00 元

出版说明

《黄仁宇全集》2007年由我社首次以平装16开本出版。

2012年,全集新增初版未收入的十余篇文章,重新编校后,以精装16开本出版。

为满足不同读者群体的需求,现将2012年精装本进行重新排校和设计,以32开平装本的形式出版。

九州出版社

2018年10月

目　录

大历史不会萎缩

虽说我引用了“中国大历史”的名号,但大历史这一观念却由来已久。黑格尔纵论历史,早已奠定了大历史的哲学立场。汤因比分析世界各国文明,以六百年至八百年构成一个单元,叙述时注重当中非人身因素(impersonal factors)所产生的作用,也树立了大历史的典范,托尔斯泰在《战争与和平》中写出:“人类的智力不能掌握着一切整体现象之起因,但是企望发现这些起因的需求却萦怀在人类灵魂之中。人的智能还不能查验得出来各种现象的繁复情形,首先抓住第一项近似于起因的事物,立时叫说:‘起因在此!’”

在历史事件之中(人类的行动成为了观察的题材)首先最原始的猜拟即是鬼神着意于此。以后则提到站在历史前端的人物之志愿——历史中的英雄人物,有志于此。但是一个人只要透视到任何历史事件之真谛,看清了多数人参与的情形,即会了解历史上的英雄并没有掌握着群众的全部行动,而实际其本身尚被掌握。表面看来,我们这般那样去领略历史事物之意义无关宏旨。可是有些人以为西方人向东方进军无非因为拿破仑有意于此;还有人则以为此事之发生,因为它必会发生。二者之间有很大差异。有如一些人以为地球静坐,各星球绕之而行,周而复始。还有些人则索性承认他们不知道地球何以会被持放于空间,但是知道它的运转和其他行星的运转受自然法规的支配。历史上的原因只有一个诸种原因的总原因;除此之外没有其他原因。但是,各种事件的发生受各种规律支配,这规律有些我们茫然无知;有些则即将摸索到手。要使发现这些规律成为可能,首先即须排除当中某一人之意愿可能为一切之起因的想法,正如发现星球运转之规律为可能,只要放弃“地静说”。

帕斯捷尔纳克(Boris Pasternak)在他的小说《日瓦格医生》(*Doctor Zhivaqo*)中自承受托尔斯泰影响。书中借着日瓦格医生失去拉拉时的沉思提及:历史无法眼见,有如草叶滋长的过程中,无人能目睹其成长。

以上的铺陈包含着两项启示,历史学家不可不察。

第一,托尔斯泰在《战争与和平》之中提出一个一切起因后面有一个总起因的说法,和佛教华严宗“一即一切,一切即一”的解释接近。但是西方思想家认为这总起因人类无从了解。即加解释也属于神秘主义(Mysticism)的境界。有如现代天文学家认为宇宙之创始由于200亿年前“一声大响”(Big Bang)使各种物体膨胀而起。将来又若亿年之后太阳上的能源用尽,太阳系统内生命同归于灭。此中意义何在?纵加解释,也属于宗教而不属于历史学。

第二,归而求诸次,我们倒可以发现各种事物相互关联,有如星球相互的运行,都受客观规律的支配。当中各个人领导的力量小,而群众运动由非人身因素作主的力量大。如果我们按照这种提示摸索过去,在发现各种规律之中,必然会勾画出来一个大历史之轮廓。我的经验,则这样写来的历史,前后连贯,也中外联系。如果一个历史学家笔下所处理的明清史与秦汉史全然无关,或者只能在外表上比较而不能在发展的过程中亘世纪或贯穿千百年地互相印证,当中必有蹊跷。而且将历史中的非人身因素不断地追索回去,最后必及于所述国家的天候与地理。

中国历史的原始资料又富于编缀大历史的线索。

举一个例,东汉之末的曹操过去曾受不少历史学家唾骂。野史中的许子将称他为“治世之能臣，乱世之奸雄”。孙盛著的《杂记》又谓他自称“宁我负人，毋人负我”。还有他所颁发世称“魏武三诏令”的文书求才，内称有品行的人不一定有才能；有才干的人不一定有品德。他需要的是能臣，而不是守规蹈矩之士。这样更招致攻击。有了这样一个枭雄当权，自己逼宫，儿子篡位，怪不得廉耻丧尽乾坤颠倒，引起中国一段长期分裂的局面。

可是我们仔细读他的《建安十五年十二月己亥令》，原文是一篇自传。内中说及他当初洁身自好，无意过度地发展，但是事不由己，总是环境逼迫，一步继一步地逾越当初界限。“又己败则国家倾危，是以不得[已]慕虚名而处实祸也。”这样说来他的冒险犯难尚是个人的牺牲。文中又表现当日分裂的局面已成，他实在是挽狂澜于既倒。“设使国家无有孤，不知当几人称帝，几人称王。”所以他在这时候还想勉强维持一个统一的局面，已是费尽心力，只有不顾本身名誉不较身家性命利害。

这还只算他自身的辩让。我们再读《三国志》里的《魏书·武帝纪》，他最初“举义兵以诛暴乱”，辞大将军衔以让袁绍。不愿加害刘备，自称“杀一人而失天下之心，不可”。称毕谌：“夫人孝于其亲者，岂不亦忠于君乎？”他的建安八年令修郡县文学，尚且称：“丧乱已来十有五年，后生者不见仁义礼让之风，吾甚伤之。”至此仍不乏传统道德的作风，直到一切无效，才提倡只求才不顾德。

以上本纪也仍可能是宫廷史官谀饰之辞。可是曹丕逼着汉献帝逊位后，司马炎又逼着魏主曹奂逊位；司马家之晋朝尚有八王之乱，兄弟叔侄称兵厮杀；随着北方有五胡十六国，南有宋齐梁陈，经过三百六十九年的混乱颠簸才有隋文帝的统一。这局面绝不可能由曹操一人负责，也不能再因循于抽象字眼，用“黑暗”“淫酗”和“腐化”等搪塞。因为那样仍是以传统的人身道德为一切事物之根源，也仍是强不知为已知。

这样一来,大历史逼着我们寻求技术角度(而不是道德本位)的解释。有如冀朝鼎的“关键经济地区”(key economic area)说,据此解释,当日的魏、蜀、吴各具备内部自足的条件,向外交接困难。拉铁摩尔(Owen Lattimore)则注重游牧民族的生计始终不能与中国精耕细作配合。塞外的“游牧周期”则与中国内地的“朝代周期”相盈亏;彼合则此分,此短则彼长。古籍的记载也提及公元300年前后大规模水旱蝗灾迭至,各方都有驱饥民作战的趋向。又自东汉“黄巾”叛变后各地筑坞,村民随着豪宗巨族武装自立,以后即在胡汉混居的地区,村民也作“堡壁”,互推“盟主”。这都是妨碍统一的因素。直到大规模军事行动之后,人口迁移,由北向南,由西向东,原始耕地也不断开拓,一般生计舒展,计口授田成为可能,大规模的胡汉通婚,下讫闾阎,上至帝裔。不仅北魏拓跋氏自动汉化,即隋杨王朝和李唐王朝也全是胡汉混血。隋炀帝又凿运河,沟通南北间的交通。尚且因着隋唐的统一,重订科举制度,“学者皆怀牒自列于州县”,亦即不待征辟,用人全部公开。

有了这些例证我们才知道由秦汉的“第一帝国”进展到隋唐宋的“第二帝国”,不仅范围扩大,而且在某些方面变质,因之魏晋南北朝当中的一段改造期间才如是旷日持久,更因着科举制度我们倒看回去可以想象当东汉陵夷而至三国时官僚组织已被巨家大室垄断。袁绍一家“四世三公”,“门生故吏满天下”,由学阀而变为军阀,官渡一战能动员十万人,用粮车一万辆。这样看来曹操之求贤并不是偏要推恩遗爱于无德之人,而是剔除当日“孝廉”的一个被包办垄断、并不合时的观念,只是积习难改,即曹魏用九品中正之后,也仍是“上品无寒门,下品无世族”。又直到隋唐之间,印刷品问世,教育普遍。又直到唐高宗武后殿试亲自询问应试学者,才使整个官僚组织变质。

如此在大历史的角度看来,曹操是好人或坏人,不是问题的关键,他无从掌握全部群众运动。他自称“本志有限”,被时代的潮流逼迫,应为可信,也与毛泽东自称“山中无老虎,猴子称霸王”近接。最多我们也只能说他是进展至魏晋南北朝时历史上之经纪人和历史之酵素。他一生征伐,象征着秦汉帝国业已崩溃,隋唐宋帝国尚未登场的阶段之启始。

我第一次用“大历史”的名目是在1985年,用在《万历十五年》台北版的自序,又在同时我写了一篇时论,自署标题为“中国长期革命业已功成——五百年无此奇遇”,在纽约发表。编辑先生虽然接受了这篇文字,但是觉得标题过于刺眼,改为较为含蓄的“个人经验与历史”付印。

这文字的要点我以后在不少书刊里重用,也在电视讲演时道及。其内容亦即是用宽广的视界,长远的眼光,检讨中国近百年的遭遇。计有:

◎中国在20世纪的长期革命是世界史里前所未有的事迹。以一个中世纪的国家,工业条件未备,去拖垮一个先进国家,已是令人惊讶。而八年抗战之后又接着四年内战,更逼着放弃东方传统去接受西方标准,至此中国历史才与西洋文化汇合。

◎这个过程中蒋介石与当日的国民党,创造了一个新国家的高层机构。这包括统一军令的国民党军队和征兵法,法币和主持它的中央银行,新教育制度和各种军事学校。只是草创伊始,免不得马虎将就。

◎毛泽东与中共的贡献在于翻转基层组织。虽然经过反复,现在看来其程度亦超过北魏以来至隋唐之均田。

◎邓小平及其继承人的工作则是重新修订法律,敷设上下间的联系作为永久体制。台湾则以1953年的“耕者有其田”法案完成类似改革。

我写得多了,有些读者也看得多了,就有一位书评家写出黄仁宇“执拗而自信”,而且不论我写什么,总要把中国大陆写成一个资本主义的国家。这不是我的立意。我用的是归纳法,不是演绎法,重综合而不重分析。以上四点有目共见,现在我用这结论作假说,倒看回去,将中国古代史、近代史(对我个人而言特别是明代史)、西洋史、日本史、个人观感、人物传记(如最近阅及的蒋介石日记)整幅重新修订。有如托尔斯泰所说,世事如行星相互运转,举一而反三,彼此互证。我要核对以上结论是否合理,是否与古今中外的事例不悖。这并不是所谓旧瓶装新酒,而是大规模打开门面,有如自隋唐的体系重新估计魏武,固然以旧迎新,也以新问旧,凡事都在再度审订之列。在我看来迎接新世纪的来临,这不过是初步尝试,以后所有历史书籍都将要如此向前修订。

迄今我没有失望气馁的理由,英文版《中国大历史》已出"世纪新版"(Turn of the Century Edition)。日文本已再版,韩文版也大致翻译就绪。《放宽历史的视界》经过大幅整理,也望在今秋(1994年)出英文本。我整理过的一部分蒋介石日记和附属资料早已译为英文,又加入附注七百余条,已先于《中国历史研究》季刊(*Chinese Studies in History*)去年及今年两次专号载出,也希望明年刊为专书(书中证明他经常为侧后环境操纵,无法独行其是)。日文本则仍由东京东方书店筹备。

大陆方面的简体字版除已有《万历十五年》及《赫逊河畔谈中国历史》之外,我已校对过《中国大历史》和《资本主义与二十一世纪》的新版。《中国大历史》第二十章也早于1993年8月号《读书》月刊转载。现今大陆不少的人士,已熟悉于大历史眼光中对中国长期革命的四点看法。

十二年前我提及邓小平等重订上下间法制性的联系一节,当日看来事属渺茫。但是近年因着大陆经济的展开已逐渐成为事实。有如最基本的法律如公司法、劳动法、对外贸易法和民事诉讼法都于近年公布。如此立法工作不断展开已引起外界注意。今年3月18日《华尔街日报》的社论提出:"中国的公民和国体已经开始控诉政府违法,促成全面的改革。"也提到:"中国趋于法治之前,首先则必须订立一套绵密的法律。”这社论虽然仍对中国政府指摘，但其重点则为“这是好现象”。3 月 21 日的《纽约时报》社论更用“中国向法治的表征”为题，指出：“长久的自由须要法治。中国的新改革使内外人士获有立足点，继续促使北京向这方面前进。”

叙述至此，我因为过去的经验深切地感到我对读者的责任，不得不额外交代：

今后中国的法律应当是西方型的法律，但是又要折衷中国现状。西方主流思想人性为恶，好色好货之心，人皆有之，贪婪之心，人皆有之，法律只防治人之为恶时侵犯旁人，贻害社会，并不勉强各人为善，良心上之事教堂主持。这在中国施行左右都是甚为艰难之事。

我见到不少年轻人，自称根据“理性”，不顾法律上技术因素，主观地“以天下为己任”。这样做得好可能使传统式的党事复活，做得不好使红卫兵造反的情形再现。这不是我们的希望。

这当然不是说年轻人都应抛弃责任独善其身。中国不能在过去施行法制，乃如汽车未备，公路不修，无从先装上红绿灯。现今则局面打开，新社会因经济发展而成长。我毋庸烦叙。我们虽不能在一分一秒的时间内目击木叶之成长，在长时间却可以体会它在继续成长，而且无从后退。

大历史带来的小问题

我们假设有这样一个故事:周立禺中学刚毕业时值对外留学开放尺度,他的父母立即措资使他到美国上大学。初时他不肯去,因为当时他热恋同班的张惜音,果然,他还在爱荷华州忙大考的时候她已和人订婚;等他获得学士学位回国她已结婚。而周立禺仍是孑然一身,而且美国学位也没有当初想象的有用。五年之后,立禺想起当日父母催逼自己勉从的一段经过,不能无介于怀。

他又再度游欧,十年之后自己的婚姻事业也有了成就,张惜音则在离婚之后酗酒。立禺再看到她的时候前后已判若两人,他就难于想象自己当初何以会爱上她……再隔五年十年旧梦重温必更有不同的看法,往事本身的基数未变,他和她对过去之观感则因以后的发展而转移。

在某些地方我们每一个人也就是周立禺或张惜音。我们也都是各人未出版之自传的作家,也经常对我们心目中之自传经年累月地不断修改,修改起来的时候,不仅前后措辞不同,即取材也有很大的差别,以前认为重要的转折点今日可以置之不顾。当初忽视的机遇,今日看来实为成败关头。

个人经历如此,一个民族、一个国家的遭遇和发展亦然。这种说法对1990年代的中国人用意长远,因为过去的七十年,中国已经历过一段跨时代的大改革。1920年间中国面临一个类似于魏晋南北朝的局面(南北即有广州与北京两政府),今日则有似于隋唐之勃兴,过去需要三百多年的动乱作背景,在20世纪只花了七十年渡过此难关,不止此也,中国之历史现已与西洋文化汇合。

“你真有把握确是如此?”你可能这样问我。

用不着问我。你只要反躬自问:你的衣食住行、脑内的思想、口头的词汇、家中生活习惯、婚姻关系、所受的教育、所承担的工作和所创造的事业是不是与1920年代你父祖所经历的全然不同?这不可能全然由于你个人之选择,而是侧后的社会背景已经过一段改造、遭遇到一段大变动之后,人与人的关系,已有了一番整体之调整。从大陆一次迁徙到台湾的人户即二百万,早岁金门御敌,今日大陆观光。过去七十年有了乾坤颠倒山河变色的经验,今日海峡两岸尽力通商,都希望在商业条例之中,坚定了管理新社会之原则。

这时候如不修改历史何时修改?

一百五十多年前有鸦片战争,兹后外强在中国保持着领事裁判权,主要的原因则是中国仍是几百万农村组成的大集团,本身不能在数目字上管理,因对外贸易带来的繁荣,也只限于通商口岸,很难在租界之外发展,今日则已脱离这局面。抗战刚开始,胡适即说中国是一个中世纪的国家,要慎重将事,这些情形都能和今日局面对照解释得前后连贯。又不止此也,如果我们把秦汉当做“第一帝国”,隋唐宋当做“第二帝国”,明清当做“第三帝国”,各以其财政税收作行政之张本,则全部经历与今日对照,也可以将当中大变动解释得明白。我们更将英国与荷兰在16、17世纪,经过变乱从农业体制进入商业体制的情形,与今日中国比较,也能说得互相衔接。在今日台湾与大陆提议邦联或联邦制的时候,则四百年前荷兰的例子更可供借镜。

将此中宏观情貌写为历史,则为“大历史”。

这大历史不可能与传统之中国通史同一篇幅或结构。主要因为今日中国之社会不论在大陆或台湾,均与传统中国社会(即胡适所说中国是一个中世纪的国家）有了至远之距离。在改造过程中，前有八年抗战，中国动员三百万至五百万之兵力，以全国为战场，在统一军令下与强敌作八年生死战，此已为洪荒以来之所未有，而接着又展开约四年之内战，更在世界史里难于找到类似例子。这突出发展，即不可能被传统之篇幅容纳，抚今追昔，我们一定也会将王安石变法、清朝入关等事迹解释得与以前不同。前面已经说过：以前认为重要的转折点今日可以置之不顾，当初忽视的机遇，今日看来，实为成败关头。

◎《中国大历史》中文本于1993年10月在台北出版。首先编辑先生即已慎重将事，在封颜之背面说明这书"虽然是通史性的论著，却突破了传统通史的格局"。可是所遇到的书评，仍大部分以脱离传统规范相指责。

王汎森先生在《中国时报》"开卷"的书评，出于善意。他说："（此书）有时未免作了太过印象化的概括，读来竟像是一个外国人在描写中国，不过，这种写法也使得黄先生的文字和叙述有一种异于传统通史教科书的新鲜感。"他又指出我的书"（以）问题为纲领切取中国历史中的某些面相，作一高度概括性的叙述"。

这都不失为持平的批评，我既认为中国历史至此已与西洋文化汇合，则从外看来与从内看去已无不能调和之差异（我只希望人人如此，至今还有很多外国人以为我之"大历史"过于中国本位），缘于前述中国人之衣食住行、脑内的思想、口头的词汇都已经过西洋文化之冲击而作全面目之调整，王先生自己的文字即已表示着高度的外文之影响，如"作者似乎过度强调财税等物质的因素，而忽略文化层面的历史作用"，非熟练于西欧文字者不能随意写出。

可是我的辩论也源于这温和的批评。我们今日所谓"经济"（economics）的束缚，本身即是文化层次的产物。既以吏部与天对、户部与地齐，每一朝代在创制的阶段即已充分地利用了传统的政治哲学及宇宙观。明朝的赋役更强烈地表现了明太祖的复古思想,这可以从他所颁“大诰”及在户部迭次训话时看出(注意梁方仲认为明代虽在后期行一条鞭法,其范畴不出于“洪武型”)。六百年后我们将这题材视之为一个技术问题,当初朱元璋提倡“藏富于民”指斥桑弘羊与王安石,却已将赋役视为道德问题。

《中国大历史》既已将题材高度压缩,又以问题作重心,即不能如传统的通史,将哲学、美术、经济各分一栏论列,本来这些区隔无非是学院分工的办法,与历史成综合性的发展本身不同。在以归纳法为主旨的眼光看来,我并未忽视文化层面的重要,儒家之“克己复礼”,我以通俗文字“孔子所提倡的自身之约束,待人之宽厚,人本主义之精神,家人亲族之团结和仪礼上之周到等等”在书中提到八次,提及孟子也有九次,而且此书以白居易的《长恨歌》开卷,以康德所述“事物自身”参入结论,当中提及杨朱、墨翟、董仲舒的宇宙观(未具名)、张衡、王充、玄奘、苏绰的根据周礼立制、宋朝之理学、清初之“实用主义”等等,也不能算是忽略文化层面的历史作用了。至于每一题材只能用一两句综述,则因全部资料业已高度压缩,并已在实用的场合中论及。

况且在 20 世纪之末期,我们提及文化层次,也不能限于传统的经典著作,我书中更叙述秦俑、汉瓦、敦煌石窟、《清明上河图》和《白蛇传》,则因不常见,较诸书为详。

至于龚鹏程教授在《中央日报》的评论,则可算作恶意的抨击,他除了全面否定《中国大历史》的立场外,并且对作者作个人指向(adhominem)的否定。他说及我在研究明代财政的“成果”外,立即说起:“技仅止此,便欲纵论上下古今,可乎?”再说:“我读黄先生书,辄为其缺乏中国思想、文学、艺术……之常识所惊。”我以九十三个字来谈明代思想,“而且几乎全错”,既然如此,那他又何苦操劳写下这长篇大论的文字,又提及书中细节,并且预言“我不相信黄先生能妥善回答”?他的结论,要我“悬崖勒马”,用词似民国初年军阀之通电。

本来这样所谓"书评"毋庸作答,你讨厌我,我鄙视你,写来辩去,必成"骂街式"的文人相轻。只是在龚教授全面否定之余,我却不作答也要向我的读者解释。

《中国大历史》中文版出版后立即成为畅销书,也受"开卷"十六人书评小组列入推荐书榜,英文版则早已经若干美国大学采用为教科书,也为台湾"行政院"新闻局海内外人员之参考。今年(1994年)夏天香港行政局一位议员即亲买一本赠港督彭定康,请他注意书中所叙。此书也经香港电视介绍,大陆方面除了《读书》已在第八期转载此书之第二十章外,已准备在北京出简体字版,日文版则经东京的东方书店筹措,预定在今年4月出书。此中必有无数为《大历史》奔走的朋友,以下是对他们的交代。至于书评内所述"只是由于他根本无力处理历史中非技术的部分",则无法分辩,只有至必要时可将此文附刊于《大历史》各再版之后,同时读者也可参考我所著《赫逊河畔谈中国历史》中的"道学家"。《万历十五年》内《李贽》一章已综合我对明代思想史的看法,即将出版的《从大历史的角度读蒋介石日记》更有提及王阳明之处。

◎书评说《大历史》提及今日汉字为数二万,"他不晓得康熙字典上所收即有四万九千字吗?"

中国字数至今缺乏具有科学性之统计。费正清教授在《美国与中国》提及:"今日中文在最大之字典有字远逾四万。但是归结起来约七千铅字构成报纸之所需,其中约三千为通过识字的标准。"前宾夕法尼亚大学卜德教授(Derk Bodde)可算得今日西方最大汉学家之一,他在《中国思想、社会及科学》(*Chinese Thought, Society, and Science*)则述及:"……在现代未经节录之字典有字几至五万。但是这种字典所列很多字体已经过时,不常用,限于技术性,或者属于标准字之变体。"

抗战前所出之《辞源》有单字约一万零九百五十。大陆刊行之《新华字典》可能为最畅销之字典，有字约一万二千。《马氏汉英字典》（*Mathrows' Chinese English Dictionary*）有字七千七百八十五（很多科技名词尤以化学名词原出自西文）。

我所谓二万，根据战前之估计，包括以上各字典辞典所未列之字，如恭亲王奕䜣之䜣，与康熙之名玄烨之烨，现在看来此估计似过高，以后修订可能近于一万五六千。

我希望研究语言文字之专家利用电脑将现行字作一统计，我猜测必低于二万，不可能多至四万余。要我接受《康熙字典》之字数，即是将我写历史向后修订。

◎书评说我曾说"五行金、木、水、火、土为万物相配置的方法，其根源出自《易经》"。"《易经》恰巧也不曾谈及五行"，所以我应当"翻一翻这本书"。

《大历史》有关此中关系之原文为：

> 他（汉武帝）朝中博士（董仲舒）认为五行（木、火、土、金、水）和东西南北中之五方、五种基本之色彩、五声之音阶、五种个人之德性，甚至五项施政之功能都互相配合而融会贯通。例如火，色赤，见于夏季，与用兵有关。这种观念源于一种信仰，它认为人世间任何"物"，不管是实际物品，或是人与人间的一种关系或交往，都出自某种类谱上相关价值，所以可以用数学方法操纵之，其根源出于《易经》，它是一种来历不明的古老经典。（页五十二至五十三）

以上所说确定地指出其观念及信仰来自《易经》。至于《易经》与五行的关系，读者可以参考司马迁《史记・太史公自序》。内云："《易》著天地阴阳四时五行，故长于变；《礼》经纪人伦，故长于行；

《书》记先王之事,故长于政;《诗》记山川溪谷禽兽草木牝牡雌雄,故长于风……”

我生平只用过《康熙字典》一次,也只“翻一翻”《易经》一次,此因研究明代最后一个户部尚书倪元璐时,发现他曾著《儿易》一书。我曾怀疑此中有特殊之数学思想,结果大失所望。我对一般读者的劝告即是接受李约瑟博士对《易经》的评价,这是一只“档案箱”(File Cabin),若不如此只有自己研钻作《易经》专家,我再提醒读者,仅明朝人士所作对《易经》的解释与图说,已有二百二十部,内容彼此不同。

◎书评说商朝万物有灵的观念自周而中断,代之为周代对祖先的崇拜,这是谬说。“商人何尝没有祖先崇拜?周人何尝无万物有灵之信念,黄先生对有关宗教的问题太陌生了。”

这又是断章取义的恶意攻击。我原书所述为:

> 两个民族或国家间宗教上的差异也极为明显,商人尚鬼,大凡一切事情之成败,从战争或利或不利,到牙痛发炎,都有特殊的祖宗作祟。这种万物有灵的信念(animism)自周而中断,代之则为周代的祖先崇拜。周人认为绵延宗嗣是后代的义务。(页十六)

很显然,以上所述为源于国家之教义(Out of State),有组织,有全面性,与偶然的宗教意识或单独的宗教行为无关。简概言之,古人说“殷尚鬼”,表示着商朝的部落国家性格,尚未脱离巫教之操纵,亦仍逗留于神权时代。《史记》的《殷本纪》内提及帝武乙以革囊盛血,仰而射之,命曰射天,即表示人与神争的原始性格,此不可能见于周朝。

以周代商,宗教上有截前断后的改革。周朝所主持的祖先崇拜已与伦理观念及宗法社会不可区分,也是中国文化史里的特色之一。至于天子祭天，诸侯祭其封内山川，大夫祭其先，庶人无庙祭其寝，已不能视为 animism。孔子说："周监于二代，郁郁乎文哉，吾从周。"亦即表示文教上的前后不同。孔子自己的宗教思想可以以"务民之义，敬鬼神而远之"，以及"祭如在，祭神如神在"，再有樊迟问孝时他答称"生事之以礼，死葬之以礼，祭之以礼"等文句看出。他又自称"述而不作，信而好古"，而终身仰慕周公，所以这一切文教之革新始自公元前 12 世纪，王权以礼乐作工具，祖先崇拜以孝为基础，这与商之尚鬼有了至远的距离。

我对宗教思想诚然陌生，所以在密歇根上学的时候曾往长老会、浸礼会路德教堂观察。可是我一直以为商周之间宗教性格的不同，是一种历史常识，至此被质问，被说"以想当然耳的态度，一刀割断商周"，至为惊讶。

◎书评说"秦以水德王，继周而兴，以黑色象征水正是该时代流行之思潮，何超时代之有？"

《史记》说："始皇推终始五德之传，以为周得火德，秦代周德，从所不胜，方今水德之始，改年始，朝贺皆自十月朔。衣服旄旌节旗皆上黑。"这成为以后朝代"改正朔，易服色"之始。以前有人提及商代曾有类似更革，出于传说，秦始皇却自身作主如是之除旧布新。《汉书·郊祀志》即称"齐人邹子之徒论著终始五德之运，始皇采用"，可见得是首创。又不止此也，秦始皇改称黄河为"德水"，他在碣石所镌碑有"隳坏城郭，决通川防，夷去险阻"字样。所以他以水象征秦代的统治，并及于封内不设防（这也对以后中国历史有长远之影响）。春秋战国期间诸侯常以河防为作战之工具，并以决堤危害邻国，始皇之统一免除了这一切纠纷，所以以水德色黑，有超过当时假科学的意义，也表示思想与行动互为表里。

从大历史的角度来看，这一切仍是小问题。写《中国大历史》这样的书可能全无差错?只有外行才会有如此武断式的信念,那又何苦为这些题目斤斤计较?

这也是由于书评者的用心。他找到很多一般读者无从查考在黑白之间的争点,积少成多,使他们对作者的能力、眼光怀疑,“黄先生的史学与史识是根本不能涉入任何关于哲学与文学领域中的”。“这类踳谬太多了”。

于是我说《孟子》一书有天候地理的因素在,为“此妙论丈二金刚摸不着头脑”,“王阳明学说不是将佛家顿悟说植入儒家体系,亦无借重自然之趋向,更不涉及重视纪律之问题”,而且认为我既说中国受地理上之影响未曾在历史上产生资本主义,则应当“迁土弃地”。又以为我欢迎“台湾香港以及大陆改革开放的现象,对中国将资本主义化表示乐观”,是为自相矛盾,“却忽然忘却了他的地理决定论,真是太奇怪了”。

此人与我曾无交往,如何如此对我“太不恭敬”(他自己用语)?另一段他又说及我“对思想缺乏兴趣”(!)则好像“是不为也,非不能也”,看来则是无意之中我忽略了他的立场。他又提出他自己写通史的办法:“贵乎融摄综贯,而融贯史事须有一套观念,一套解释架构。”换言之需要唯心,以观念论先造成架构。

在我看来这是彻头彻尾地将中国史向后修订。《周礼》所谓“唯王建国,辨方正位,体国经野,设官分职,以为民极”,只二十字已具在这样一套架构,如在中古时不仅可以倚之为写通史之指针,而且足以用之制造历史。可是这种体系需要所有政治、经济(非现代之 economy 或 economics,而系传统经国济世之术)全操在文人手中,在“民可使由之,不可使知之”的大前提下,用凭空构造(free construction)的方式将社会扭捏如理想。明初即已近乎这种做法。迄至利玛窦东来,犹叹赏治理中国者全系哲学家。我的《万历十五年》正是暴露此体制之弱点。

中国之士大夫阶级已因 20 世纪的革命永不复返,即以“知识分子”自成集团亦为日无多。最有力量左右国家政治、经济（这倒是各大学经济系所注目之经济，因其有数目字之根据）的人物为银行家、实业家、会计师、工程师、律师，甚至广播员、新闻记者。军事家只在某种场合之下发挥其特长，大学教授聘为顾问多系专理外交之智囊，无一技之长（这才是技术）之文人仍欲如昔日官僚主义体制宰割一切不可得也。

我是否在提倡中国哲学无用论？

那亦不是我的着眼。最近我研究抗战期间的蒋介石，才领悟到王阳明之心学对他影响之大（也掺杂佛家顿悟说，也借重自然，也注意规律，全有文字作证）。而且他的日记里间常引用《诗经》与《书经》。毛泽东与邓小平都曾阅读过二十四史及《资治通鉴》。很显然的，中国今后之文教有待于传统信念和习惯与眼前的新经济生活切磋琢磨而成，因之哲学与伦理仍具有领导的力量。但是新哲学家不能因袭于过去文人一手遮天的办法，以为文字均为其领域，对用其他学科为基点所作历史全不忍让。我个人即坚信任何历史学家无从否定今日中国由一个不能在数目字上管理的情形进入可以在数目字上管理的境界。因此之故，古籍专家参阅西方经济思想的经典著作只能有益无害。

抗战之前冯友兰著《中国哲学史》，他即将董仲舒到康有为之一段全长近两千年统称之为“经学时代”，书中云：“……在此时代中诸哲学家无论有无新见，皆须依傍古代哲学家之名，如以旧瓶装新酒焉。”他五十多年前写此段时即表示中国早已脱离此境界。王汎森先生论古史辨运动，也只反对“在倒洗澡盆时也把婴儿倒掉了”，并未反对洗澡。

今日去康有为又四分之三世纪，冯友兰也屡被整肃后身故。可是诸人梦想不到之事却已发生，即毛泽东不能想象之事都已发生。我自惭学浅术疏，但确认改制已成，毋庸托古。《周礼》系何人所作与我关系不深，可任专家争执。此书“间架性之设计”都成为了我研究财政税收之有力引导。况且《中国大历史》原为美国大学二年级学生读，在国内亦只希望为一般中学生、旅游者读,最多为大一学生参考,但仍遇到如是全面企图封杀,则除了本身防卫之外,不得不对当前历史教学发表意见。

其实今日之历史书籍只能由读者选择,不能由自命威权者所封杀,因为背景上,中国之改革,包含着各种群众运动。我们的衣食住行生活事业等的改变,尤其脱离了过去"诗意之公平"(poem justic),已成为了每一个读者的人生体验,有如周立禺之于张惜音,不说自明,无待考证。我再摘录冯著《中国哲学史》里的一段:

> 中国哲学史只有一个,而写的中国哲学史则有日渐加多之势。然此人所写,彼以为非,彼之所写,复有人以为非,古之哲学家不可复生,究竟谁能定之?若究竟无人能定,则所写的历史及写的哲学,亦唯永远重写而已。

这也是我欢迎史学家将我书向前修订不要向后修订之主因。

不久之前哈佛大学亨廷顿教授(Samuel P · Huntington)在美国《外交事务》夏季号发表论文,题为"文明的冲突"(The Clash of Civilizations),内中提及过去国际间之冲突,出于君主间王室的冲突、民族国家间的冲突、意识形态的冲突。今后此类冲突升级,则为文明间之冲突,最显著之趋向则为西方文明在一边,"儒家与伊斯兰文明之结合"在另一边之越洋冲突。虽说亨教授结论之最后一句提及在适切之未来,宇宙一体之文明既不可得(此亦他个人意见),这项文明应在体验之中学会与其他文明共存,但其文字则充满着备战之语调。西方文明与非西方文明差距过大,所以西方国家裁减军备应有限度,并须在东亚及西南亚保持军备之优势,以防止儒教国家之扩充政策,并且设计利用各国家彼此间之冲突。西方国家则除了欧美应加紧联系之外,还要争取东欧及拉丁美洲,因为他们的"文化与西方接近",日本为"西方之准会员”,所以要促进与它及与俄罗斯之联系。

亨廷顿也引用旁人之说,指出所谓儒教国家为中国(大陆、台湾、香港)、新加坡及其他国家内之华侨社团。以上各处互相具备新兴之工商业、金融中心、科技能力、服务性质之事业、良好之通讯网、广大的土地资源及劳动力,而以中国大陆作中心发展。冷战之后意识形态之敌意消失,各国以文化上共通之处促进经济之整体化。中国则不断地主持其扩张政策,在他看来,凡此都有向西方挑战之征象。

表面看来,亨廷顿不以种族、宗教、国家主义及经济之任何一面作“文化的冲突”之重点,而其实其文外之意即已集各色成见之大成。他既提及“西方文化”之核心地区,又有外围,尚有“准会员”如日本,又提及“西方文化事实上有许多方面渗入整个世界”,美国及其他西方势力利益则已在行动之中获得“普遍的合法性”,则与 19 世纪末期所谓“命定扩张论”(Manifest Destiny)有异曲同工之效用,总之即与罗斯福之所谓“四个自由”及在第二次世界大战期间已在推崇中国为“四强之一”的着眼大相径庭,亦即将世界历史及美国历史向后修订。

亨廷顿将提倡“柔远人,来百工”之儒教文明,以及孟子所谓舜“东夷之人也”与文王“西夷之人也”的儒教之历史上的世界,与《可兰经》内三句五语不离“圣战”(Jihad)之传统相提并论,因其文明“非西方”则为反西方,既为反西方则须抑制,读来不仅令人觉得可怕,而又令人觉得滑稽。

这与我所谓历史教学何关?

中外人士近几十年来介绍儒家思想与文教传统,重分析而不重综合,将其细处论得莫测高深,其紧要之处与实用之处反又遗漏,历史教学又将 1800 年前后割为两段,讲得互不关联,因之发挥传统文教者则不究现局,研究现局者则不提文教传统。我们当对亨廷顿教授暴露此中关键感谢。《文明的冲突》一文仍主张西方应对其他文明之宗教哲学最基本的想法具深切之了解,并及于其人民因之对其利害之看法。

借此句写在文之末端，而作者已对儒教及伊斯兰文明作有负面之判断。

《外交事务》夏季号之后，秋季有一文，题为“中国之兴起”（The Rise of China），作者克利斯托夫（Nicholas Kristof）为前《纽约时报》之特派员，文称“中国非做坏事（之国家）亦非叛徒（国家），但是他野心雄勃”。作者将今日中国比如本世纪初期之德国，因统一为民族国家后，借经济力量旺盛，有心经营远洋海军打破国际间之旧平衡也。克指出将来可能用兵之地一在南中国海，一在台湾海峡，另一可能在与日本争执之钓鱼岛。此文较切现实，亦更令人猛省。

如建立远洋海军则极难备而不用，打破国际间之旧平衡必为多数国家嫉妒，此又非道义上之问题，而为外交技术上之问题，想殷鉴重重，中国执政者必所深思，亦必能慎重将事。我只在此重复地提出《中国大历史》内之一段，注意此段因其文版，初与读者见面至今已逾五年。

> 虽说在今后几十年内中国应有一个极好机会在“已有的”和“尚无的”国家之间做和事佬，调节折冲，可是她也可能在两方之间同被排挤。工业先进的国家可找到很多借口抵挡人民共和国廉价而有技能之劳动力；而尚不能在数目上管理的国家则用各种教条指责北京之侵略性，这侵略性之趋向与中国文教传统无关。从一个以农立国国家的观点看来，一个以商业为主的经济体系总好像是具有侵略性的。

现在看来即有潜力打破国际间之旧平衡已被认为具侵略性，嫉视者应不只农业国家。如此更表现简明中国历史放大视界，不得不随时向前修订。传统的中国通史之作家无此顾虑也。

个人经验与历史*

——对于建立新史观的初步反省

1938年的夏天，当日军进攻武汉的时候，我工作的《抗战日报》因故停刊。我那时有意从军，所从的军乃是国民党办的成都中央军校，校长由蒋介石委员长兼。骤看起来，这很奇怪，因为《抗战日报》的主笔为田汉，在我为田伯伯；和我在同一楼房的编辑室内以笔墨劳动的则为廖沫沙，在我为沫沙兄。虽然我在这时候还没有知道他已多年为共产党员，但是在谈吐中知道他们思想前进，而沫沙兄尤其慷慨激昂。而同我去成都则又有田伯伯的长子。海男弟当日尚未成年，毕业之后，我们同在驻印军工作，抗战一停止，他就自动入人民解放军。我听说他对人民解放军的装甲兵和炮兵的训练，作有实质上的贡献，又曾在朝鲜战事期间，去过北韩前线，此是后话。

且说我们到武汉军校复试时，看到《大公报》的记者范长江。希天兄也是我们在长沙见过面的，那时仍是无党无派，和他一同办"中国青年新闻记者学会"的陈侬非则确实为共产党员。我知道他于抗战前的1930年代被国民党人员抓住，受过苦刑，当日仍感筋骨隐痛，获得我们的同情。

长江一见到我们，就想劝我们放弃从军的念头，要我和他一起办

---

* 此文原载《知识分子》，1985年7月号，页69~76。——编者注

“青记”。自己说还不算,又请其他朋友苦口婆心地央劝。我当日刚满二十岁,擂吹唱着大丈夫投笔从戎的雄心壮志,不为所动。长江就说如果我们一定要从军,也应当到延安进抗大,不应当到成都进军校。我们就说,延安所教的为游击战,我们想学的乃是正规战。我那时确是少年气盛,我认为中国军队在长江防线守不住,乃是将领偷生怕死。假使所有的将士,统统一步不退,“撼山倒海易,撼岳家军难”,何至一退就几百里,一溃就几十个师跑得落花流水?有一个晚上我们又谈到这延安和成都分歧点的问题,在座也有潘梓年先生。旁的朋友都说希天兄对,独有潘先生偏对我们同情。他说我们既有这志向,应当去成都。希天兄乃边笑地说:“你们既有《新华日报》的社论为你们作后盾,那我不能再劝了。”因为在武汉时代,潘先生常为《新华日报》社论的执笔者。这些往事,已快有半个世纪,今日追怀,当然有不胜沧海桑田的感慨。可是这篇文章执笔的动机,又不仅是吊念亡友;而更不是夸说自家有先见,所以今日保持在海外偷安的侥幸,也不是因袭滥调,假腥腥地负荆请罪,作言不由衷的忏悔,乃是叙述在大陆时代的大动乱中,很少人能对前途作彻底的打算,常常是因时就势,也常常是遇与愿违。只有最后局势稳定中,才能将前后的来因去果,看得清楚。因之更叹赏历史的发展,有它的规律。与之相较,个人不仅力量微薄,其所观察,也难能衡量全盘局势。

现在先说 1938 年,此时还是国共合作的黄金时代,在武汉的各种集会中,通常有两党的人士和其他无党无派的人士抵掌摩肩,我们年轻人,更没有为政治问题留难,只希望抗战胜利,中国不至成为日本的殖民地而已。因为国民党有“清党”的历史,抗战期间,两党已生嫌隙,内战一开,更是黑白分明。下一代的人,总以为我们这一代对党派问题,早有成见,去此舍彼,也出于早期志向,如田伯伯及海男弟他们一家与周恩来总理有旧,属于传统所谓“世交”。这种情形,不是没有,但不是全般现象。与之相反的则有如沫沙兄熊夫人的父亲,即沫沙的故岳父熊瑾玎先生，为武汉时代《新华日报》的经理部主任，是早期的共产党员。他的儿子熊笑三则为国民党的高级军官，在昆仑关击败日军时任团长，抗战未结束，即荣任国军的第二百师师长。二百师是当年全国数一数二的“机械化部队”，熊笑三将军为国民党高级干部亲信可知。至于在两党中来往的人物，情形更多。我们军校毕业后，分发到国军十四师当排长。接战斗序列十四师属五十四军，其前军长陈烈，即曾为共产党员。我们的团长梁铁豹，也曾为共产党员。而在驻印军任国民党党代表的盛岳，则不仅曾为共产党员，也是早期留俄学生，因为反对苏联对华政策，成为国民政府外交部的苏联专家，以后更出席联合国会议，指摘苏联。用不着说的，由国民党去共产党的情形更多。

希天兄范长江因他的政治活动，牵涉过多，为《大公报》所不容，被胡政之开革。以后办《国新社》，入共产党，在苏北解放区工作。人民政府成立前后，曾在新华社《解放日报》《人民日报》、中国科学院做过负责人，听说于“文革”期间在河南确山身故。田汉田伯伯寿昌曾写《关汉卿》的剧本，把他满腔热忱及艺术情调熔合一炉，是他一生最得意的时期。只是好景不常，听说他身故的情形也极凄惨。只有他所作《义勇军进行曲》成为今日人民共和国国歌，使我们知道他的人，一闻聂耳的乐曲，如见寿昌其人，可谓精神不死。沫沙兄虎口余生，三年前又为我著书《万历十五年》作题签。我为他欣幸，个人也非常铭感。只有陈依非兄，则很少为人道及，又始终为“无名英雄”。

中国人写历史的传统，以“褒贬”为前题，通常将叙述人物品质，分为至善与极恶。这种历史观，只能表现作者个人在世间的经验（概括来说，以一百年为最高限度）。而不能表彰超过生命长度的历史经验；也只能代表农业社会形态简单的经验，而不能表彰工业社会组织关系复杂的经验，这办法正是我们今日应该改革的地方。可是反转来说，长期历史的经验，乃是短时间生活各种事务堆积的成果，否则写来，只能成为抽象的观念，而不足成为历史。如果我这篇文章就此搁笔，也必陷入于“褒贬”的陈套。现在我既已提议,创造新的历史观,没有旁的办法,只好将自己寻觅历史的途径公开。既有些地方,好像自卑,有些地方又矜夸,不得已也,不如此则这篇文章无法写也。

读者必须看到,我进军校时,是一个无经验的年轻人。但是从小又读过太史公司马迁的著作,满头满脑的好奇心冲动。即景慕田伯伯和希天兄等,也是读过他们的剧本及报导,内中多“传奇主义”的色彩,所以我个人主义的成分浓厚。国民党的好处,则是他们注重外表型式、纪律在行为上表彰,没有整个思想管制的体系。所谓历史观,也是传统历史,这些方面,给我有自寻门径的机会。而我真正第一次体会中国社会的实貌,为1941年。军校训练两年后,向驻滇南第十四师报到。时抗战已入后期,由于欧战直转急下,日军占领越南,有威胁昆明模样。十四师原为国军教导第三师,为陈诚将军部下嫡系。由粤北行军经广西全境抵云南马关县,当日亦认为国防前线。我做了好几个月步兵排长之后,才知道军事失败的真原因,十四师编制有万多人,驻滇南时只有四千人,而友军邻师有的只有二千人。因为几百里行军,途中无补给站,无休养所,亦无医院及治病室,全部装备给养大部靠官兵自己肩扛身携,即征用民间骡马,亦因此地为烟瘴区,整片大山,人口稀少,前后不继。一遇雨季,道涂泥泞,狼狈已极,而淫雨与疟疾相继并至,士兵营养不良,一病倒拖死,有的即逃亡,即补充兵员,情形亦相似。

我虽为排长,又似代理连长。因全连官兵只四十人,无连长,亦无其他排长,有特务长一人(掌书算给养),后来也由师部调往他任,所以我们驻屯民房一间内,全由我年少书生作主。这四十名士兵内有三四个上士下士,为抗战前募兵时代的“遗老”。他们体格粗粗可以过得去,也能射击及投手榴弹,看不起我军官学校出身的学生,没有战斗经验。(后来在缅甸前线,我虽为参谋常出入第一线排连,曾负伤,与此有关。)有时早操称病不起床,我不得不用威迫利诱的方式,才能保全我做排长的面子。其他士兵大部为抗战期间征兵所得。一般为痹瘫残疾,不识左右。因为国民政府无实际机构到达各乡村。征兵全靠上面向下加压力,至此行之已四年多,所征的“壮丁”,如非顶卖作数,存心打算逃亡的投机分子,即是不知申辩,不知抗拒被抓来的白痴。教亦无益,劝亦无益,骂亦无益,打亦无益。射击不中标的,我自己军官学校所学尖兵、斥堠、侧卫、警戒、佯动等全部无法使用,后来我才知道,国军很多部队,不怕打仗,而怕“拖”。十四师至此已拖坏了,以后作战,全靠一连五个十个突击射手作中坚,其他士兵只能滥竽充数,在阵地前表现人多,冲锋时一涌上前,退却时无法掌握,溃败为当然之事。滇南丛山交通困难,即有给养补充也无法输送。我们下级军官和士兵一样,满身蚤虱。而最怕士兵病倒或逃亡。我们驻地附近的土匪,出资购买我们逃兵的枪械,步骑枪每支七千元。我少尉月薪才四十二元,士兵月饷十二元至二十元。因之有些排连长,夜间将枪械锁在木架上以提防士兵携械逃亡。

我于1942年初离开十四师,从此即未再做带兵官,以后在国军又近十年,总是当参谋。有一次和《新华日报》采访主任陆诒相遇,曾以“黄禾”笔名替重庆《新华日报》写过一篇文章,也用本名替重庆《大公报》写过十几次文章,都表明我为国军下级军官的身份。(1950年我在东京驻日代表团退伍官仅少校,叙上尉。)

内战期间国民党常被攻击是贪污腐化,上级骄奢淫逸,下级与土匪乞丐无异。我们做下级军官的常觉得这种批评不公允。而最不能容忍的则是有些人在抗战期间置身事外,好像国军全部与他们无关,也作同一批评。难道以上这些情况,是我们的志愿和希望?或是只有我们这些人自动从军的人单独应有的命运?可是事情如此,又无法分辨。所以今天我们还有在台湾的同学,或者已经退伍,或者已为高级干部,官至上将中将,还是为这些事不平,有做孤臣孽子几十年,一意要洗刷这污名的决心。

我于1946年来美进陆运参谋大学一年。1952年再度来美后，囊空如洗，在餐馆洗碗碟，做侍者，酒吧间做鸡尾酒，做园丁，在堆站里当小工，银行里整理档案，建筑公司画蓝图糊口。读书从大学三年级读起，于1964年得历史博士止，前后凡十二年。虽然涉猎欧美日本帝俄苏联印度历史，但是大部精神仍是注重中国的问题。我自己教书之外，也在各处演讲过和参加集体研究工作，不少欧美的汉学家曾见过面。对富路特（L. Carrington Goodrich）教授极为仰佩。此公父母在中国传教，葬于通州。自己在中国青年会担任干事多年，第一次欧战期间，率领华工赴法，又在哥伦比亚大学执教多年，今年九十岁，最近尚与他夫人打网球。我在他《明代名人传》做过工作。他常常提醒我注意中国历史的伟大，不要因短时间的偃蹇，忽略了几千年的优点。还有对我历史观有极大的影响的则为剑桥的李约瑟（Joseph Needham）博士，他的《中国科学技术史》是欧美汉学的奇葩。他也主张不作人云亦云，即阴阳五行等一套，不要先认为它做错了。一定要将它查看底细，方能断定是假是真。他现年八十四岁，也和他联名发表过文章，亲临謦咳，得益更多。

我在他们影响之下，再掺和了自己读书旅行的经验，觉得中国传统历史，如不针对20世纪末期解释，只是故纸陈篇，乱章滥调。反过来说，今日目前的事迹，也需要将它们的历史基点移后几百年，才能解释得清楚。因为中国的革命，是由于旧时代的政治社会制度，闭关自守的国家，在非竞争性的条件下，依靠文化的特点而存在，已有两千年的历史，一与欧美做实质上的接触，造成了一个天翻地覆的局面。从“中学为体，西学为用”的自强运动，到戊戌变法，辛亥革命，五四运动，北伐抗战，成立人民共和国到现在的“四个现代化”都是一浪未平，一波又起；这些接二连三的事迹已超过一世纪，其历史基点，也不可能在一时一事站得住脚跟，而需要将全部组织结构，和盘托出，我们才可以窥见它的真相。也不能以一种抽象的名辞，含糊囫囵带过，如指旧社会为“封建主义”了事;而须要将这旧社会的特征,尽量缕列。我写的《万历十五年》即从此方针出发。亦即是研究现代史,不妨以四百年前做基点,如果我们能把当日朝廷做事形态,地方政府施政情形,以及法制、军备、税收、思想各种端倪前后印证时,则可视为信史。则虽叙述,可代论文。此书除中英文本外,已有德法文本,日译本亦将于年内成书。

我提倡这种观点,不是没有付出代价的。美国之研究汉学,一般照研究自然科学的办法,成为“专家”。其工作只顾片面的详细,不管局外大轮廓的组织结构。每一个学者或于汉唐末或南北朝间割剖一阶段,或于元明清或于五代间抽出一章回,又加以思想、经济、法制等等不同的重点,即成专家。好多人规避大前题,所著书不针对今日现状,亦即显微镜是科学,望远镜不是科学,微菌学是科学,天文学不是科学,我和很多同事抬杠,又得罪了不少学界先进,以致重要的写作不能发表,学校里名为退休,实系裁革,都起因于此。

然则这问题的利害,断非在我一身。简言之,即今日中国无历史。我们目前只有历史资料,尚不能与20世纪一连串的事迹沟通。我们也有很多历史家,这些历史家,多采取局外人的眼光,而又以个人爱憎评论中国事物,作片面的武断。很多年轻人,读此等书,认为光绪皇帝既错,康有为也错,孙中山仍错,袁世凯更错,蒋介石错,毛泽东错,而今邓小平又错(这种的书,已在发行)。中国人如此说,美国人更强调如此说。很多人不了解的,这种情形,对美国读者及学生亦至为不利。

即使我们对中国现代史不满(这倒是合于人情的),我们也要看清,中国的革命如一个长隧道,须要一百一十一年才可通过。我们平均的寿命,不可能长至九十九岁,所以我们片面对这长隧道的反应,不能成为历史。以上光绪帝等人,或有他们局部错误的地方,但是我们不能认为他们所代表的中国人物,及所有群众运动,全部糊涂,统统乱来。这也就是说,我们一定要对历史长时间的合理性存有信心。

如果我们只凭自家感情用事，很多的读者，即可骂我，遁迹海外，而我也可以说 1938 年就走错了路，早知此路不通，应当立即脱身自荣，以后研究学术，更要避免纠纷。但是这不仅离历史的观点至远，也和我个人志趣相违。上面说过，历史的观点要从各种事物堆积而成。我没有这些胡闯的经验，就不能产生今日对历史的看法。1941 年十四师在滇南马关的情形，也要几十年后与外国比较，才知道中国缺乏商业法律，没有中层机构，因之内地的交通通讯、银行、汇兑、保险、医药以及商品的批发零售，统统没有适当的发展。一到穷乡僻壤，则更捉襟见肘，无法支持现代化军队。这种情形，要几十年后才能改进。

缺乏中层机构，也可以以范长江的经验得之。他所代表的《大公报》为政学系胡政之、张季鸾所办，自称超过党派的立场。这种情形很难证实，但是抗战初期它是数一数二经济独立的报纸，倒是真的。其能如此，也是《大公报》虽在内地出版，先有天津版，继上海版，后又有香港版，这"十里洋场"的销行与广告，才造成他独立的地位。胡张因对他们的报纸的特殊地位，视为禁脔。希天兄范长江一面做雇员，一面又组织"青记"，将国共两党的记者及无党派的记者一并邀入，有和《大公报》平分秋色之势。当然与它的宗旨相违，因之胡由香港一纸电令开革。长江乃办国新社，可是内地无商业机构及大量读者可以造成他经济独立的地位，即设香港分社，也无法由通讯社以复写纸卖稿自存。"新四军"案件一起，他便不能保持无党无派的立场。

寿昌田伯伯在国共合作期间任军委会政治部三厅五处少将处长。其业务为动员艺术人员参加抗战。1938 年他的一个大规模工作，即是派遣成批的画家，在武昌城墙上作一大油画，表示全国军民团结抗战，众志成城的样子。其规模宏大，长江船上的旅客，触目即可看见，我们离开武汉时尚未完成，也不知道武汉失守时是否完成。今日想来，以当时人力物力的艰难，作这样抽象不着实际的功夫，是否得计？其答案则是没有办法，因为缺乏中层机构，知识分子的思想无法与不识字的下层民众沟通。在经济发展的国家即无此现象,如关系国家存亡的大事,家庭妇女互相询问时,理发师与顾客闲谈时,教堂里牧师对做礼拜的信徒宣教时必已提及。此外,电台、候车室、气象报告、证券交易、商品广告,无时无地,无不明中暗中将其旨意传达,更用不着说工厂、学校、报章杂志。战时就用不着做劈头基本的宣传,因为战事与全民日常生活攸关,不待旁人说明。1938 年中国无此结构,如有则不致日军进攻武汉。

田汉为剧作家,他的三厅五处又组织了不少话剧队,到前线劳军,男女演员都有,所劳者仍为国军,路上经过很多艰难挫折。后来据一位有实际经验的人士写的一篇文章看来,也知道这中层机构不是可以勉强将就的。有一个话剧队在劳军时,被"劳"的队伍在广场内集合,先要等团长,士兵知道这是娱乐,如是喧叫呼号,不成体统,带队官大声威吓,才做到鸦雀无声,以后团长驾到,话剧开始。只演了三五分钟,演员已汗流浃背,因为教育水准与生活方式不同,士兵不知台词内所讲为何物也。但是内中有一点幽默的地方,引起团长微笑,带队官乃向队伍发令:"现在你们可以笑了!"士兵乃啊啊哈哈,装腔作势地狞笑狂笑。这次经验之后,有些演员气愤已极,立誓再不去劳军。我也因此可以想到当日艺术人员不投重庆去延安的原因。共产党的成功,即是接受现实,放弃城市里的高级市民文化,专搞下层机构,不怕做"土包子"。所谓"整风运动",也有这些趋向,虽然后来有些人,以此为终身职业,赶不上时代,终成开倒车的"文化大革命",可是也不是没有来龙去脉的。

我可以说这些因果有好几百年历史。《万历十五年》是我长期研究明朝 16 世纪后期的作品,也可以代表明清社会的一般形态。这形态有似今日美国所谓"潜水艇夹肉面包"(submarine sandwich)。上面是一块长面包,清一色的文官集团,也代表知识分子;下面也是一块长面包,是清一色的农民。简单说来,工商业没有本身存在的价值,其中的法令也着重于淳朴雷同。单元社会以男女长幼上下为社会秩序的根本,只注意四书所谓“黎民不饥不寒”,无意提高生活程度,去增加社会中层的繁复。这种社会一到鸦片战争(1840)才将弱点暴露;但是还要等到二十年后英法联军入北京(1860),才想更变,而曾国藩、左宗棠的“自强”,仍不过造船制械;又要再等到甲午中日战争被日本打败后(1895)才引起康梁的“百日维新”(1898),仍以为改革社会,可以一纸法令行之。至今还有人以为光绪帝不能先下手清算慈禧太后为憾,殊不知皇帝的存在,即为传统文化忠孝最高的主率,要他放弃这种观念,也等于要他清算自己。

所以两千年的帝制,又要等到八国联军入北京(1900)后十一年才结束,又要再等到欧战结束后《凡尔赛和约》才有五四运动的掀起(1919)。从制造兵器的改造到颁布圣旨的改造到成立民国的改造到教育人士自己思想的改造,已六十年,相当于很多人全部生命旅程,而所作为仍不外寻觅方针,对于本题上做的工夫还至少。

我们小时候在中学读历史,常常叹中国无能。为什么日本明治维新,短时候就做得头头是道?我自己投笔从戎的英雄思想未尝不是这样读历史简化事实的反应。这也要几十年后在美国读书仔细看到两方社会的结构,才明白其繁简难易的真正原因。

最简单地说来,中国是一个大陆国家,农村为经济的重心;外形简单,内部复杂,历史上专靠科举制度与政府联系。其所标榜的尊卑男女老幼,没有一个组织上的有效因素可供改造利用。从共产党土地革命的记录看来,则是牵涉地区广大,整个贫瘠、剥削的方式普遍,而且内中复杂的方式至于不可爬梳。这种情形,并不使我惊讶,因为我自己研究明代财政税收业已多年,知道在16世纪其情形即难治理,民国肇造,实在已经放弃传统的管制方式,也难怪初年军阀割据,因为除了私人军事力量外,没有更有效的组织方式,可以取而代之。而私人军事力量,也很难超出一两个或三数个省区范围之外。这样看来,国民党及蒋介石先生对中国有相当的贡献。蒋先生创造了一个新的高层机会,他对军阀或征服或劝服,而且以黄埔军人为骨干,提倡埋头苦干,忍辱负重,有了新政府的规模,得到列强承认,咬紧牙关,拼成抗战大业。毛泽东先生的贡献,则为看清大陆的农村,无法局部改造,只有用快刀斩乱麻的办法,重创低层机构。从美国人威廉·辛顿(William Hinton)所著《翻身》一书看来,阶级斗争实为工具,而非目的。我个人虽当时当事,不赞成这种做法(有如很多共产党员,说他"打坏坛坛罐罐"),但站在研究历史的立场,却又要承认其有长期历史上的合理性。而今日的 X—Y—Z 领袖集团以及他们的接班人在历史上的最大任务,则是在高层机构及低层机构中以法治的精神敷设中层机构(不是增加人员)。以上三个阶级,缺一不可。

为什么我可以说这是革命成功,而不仍是暗中摸索,颠倒黑白,重复错误呢?其中最大的一个因素,即是以前的中国不能在数目上管理(以英文言之,即是 mathematically unmanageable)而今则能。这也是历史上长期的合理性,理当以历史事迹引证。

1972 年至 1973 年我在剑桥随李约瑟博士研究中国科技在初期超过欧洲而以后则落后的原因。我们发表的文章(曾在罗马及香港二处发表),着重初期的统一,以文官集团治理全国。因为黄河经过华北的黄土区域,河流内泥土成分过多,容易阻塞河床,冲破河堤,发生洪水泛滥的后果,局部治理无济于事。又因为亚洲大陆气候变化无常,水旱频仍,民国创造前的二一一七年中,官方历史报告过水灾一六二一次,旱灾一三九二次,只有统一的帝国;才有能力对付这种问题。是以公元前 651 年,齐桓公会诸侯于葵丘,即有盟誓"毋曲防,毋曲糴"。即是不做不正当的河堤贻害邻国,在灾荒时不阻碍谷米出境。五霸之时,即因地理上的因素,创中央集权的先声。而塞外及青海草原地带为游牧民族出入之处,遇有干旱动辄与边区农民冲突,也须要统一的政权对付。秦始皇统一全国之前,很多战事,都与以上地理因素有关,就像《左传》与《孟子》样的经传，也接二连三提及历史的发展有天候地理的背景。(《孟子》一书中，提到治水十一次之多。又说天下乌乎定?”“定于一”。即为王道统一作号召，也奠定了“黎民不饥不寒”，“七十者可以食肉”的低水准平等思想。)始皇颂秦德的碑文，录于《史记》，更提及他的功业，与地理有关。

所以公元前221年，中国即成为统一的帝国，以后继续保持，不像欧洲一样有英俄德法意等国家，两方都有特殊的地理背景。中国文化，也以这特殊需要为前提。这超时代的统一，当然有它的坏处，也当然有它的好处。我们对于秦始皇的观感，通常以“焚书坑儒”四字作代表，但是看到战国时代杀人盈野的浩劫，更想到欧洲中世纪文化落后的情形，又不得不对他存好感。今日骊山发掘的塑像，其中数千百个士兵军官个个不同，更表现始皇能掌握全国组织，贯通技术艺术的能力，非一般“独夫”及迷信的帝王所可比拟。(他如果完全相信神权，则必似埃及印度，将人像塑成几十尺高，或三头六臂;他如果完全以军事统治，则这些塑像可以制模型翻砂，或波斯宫殿的雕刻样以同一人形成百成千依样画葫芦造成。)这些地方表现中国传统文化，有其集体性，也显示历史上的大人物，很难片面地“褒贬”，我们只能承认他们有他们长期历史上的合理性，很难因我们感情上的爱憎，定其好坏。

秦朝中央集权过度，汉初稍为放松，但是时代一容许又加紧。所以今天我们研究“大历史”(macro-history 以别于“小历史”micro-history)时秦汉帝国可称中国的“第一帝国”，自成一体系，而对我要讲的“数目上管理”更有关系的，则为“第二帝国”，包括隋唐五代、北宋及南宋(五代时中国没有完全分裂，与南北朝不同)，自公元581年到1279年，近七百年。

中国文献的好处，则是资料比任何其他文化完整。这第二帝国七百年的历史，尤其可以压缩而制成“历史家的望远镜”。因为中国自19世纪至现在的问题，连亘如此之久，非常人目力所能一览无余，即脑力亦难前后瞻顾。望远镜的用处,则是强迫我们顾远不顾近,看长不看短,专注于历史上与我们有关的重点,而放弃其他末节。据我所知道的至今中外历史家还没有人在编年史断代史上将这七百年作一个自成体系的研究。我个人初步看到这望远镜的体系,已经有很多特征可供专家及非专家参考:

第一,即重建统一帝国的力量,必须另起炉灶,从新生的力量开始。隋唐帝国去秦汉帝国崩溃后全国大乱有三百余年。其前身则为北魏拓跋氏,是一个游牧民族,文化水准低,但因此更不受当日豪门巨族的影响。它定都于今日山西时,不立即觊觎中原,而是俘获大量其他游牧部落的人民,消灭其酋长,将其人口强迫改为农民,其贵族与中国人通婚汉化,但又摒斥巨家大族(这是魏晋南北朝妨碍统一的大因素)的垄断。迁都于洛阳,分裂为东西,蜕变而为北齐北周。此后杨家隋朝以北周为基础,先已席卷北齐,后来并吞南朝统一中国。组织上的原则,亦为"潜水艇夹肉面包",即是越简单,越能拒绝中国的豪门及部落民族酋领的影响,越能造成清一色文官集团,领导清一色农民,利用"周礼"那样有"间架性的设计"(schematic design)为方针,不受中层机构制肘,能动员大量军民,发生最大的军事力量,奠定帝国的基础。

第二,因为这帝国成员简单,其数目字的管理,以从上至下为原则。例如行均田制则称"授田之制,人一顷";如行租庸调制,"岁输绢二匹,谓之调";如北魏之"三长制""五家立一邻,五邻立里,五里立一党";都是以军事组织的精神,管理全民。写这种制度的专书,中国都多得很。大多解释类此的数字,只表示一个概念,其实,施行时例外的情形层出不叠。今日我们读来,即知大难之后重建中央政权,必以上级设计为原则,不以下级各种详情为准则,是一种有强迫性的组织。其数目字既系一种观念,其统计也只能对上面塞责,不能对下级负责,常成假数字。敦煌出土的文件即可为其例证。

第三,这初期简单的组织,可以在一两百年内,使全国欣欣向荣。

经济发展,社会繁荣,反成为治理的困难。其原因乃是简单的农村经济,其生产销售为一元,与文官制度的单纯划一为表里。经济进步之后,情形复杂,财政变为多元,与文官集团以诗书为基础的情形发生距离,引起党派之争。在这问题上做过实质贡献为英国汉学家崔瑞德(Denis C.Twitchett)教授。他著书以《旧唐书·食货志》为基础,分析唐朝财政时以公元755年安禄山叛变为最大分水岭。此后李唐王朝依赖华中南的税收以榷运充实国库,技术上使文官集团分裂。

第四,唐朝覆亡及以后"五代十国"至北宋之成立,一共只五十四年,没有整个使"第二帝国"全部塌台。唐末藩镇割据已早成事实,即是大军阀霸占各省区,自行抽税。宋朝以军事力量收并群雄,造成统一的局面,中间有一个过渡的时期。

宋朝之所以能继续这种局面者,则是创业之主赵匡胤注重新时代的经济及技术。中国的人口重心既已南移,水运占重要地位。北宋定都于汴京,南宋定都于临安,都是重要商业城市。在很多方面,赵宋王朝有替中国历史另开出路的趋势,一方面提倡商业,一方面在造船、铸币、开矿、榷税、专卖酒醋各部门下工夫。不以重新分配耕地为新朝代创业的基础,自始即不行征兵制,而沿用五代以来的募兵。

第五,在历史上讲,这政策的成败难作断语。它一方面固然促进中国经济及文化的发展,一方面则不能开新的出路。国家愈富,军事愈积弱。北方的国家如辽金、西夏、蒙古,都以经济落后的地区,少数的人口,低度的文化,屡为边患。北宋、南宋,首先受这些国家凌辱,终被其灭亡。

这些表面似不可能的情形,只有中国历史有详尽的记载。上述当日文官以千多年孟子传授的方案为治理农村蓝本,又要他们做成大经理,经济专家,以致思想与技术冲突,有如上述。王安石提倡新政,成为宋朝党争的根本,我们小时候读书,都听到过"宋人议论未定,金人兵已渡河"。这些情形已经无数历史家写书介绍。可是其中还有一个重要的关键，则是不管与思想冲突与否，宋人也没有解决这技术问题。这是历史上很大的一个题目，至今还没有人能将其详情发挥，我们只能在彭信威、全汉升、刘子健诸先生所作书内窥见一二。要将这问题整个解剖，势必要将原始资料与今日经济眼光对照，而且要将西欧国家例如英国早期对付此类问题的情形作参考，才能彻底解释。

但是我们以历史的望远镜做工具，虽缺乏专家的著述，仍可以作初步结论，宋朝推行新财政的失败，最大原因为缺乏社会经济的中层机构，再追溯其始因，则系私人财产权无保障，不能造成有效的民法，以致银行业保险业都无法展开；交通通讯不能进步，统计无法着实，所有数字凭上级向下级逼成，到达了一个“不能在数目上管理”的局势。《宋史》里面说：“既以绢折钱，又以钱折麦。以绢较钱，钱倍于绢；以钱较麦，麦倍于钱。辗转增加，民无所诉。”这样抽税，也和我们征兵情形类似。以中国幅员之大，人口之众，反征不出兵来。因为征兵抽税的原则，总是由上向下施用压力，只有无力规避的人户，才被征被抽。

再说王安石，我们应当看他新政的记录，不要因他的思想目的与我们今日经济思想是否相符而先存成见。他的“方田法”在汴京附近二十年还不能完成。“免役钱”先在农村里强迫实行金融经济，这金融在城市反不能展开。“市易法”不能集中于批发业务，以致执行者成为零售商，到街上去卖冰。“青苗钱”无银行在后面做根本，无法庭监视借贷者的权利与义务，县官以整数借款，交给若干农户，而责成他们彼此保证，也不管他们愿借与否，而强迫地命令他们秋后连本带息，一体归还。有些地方并未贷款，也责成交息，即系无名目的加税。

总之，赵宋以经济最前进的部门作为行政的根本，而下层的农村赶不上，王安石的中层机构，不可能现代化，只是官僚政治，以致不能在数目上管理，发生大规模的虚冒现象。司马光说兵数十万，“虚数也”。这种情形至南宋未止。所谓“经制钱”及“板帐钱”不知系支出，还是收入？是预算，还是决策？系按税率征收还是责成包办？又发行大量的票据,只有庞大的数字,而缺乏现代化的会计制度去厘合考证。最后的结果,则是通货膨胀。这样一来,反不如北朝以落后的经济作基础,反能将大批人员给养装备交付于战场。

元朝入主中国,也不能对这问题解决。只好让华北成一系统,提倡大量减税以收拾人心,实际上也难能达到预期效果。其用技术人员办事,被明朝人认为"胥吏任事",其人数众多,则称为"十羊九牧"。1368年朱明王朝成立,中国进入"第三帝国"的阶段,其情况可称为"大跃退"。朱元璋放弃经济最前进的部门,以向最低的部门看齐;连现有中层机构的雏形,也一律不要。自己到户部去训话,称汉代的桑弘羊,唐朝的杨炎和宋朝的王安石都是坏人。写到这里,我也觍颜算是"专家",然则批评明太祖也仍有大历史及小历史的区别。我们针对目前讲,则朱元璋可谓糊涂,但是他继承宋元情形,又没有西欧对这问题的经验,则不能说他没有着眼。而后面还有一个庞大的背景,则是中国还是亚洲大陆的一个大国,中央集权逼于地理的需要,治理成万成千的农村,当日只能赖熟读诗书的士人以道德作张本。朱元璋指令每乡村自订乡约,又筑"申明亭"及"旌善亭"各一座,春秋行乡饮,以低度的技术姿态,用道德代替法律,也就是无法放弃"潜水艇夹肉面包"的机构。这种程序,袭用于清朝,见于各地方志。在大历史上讲,这情形也迁延至今。

然则在"文化大革命"回光返照之后,这种制度不可能再重建旗鼓。我之敢于作此断定,不是担保无人对此转念头,而是指它在历史上不合理。中国的现代化固然要瞻顾世界经济发展的先例,在历史的程序上讲,也不可能凡事抄袭外国,放弃文化上固有集体性的特点,陷于所谓"走资主义"。我们与其在思想上争执,不如在技术上检讨。

1978年夏天,我再去剑桥,和李约瑟博士商讨欧洲资本主义形成的因素。我们已各自单独看书,这次众首的目的,乃是草拟文稿,每周检讨一次,在座的还有两位年轻学者(即加拿大的 Timothy Brook 及美国的 Gregory Blue)。我们认为,资本主义必须在技术上通过以下三点才能展开:(一)私人关系的信用借贷,广泛的推行,于是资金流通。(二)产业所有人以聘请方式雇用经理,因之企业组织扩大超过本人耳目足以监视的程度。(三)技能上的支持因素如交通通讯等共同使用,于是企业的经济力量超过本身的活动范围。这三个条件,讲来容易,今日在很多国家尤司空见惯,但是在中世纪后想要达到这种目的,必须在政治思想社会上有整个的改变,所以也是先由小国家着手,也仍要在内外交逼的情形下毅然造成。

初期在这种运动做先驱的乃是意大利的自由城市,这些城市的自由,也不是凭空而来的,乃是当日神圣罗马帝国(本身不在意大利而在德奥)与教皇争权,这些城市乃乘两方顾盼不及的机会,独立自主,此中骁首,乃威尼斯。它的城市全在水中,受大陆农业社会的限制至微。乃以全力经商建造海军,它的法律,也是先进的商业法律,十四五世纪时整个国家有如一个大公司执欧洲商业的牛耳。到 16 世纪至 17 世纪间它的先进地位才为荷兰所得。

荷兰正式国名为“内德兰王国”(Koninkrijk der Nederlanden)(历史书中称 The Dutch Republic,又称 United Netherlands),荷兰(Holland)不过为联邦内七个省之一省(今则十一省)。但是这个国家在 17 世纪初年独立时,荷兰人口占全国三分之二,又供应联邦经费四分之三。内德兰因抵抗西班牙政府及参加宗教革命才联合全体荷民成为独立国家,过去无统一国家和社会的经验,经济发展尤参差不齐。显然荷兰为工商业先进,内德兰境内也有很多省份保持中世纪形态,为落后的农村机构,不能以同一的法律在全境施行,是以乃行联邦制,大事由联邦决定,其他由各省自理,开现代国家双层政治制度的先河。初时荷兰这一省还坚持它有独立的外交权;荷兰的海军也是五个海军单位并成。虽然全国皈依新教的卡尔文派(Calvinists),初独立时很多教徒对这派的教义所谓“定命论”者(Predestination),作特别的解释,以便支持他们各别的政治活动。执政慕黎斯王子(Maurice of Nassau)其立场为全国团结。他曾说:“我不知道定命论是蓝是绿。”但内德兰终因对外激烈的竞争及本身高度的经济发展下将其内中矛盾逐渐解除,而成为世界上最富强国家之一。

接着荷兰为资本主义国家之先进的则为英国。英吉利及苏格兰,称“联合王国”。大于荷兰五倍到六倍之间。今日我们看来面积小,在18世纪之前的欧洲则为大国,也有坚强的农业基础。这国家在商业组织没有展开之前,常为其他国家制肘。如银行业,首为意大利垄断,以后保险业,也被荷兰操纵。意大利在伦敦的市街,称仑巴德街(Lombard Street),他们也享有领事裁判权。英国输出以羊毛为主,意大利人即先垫款于畜牧的农村,将羊毛预先收买,又掌握其海外市场。

英国的整个17世纪,可称“多难之秋”。起先英皇与议会冲突,财政税收成为争执的焦点,又有宗教问题的扰攘,司法权也成问题,对外关系又发生疑忌。曾发生过解散议会、内战、弑君、革新为民国、行独裁专制、复辟、第二次革命,此外又还有暗杀、发政治传单,排斥异教徒,与外国成立秘密协定,和英皇受外国津贴的情节,而它的人口又不过四百万到六百万之间,其与中国在本世纪初不可治理的情形,也是大同小异。当然这一段历史,可以产生很多不同的解释。不仅不同的历史家著书争论,在同一作者所著书,出版前后不同,也可以作相反的论断。

我今天极想提供中国读者参考的,则是针对中国的大历史言,1689年以前,英国实为一个“不能在数目上管理”的国家。法律就有不同的见解,法庭也有三四种不同的种类。其所谓普通法(common law)者,乃中世纪遗物,绝对的尊重成例,凡以前没有做的事都不能做,对地产注重使用权,对所有权倒弄不清楚;缺乏适当的辞章足以解释动产的继承权;不动产的押当,也不符合社会需现款的情况;也没有将地租按时价调整的办法:农作物则只能推销于本地,限于有历史根据的市场,其他如组织公司,宣告破产等全未提及。简言之,这种法律以旧时代欧洲封建制度的农村习惯作背景,无意改革。一到 17 世纪初期,大批白银由西班牙自西半球输入引起欧洲物价陡涨,英国内地情形也受国际战争及国外贸易的影响,地主则不能保持他们的产业,商人则不愿付额外之税,皇室则因军备增加而无法筹饷,一般贫农及小市民也为生计所逼,有时感情行动,宗教上教义上抽象之处则更给他们火上加油,其所谓君权民权的冲突,也超过历史上的成例,只是两方都以成例为自己辩白。克伦威尔(Cromwell)代表议会派在军事上胜利,其所标榜的方案也行不通,因为本身还没有照新情况作调整也。于是又还要酝酿好多年。

1689 年不流血的革命之后即无此现象,以前的问题,掀动了半个世纪,至此渐渐销声敛迹,宗教派别的冲突,也好像被遗忘了。其中最大的关键,则是兵戈扰攘之后,农村的组织已起了变化。英国在 17 世纪,当然谈不上平均地权,所改革的,只是内部规律化。以前地产不知道自己产业何在,种田的人也不知道自己是短期赁户还是半个业主的糊涂情形也渐渐地随大时代动乱而扫除,很多地界不明的情形,几十年斗争之后也来得清楚。而普通法的法庭至此能接受公平法(equity)也是一种进步的征象。公平法本身非法律,只是一种法律观念,等于习俗所说“照天理良心办事”。在英国初行时只限于英皇所控制的若干法庭,有额外开恩之意,17 世纪中叶之后,普通法的法庭,对这种观念让步一二,也逼于时势的需要,结果则是积少成多,其妥协的办法也创成例,于是两种法律观念对流。1689 年革命后普通法的法庭更受首席法官的指示,以后与商人有关的案子,照商业习惯办。这样一来,英国内地与滨海,农村与工商业的距离缩短,资金对流,实物经济蜕变而为金融经济。资本主义的办法,以私人财产不可侵犯为原则,但至此和以前比较,税收反能增加。这段历史的重心,可以说是创造比较合于时势的低层机构,其中层机构就随它兴起。英国从此可以在数目上管理。这个国家以这种组织做本钱。当日又在欧洲算是一个堂堂大国,竟称雄于世界达两三个世纪。

讲到这段历史时,英国历史家克拉克(Sir George Clark)曾说这是以商业组织代替农业组织,英国又因向荷兰学习而成功。那么中国是否同样向外国学习?我们从侧面看来,学习无法避免,可是中国也必因其历史地理背景,在学习中创特色。

所谓学习无可避免者,则是中国过去为闭关自守的国家,其特色为非竞争性,这种特色在鸦片战争后已不存在。即如今日之唱国歌,即已和传统相违,如编印报纸将时事向大众报导,也为传统社会所未有。又过去很多学习的经验,今日已为历史。曾国藩百年前设机械局,为江南造船厂的前身;严复翻译外国著作,本世纪初期影响中国人心的程度无可权衡。这些因素,都已透入中国社会之内,作为其实质的一部,不论我们对曾严个人的观感如何,他们的贡献,无可抹杀,也很少有中国人,能不受他们的影响。

可是过去的学习,只有片面的功效,或者尚起反作用,其原因乃是中国社会与经济还没有适当的机构,下层既是一塌糊涂,中层也勉强不起来,上层只好事与愿违。也有时被人家骂得狗血淋头,还不知道错在何处。今日中国之能在这些地方改进的,则是长隧道前,已见曙光。例如中国最近能作有史以来真正的人口统计,政府能统筹全国食粮,工资物价可以管制,能抽累进式的所得税,即为数目上可以管制的明证。

在这规模粗具的情况下,中国如企图完全抄袭英荷先年的成例,彻底以私人财产所有权为以后发展的张本(这必是所谓"走资主义",不然这名辞不知何所指),这不仅不对,也不可能。即以英国为例,它虽然在工业革命前照这办法做,一到19世纪初期,还要经过很多的社会改革(马克思很多著述即系针对当日资本主义的国家情态而作),而今日英国仍不免很多社会主义的步骤。美国为得天独厚的国家,开国时即有了英国的经验,能将农业与工商业合为一元,又在一个空广的场合下逐渐依时代而发展,19 世纪仍因内部组织问题发生南北战争的惨剧。今日全民的权力与福利,也无日不在调整中。中国人口众多耕地不足,革命在晚期完成,已进入无线电及电视传播时代,也不可能向外开拓殖民地,如果说是能脱身回到英荷等国家三四百年前的状态,创建“中华资本主义共和国”,实有如梦呓。

然则反过来说,中国也没有步明太祖朱元璋后尘的可能。一个国家的经济基础不仅是全体国民生计之所关,也是他们精神之所寄托(要不然怎么可以叫做唯物史观?)它给国民不同的工作。当一个国家经济蒸蒸日上的情况下,其国民乃能对自家生活有所筹谋。就是替公众服务,或者做研究及艺术的工作,也能看到劳动的实效,感到愉快,不致和我们一样,带兵的只怕兵携械逃亡,做新闻记者的不受津贴就没有饭吃,剧作家即想劳军亦不可得。要经济展开则必分工繁复,社会需要多方的技能,而以上所说三个条件(即资金流通、经理人员专业服务、交通通讯等支持一体合同使用)都要行得通。其所不同的乃是资本主义用这些条件替资本家谋福利,这三个条件都有被资本家把持及垄断的趋势,有如法国历史家布罗岱尔(Fernand Braudel)所说整个国家都为资本主义掌握。社会主义则以公众服务为前提,在金融政策税收政策及国家预算上都可以产生很大的区别。

这一篇文章以大历史为主题,对目前状况,只能作粗枝大叶的结论,其重点则是就仅凭我管窥所测,也可以看得出中国已完成了革命的程度。中国近百五十年的历史,不是一错再错三错,乃是工程浩大,须要长期奋斗。局部的错误是无可避免的。但是我们将它重要环节摆着来一看,尤其把它和中国过去两千年的历史和欧美近五百年的历史一比较,再与个人亲身的经验一映证,则知道它不是没有规律的。

在我个人讲,只有我离开中国之后,看到内外好几十年来的发展,才能在客观之中,产生这大历史观。以这望远镜的方式看历史,首先必看到不满意的地方,不然为什么要革命?但是这不满意的地方必基于今日个人的基点。要是把历代伟人当时当事的情形反复思索,从他们的立场看来其观感又会不同的。倘非如此,何以中国会有几千年的历史?那它伟大又伟大在什么地方?可见历史与天文相似。它在长、宽、高三个尺度之外,另有第四尺度,这第四尺度即为“时间”。

而且大历史观只能使我们看清历史的来龙去脉,本身不能用以解决问题。我们虽说中国革命业已成功,不是轻率地说问题都已解决。既然在大时代经过长期革命之后,其建设的程度,一定要突出心裁。其中困难一定是很多的。要克服这些困难,不能没有勇气和创造精神。我们也用不着再引证孟子和秦始皇几千年外的事例了,近身的事,如文内所述威尼斯、荷兰和英国,虽为资本主义的国家,当日都为创举,都是逼于时势的条件下,暗中摸索一个时期才重见天日。因之在世界的历史中各有特殊贡献。虽然成例不能全部抄袭,这些经济先进国家局部解决问题的技术,也不是完全无可借镜的。荷兰以联邦制克服内部不同的困难。英国以司法制度将两种不同的法律观念融合。(立法与行政也不可少,但是这两种方式都要以抽象的观念作蓝本,预先对全局有未雨绸缪的打算,司法则对真人实事以试验的方式解决问题,而能积经验为成例。)都是很显明的例子。美国宪法史(constitutional histoty)内中例子更多。而中国历史里面一定也有很多可供参考的资料。这些地方是学术的真意义之所在,也是我多年极想知道的地方,那当然应当向所有的专家虚心领教了。

如何修订他的历史观

他们说得对。他的作品不守学院规律,所用次级资料也欠详尽。但是书评人没有道出,这些缺点,不是无心之错,或一时松懈,而是存心有意如此。

他缺乏的是有些人奉为正宗的学院规律,因为他有他自己的标准在。他用参加《剑桥中国史》《明代名人传》和《中国科学技术史》的经验来独创门面。他希望替中国学人开创一条新道路。

六年之前他即写出:今逢中国历史与西洋文化全面的汇合,“五百年无此奇遇”。最近他又公布了一些费正清教授给他的信件。大都今日他所受批判,二十多年之前费先生即已提出,他那时即不愿接受,因之他著书不能在哈佛出版,只能悄悄地寄去剑桥付梓,从此产生了不良的人身关系,他引以为憾,却不后悔。

中国动员了三百万到五百万的兵力,以全国为战场,在统一的军令之下和强敌作生死战八年。这样的情形,已是洪荒之所未有,即在世界史里也难找出类似的事例。接着又经过一番土地改革,其规模之大也超过隋唐之均田。今日已有人建议于三峡筑坝之后,截长江之水北流。不论我们赞成与否,我们无从忽视后面有庞大的群众运动在。这些情形逼着我们对中外的历史重新考虑。

所以他用的是归纳法,而不是演绎法,重综合而不重分析。这当中千头万绪如何一齐收纳得了?于是必有选择。他用的资料以能针对今日局势作论断的为主体。其他虽是昨日之经典,他只因其参考价值稍一提及,而无意以小衡大,以静制动,以过时之威权否定切身亲眼看到的事迹。

最近他由香港回来。四十多年前他也曾一度经过香港,当日英人君临此间的征象还非常浓厚。米字国旗触目可见。穿短袖短裤之军警也络绎道路,今日这种情形已相当地收敛。刻下的报纸还在可惜最后的一位总督,缺乏政治上的前途。他又看到九龙公路上的小型货车,自深圳方向运来工业原料有如木条木块,毫无国际贸易模样,只像城市之店铺向乡镇挈取品物。也可见得两地经济之整体化,并非虚语。还有此地大亨,在周末往大陆去打高尔夫球,因香港山高水深,地狭人稠,无此方便也。再有此地投机者,在广州、深圳一带炒买地产,去年获利高至百分之九十七。报纸上的广告也以广州郊外的楼房公寓占满篇幅。

他庆幸自己写资本主义的专书在此时出版,对这名词的看法,有了大幅度的修订。他重视技术上之因素,亦即资金广泛地流通,经理人才不分畛域地雇聘和交通、通讯保险事业全盘活用,换言之,亦即信用普遍地展开。若非如此,他即无法对今日在香港、深圳、广州之所见置喙也。

韦伯谈资本主义注重上帝之呼唤,他的英雄人物是富兰克林和巴克斯特,均18世纪以前人物;马克思重阶级斗争,其师祖出自巴伯夫(Babeuf),也在法国大革命时显身。这些人物与题材与今人相去过远。历史学家企图保存资料之完整,细磨细琢地考证此类人物与题材,非无用处,但是那不是他的着眼。他的专书以21世纪标在书皮,对以上各人只略为提及,确未视之为正宗。

在回程的飞机上他看到《新闻周刊》的日文版,报道邓小平南行的情景。文内以"不能毁灭之男子""最后的一次长征"和"红色的资本主义"等词句号召,还用了上海之购物市场所装自动电梯的照片作陪衬。可是回美之后,他却不能在同杂志的英文版看到类似的报道。

可见得即使是新闻报道,也视读者的背景而左右。其实历史读物又何尝不如此?只是对一般读者讲和下一代的青年讲,应当注视中国人一百多年来奋斗之成果。中国人占世界人口百分之二十二,如果一部具有世界题材之专书,不能把中国人的事迹或正或反地归纳着过去,那就很难在下一世纪里立足了。

更使我们猛省的,则是下一世纪去今不过八年。

他的书刊里有一项常用的辞句:"可以在数目字上管理。"因之不时引起人质问:"什么即是'在数目字上管理'?"

可不容易吗?台北有四十万辆汽车,倒只有十七万个停车之场所。于是有申请购买汽车者前来,当局责成需交出购有停车场所的文件,这样就从一个不能在数目字管理之场合中,进入到一个可以在数目字上管理之境界。

然则实施起来,也并不是那样的简单。除非在最下端各人的权利与义务都有适当的安排,否则必有谎报与蒙蔽,其统计即无法落实。那又怎么办呢?如在专制时代只能由皇帝亲下御旨:凡乱停车者斩头示众。于是御史大夫兼市长也确切地雷厉风行,抓着遭殃的开刀,一时做到汽车不复在街市阻塞。只是曾几何时,却又依然故我,严刑峻法敌不过事实上的需要。

类似的情景很多,凡是熟悉中国官僚主义的人不难道及。即借用台北的实事,予以夸张去描写过去,其不如人意的情形亦无伤。而且汽车代表外来的科技,与中国传统社会格格不入更是实情。

大凡一个旧式农业体制的社会(即不能在数目字上管理)进入新型商业体制,不能避免改造过程中的痛苦,这时候政府的权能必须扩大而非缩小。也要存积资本,才能谈得上在数目字上管理,否则大家一片赤贫,又如何厘定各人之权利与义务,符合新时代的需要?

最初之难处,即是不知如何下手。

他在国民党军队中任下级军官十年,就切身亲眼经历到许多事迹,确是书本上的知识所未及。例如说:清朝政府之收入每年无逾白银亿两,大概一般只有八千九百万两。即在抗战前夕之1936年,国民政府的预算也只有十二亿元。以当日之三比一汇率计,只值美金四亿,这是一个小公司的经营数目。况且抗战期间国军被驱入内地,当地所有之发电量只有全国百分之四,工厂数只有全国百分之六。如何生存?

简单说来,即是苦肉计有之,空城计有之。军队里则采取包办制,凡经费覆盖之不及,只能由部队长用合法与不合法、合理与不合理的手段对付。一般情形设立官兵消费合作社,用军用卡车经商。各部队在城市里设有的通讯处与留守处,即是堆栈与分店。更不肖的军官则盗卖军械、贩卖鸦片。而结果很多部队里的士兵仍是衣不蔽体,医药设备也若有若无。

他已将上述情形,写入书刊,在各地发表。即使他的职位低,未亲身参加各种经营事项,他仍在出席台湾与大陆的历史学会时,提出他当排长的情景:"半似乞丐,半似土匪。"

揭穿这黑幕的目的何在?难道他以此骄傲?

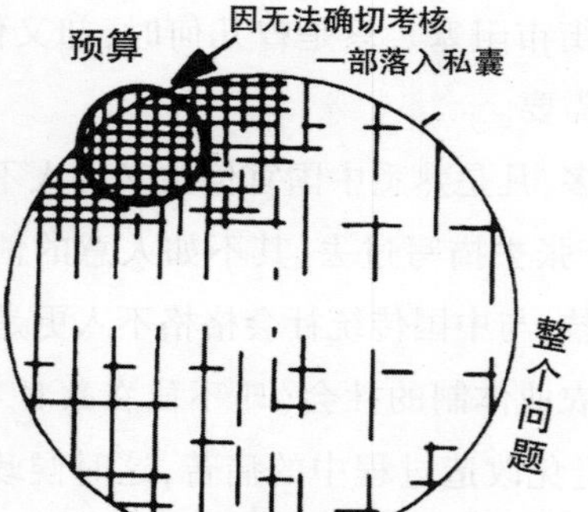

他觉得既然全部检讨历史,则不应隐匿当中重要的环节。

值得注意的则是当日中枢无力作更好的安抚,只得睁一只眼闭一只眼。可是一旦黑幕揭穿，则仍要对各部队长绳之以法，以保全统帅权之完整。其他引用军法判案时也大致如此，也谈不上公平与不公平。一言以蔽之，此即不能在数目字上管理的常态。

重庆当日之传闻，则是中枢不知有此黑幕，甚至领导人不明当时物价。

难道他们真是如此之昏黯愚蠢？

最近他才抄得一段历史资料，原文如此：

> 公务员生活穷困万状。妻室以产育无钱，多谋堕胎者。有医药无费，贫病亦深者。华侨在粤，有鬻卖子女过活者。河南灾区饿殍载道，犬兽食尸，其惨状更不忍闻。天乎！若不使倭寇从速灭亡，或再延一二年，则中国势难支持。余将不能完成上帝所赋予之使命矣！奈何苍天上帝，盍速救我危亡乎？（蒋介石日记1943年4月11日）
>
> 中国人之抗战是用这种“艰苦卓绝”和“忍辱负重”的精神拼出来的。为什么不改革，为什么不在内部整顿？（蒋介石日记1943年4月11日）

从以后历史之发展看来，以当时问题之大，牵涉程度之深，国民党与蒋介石之作为，替中国创造一个新的高层，对内杜绝军阀割据，对外保全独立自主，即已筋疲力竭，至矣尽矣。如更要派兵增饷，免不得要翻转社会之低层机构，首先从农民暴动着手。这牵涉两种外交政策、两种政治思想和两种群众运动。此两套作为既重复连续又相互冲突，只能以两种体制主持。这样也隐显着中国内战之无可避免。

内战刚开始时，甚至1927年宁汉分裂时，就使很多中国的家庭拆散，还使不少人感到内心冲突（据他所知国民党军队第二百师师长熊笑三，内战时升第五军军长，熊的父亲熊瑾玎即为共产党员，任《新华日报》经理部长。他服务于国民党军队时,五十四军军长陈烈、十四师参谋长梁铁豹、驻印军特派员盛岳均曾为共产党员)。况且今日距内战又逾四十年,此时还攻击彼此之错处和弱点,不如欣赏彼此之成就(例如《中共党史大事年表》出版于1987年,即称:“抗日战争的胜利,是全国各族人民经过艰苦复杂斗争,并付出极大代价获得的。据估计中国军民伤亡2100万以上。”接着下去《大事年表》又说共产党领导的军队伤亡60余万,敌后解放区人民伤亡600余万人。那么其他约1400万的伤亡数,应为国民党军队及国民党军队辖区之人民付出。其所说“各族人民”,倒不如说各党派)。

再则香港、台北与北京在1920年间和1990年间已有划时代之不同。这断非一人一时一事所留下之成果,也还是“经过艰苦复杂斗争,并付出极大代价获得的”。如此看来卢梭与黑格尔所提倡“公共意志”的观念不可磨灭。虽然艰苦复杂,中国人父以子继,仍将一个陈旧的社会向前推进三百年。中共的成就乃是在执政的初三十年内,向农民低价购入粮食,也以低价配给城市人口(也可算是高价,视你如何着眼),以压低两方之工资,于是不待外援,存积资本六千亿元(可能在美金二千亿至三千亿之间)。自1979年之后,又创造了一个相当坚强的乡镇工业。这都是以前之所无,也不失为划时代之壮举。所以大陆民众的牺牲,并未白费。

这样一来,他觉得今日中国人还用资本主义与社会主义对垒争执,已无必要。技术上之资本主义(有别于意识形态上之资本主义)的先决条件,无非造成一个可以在数目字上管理的局面。社会主义不能违背同样的要求,其不同也只有程度上的差异。一方面仍依赖私人资本为主体,使私人资本在公众生活中占特殊之比重;另一方面则以社会的力量加以节制。迄今世界上已无“纯粹的”资本主义之国家,即美国之司法、立法、行政,有时仍不乏社会主义的精神。

中国要走入完全用数目字上管理的境界,势必在下端厘定各人之权利与义务，则私人资本与外来资本更不可少。

为什么在这时候还要鼓吹意识形态上的资本主义？为什么还不趁此机会重新修订历史？

中国过去一个世纪之所经历，既包含着极大规模之颠簸，也有无数的纵横曲折。不仅人与人之间产生了各种惊险离奇之波澜，而且在各人心目中引起无限块垒之起伏。要是文艺家和艺术家确切地掌握到当中激昂忧怨的情节，必会创作很多令人肠断魂回的读物和看来胆战心惊的艺术作品，而断不致像今日一样，只有互相埋怨与自我怜惜的书籍应市。可是现在我们到国外各重要图书馆，看到历史书架上有什么资料供人启发？仍是几十年来的专家，他们动辄将一个庞大的题材分割为无数枝节。有的则恣意批评，也不顾及背景上之时间与层次。于是"贪污无能""迷信军事力量"和"放弃群众，不知改革"种种罪名，说时也不费力，即可信口开河随意抛出。好像中国人聚全国之精英经营数十年，尚有门前一滩积水，始终未曾看及，倒有一个外国研究生，写成一篇博士论文，才指点过来。另一派人物对中共的看法，始终未脱离冷战时的观点。这种与时代脱节的历史观，对外国的读者亦为不利。今日美国总统及国务卿与国会山庄提出中国问题时，每次意见相左，也仍是缘于缺乏历史之共识。

中国走上全面用数字管理之途径后，亚洲其他国家必有相当反应。看来它们也必根据内在的情形，经过一段挣扎，才能组织就绪。可是当下我们还只能瞎猜。要是自己的立场尚未看清，如何断定人家的出处？要是对本世纪业已发生的事情尚无具体的交代，还不敢承认它们在历史上的长期的合理性，如何奢言对付下一个世纪的未来世界？

所以他说："欢迎修订我的历史观。请向前修订，不要向后修订。"

如何确定新时代的历史观:西学为体,中学为用

导 言

大概距今约一百年张之洞作《劝学篇》(1898 年刊),内中提及“图救时者言新学,虑害道者守旧学。旧者不知通,新者不知本”。这是“中学为体,西学为用”理论上的根据。

一百年后我们的衣食住行、对人态度、社会习惯,以及日用词汇,都与晚清末年有了至大的差别,看来接受西方的经验多,全部因袭于传统的有限。这并非我提倡应当如此,而是实际的发展确已如此。

况且我们所引用的“体”与“用”也与前人所叙不同。在我看来,体是组织结构,对一个国家来讲,包括政府行政系统,及于修宪与选举、军备与预算等等。就此看来,今日也仍是受西方的影响大,保留旧有的习惯少。即是今日之悬国旗唱国歌,参加国际会议与竞技比赛,都与体制有关,也都与西方习惯衔合。唯独“用”乃是精神与效能的发挥,反可以保持中国人的习惯与长处,做到张之洞所谓“知本”。

一百年前若有人预知今日中国效法西洋之程度,必定会蹙额长叹。这也是标榜“中学为体,西学为用”所作界限之用心。殊不知我们所谓“西学”,大概不过现代的思想与技术,绝大部分只在近五百年内

发源于西方。即是西方每一个国家从“朝代国家”改造而为“民族国家”的过程中,亦即从中世纪社会进展到现代社会的过程中,也都要经过一段折磨,也都曾在弃旧从新的过程中感受到体与用间的彷徨。既然如此,我们早已毋庸为着“华夷之分”而踌躇。今天的父母送孩子上学,也必叮咛他们注重外文,接受西方的自然科学不算,还要在政治学、经济学、心理学诸方面迎合西方的新思潮。课后也在打棒球、学芭蕾舞、娴习西方乐器,而海外华裔人士之出人头地,也在这方面出类拔萃的为多。这样看来更只有适应潮流,只能体会古今之不同,而无从重视中外之别了。

然则中国传统之长处、宗教思想、伦理观念、做人处世的宗旨应当放在什么地方?

我的建议:在答复这问题前,先将中国历史参照西方政治思想,经济原理,作整面目的全幅修订,看清中国受过西方冲击,百年奋斗后实现现代化之由来。此中结论,必会表现一个新国家之形貌。有了新体制之轮廓,才能决定发扬传统精神之出路。我的看法是:中国长期革命业已成功。我们同意张之洞的看法:既“知本”,又要“知通”。可以在正反前后的程序上接受现实,先有现代化,才能发挥精神与效能。此即“西学为体,中学为用”的旨意所在。

(一)中国需要大规模改造之由来

二十一年前我和李约瑟博士(Joseph Needham)合著一篇论文,题为“中国社会之特征:从技术的角度解释”(The Nature of Chinese Society:A Technical Interpretation)在香港及罗马两地出版,后经李氏于1991年作最后一次校订,将刊于李著《中国的科学与文明》卷七之结论部分。我也和李氏生前有约:彼此在发表书刊时,均得引用此文的内容。

《中国社会之特征》文内提起:中国在公元前,即因防洪、救灾及防御北方游牧民族之侵犯,构成一个统一的局面,以文官治国,实行中央集权,可谓政治上的初期早熟。这种发展构成中国文化的灿烂光辉,可是也因为如此日后中国人须要付出至高之代价。

这种说法以地理、地质和天象学的观测作根据,再与古籍对照,以期无所偏激。防洪的原因,出于黄河流域的特殊情形。原来黄河中流,正是公元前1000年至500年中国人文荟萃之处,当中也正是一段广泛的黄土地带。黄土(loess)主要由风力推运而堆积,因之颗粒纤细,于是黄河也经常挟有大量泥沙,一遇湮塞即有冲破河堤构成灾患之处。抗战前夕,一个夏季观测,发现黄河之含沙量达百分之四十六,河南省陕县附近一支流,多至百分之六十三。我们再翻阅《春秋》,看到公元前651年齐桓公会诸侯于葵丘,盟誓之中有"毋决堤,毋曲防"的词句(各书记载字句不同,但大意彼此符合)。《孟子》一书中即提到治水十一次之多,孟子自己又对白圭说,警告他勿以"邻国为壑"(《孟子·告子篇》)。可见得大规模防洪,即须较有力之中央权威,至秦始皇统一全国,碣石颂功,自称"决通川防",更称秦为"水德之始",见于《史记》。这样看来,因着自然环境之需要,中国在公元前221年的统一,已带着强迫性的力量了。

水患之外,中国又经常遇及旱灾。原来中国的季候风属于"气旋风"(cyclonic)的性格。这也就是说:夏季由菲律宾海向中国大陆吹去的水蒸气,全靠由西北吹来的旋风(cyclone)将之升高,湿气才遇冷凝集为雨。这样一来,农作物需要的雨量,全待两种未知数之邂逅而定。如果两种气流一再在某处上空聚头,该处必有水灾;反之若是两者经常错过,则成旱灾。根据《古今图书集成》及以后连续的记载,自汉至民国元年凡二千一百一十七年,古籍载有水灾一千六百二十一次,旱灾一千三百九十二次。有时水旱并至,其情形见于中央政府的记载。即美国中央情报局观察中国的报告,最近情形仍是如此,我们可以想见《春秋》里面说及因“背籴”或“阴籴”而发生的军事冲突，内中亦有天灾频仍的原因在。只有较大的国家，掌握着不同方面的资源，才能在救灾方面应付自如。梁惠王见孟子，即自称“河内凶，则移其民于河东，移其粟于河内，河东凶亦然”，表示着这样的情形。同样局面之下“随民馁，楚之羸”更把小国和大国间的利害说得透彻。这样看来，始皇统一中国之前战事愈来愈剧烈。更追溯几百年的历史倒看回去，春秋时代之一百七十国归并而为战国之“七雄”，而最后构成秦汉之大帝国，都与上述天候地理的背景上之要求符合。

这还不算，此外“十五英寸等雨线”（15-inch isohyet line）也要使统一和集权不能避免（iso 之义为“相同”，hyet 来自希腊文 huetos，为“雨”）。前说之气旋风，也仍受亚洲大陆的限制。因着这限制，我们在中国地图上可以画出一条十五英寸等雨线，北方与今日之长城大致符合，西方则经甘肃、青海而抵西藏边境。凡线之以南以东，平均每年至少有十五英寸之雨量，可堪耕作，线之以北以西，则低于此最少的数量，少数民族只能以游牧为生。而这等雨线也是胡汉之分划和少数民族及多数民族几千年长期交兵之处，而尤以气候干旱和人口过剩时为然，少数民族有无需动员的便利，凡马背上之牧人尽为骑兵。多数民族则须征集兵员，改变生活方式，普遍地抽税筹饷。这样也更使中央集权的局面不可少。《史记》称秦始皇“乃使蒙恬北筑长城，而守藩篱；却匈奴七百余里，胡人不敢南下而牧马，士不敢弯弓而报怨”。近人谓“先安内而后攘外”，同有这背景作陪衬。

因以上的原因，青铜时代刚一结束，秦汉型的大帝国即开始出现，以致下层无从产生地方性的组织制度，有如各处不同的习惯法。揆诸西欧，尤其是英国的例子，各部落先有其“部族法”（tribal law），逐渐互相融合归并，则成“普通法”（common law），再经过切磋琢磨，才成为现代法律，因之吸收了各地各时不同的人文经验。中国政治的初期早熟，却湮塞了这种进步的机会，汉之“九章法”经李唐王朝袭用则为唐律，经过朱明王朝仿效则成明律，再赋以极少量的更革则成清律，其间两千余年法律的沿革未变。这也就是说：因为政治上的初始早熟，中国只能用社会上原始而简单的因素作全国整齐而划一的标准。

中央集权愈甚，社会之发展愈受拘束，其情形不能在本文内详细地阐释。我在过去所出版的几本书中，如《放宽历史的视界》《赫逊河畔谈中国历史》以及《中国大历史》，对当中各朝代的情形有比较切实的分析，而中央集权至明太祖朱元璋时达到了登峰造极的程度。我所著的《十六世纪明代中国之财政与税收》，刻下尚无中文版，但已由费正清教授在他的遗著《费正清论中国》里作有整五页的介绍，可以暂时承乏。我尚要在此重复补充加强地说出，则是此书虽着重于16世纪的情形，然则明代财政设计对上表示向王安石变法的一种反动，向下因被清朝承袭而影响到20世纪，在中国历史内之重要性不容忽视，亦与今人有关。例如：

> 明太祖对户部官员训话，指斥历代治财能手如桑弘羊、杨炎、王安石都是"聚敛之臣"，都是坏人。他自己的政策乃是"藏富于民"。自此将唐宋以来扩张性的财政税收反拨而为收敛性。宋代向经济科技最前进的部门看齐，着重开矿、铸钱、造船，发展纺织业。明代向落后的部门靠齐，着重农村内的"里甲"和"粮长"。
>
> 朱元璋登极后，于1376年至1393年间举行四次政治上的大检肃。最初造成谋反及贪污疑案，然后株连人众，罗网愈张愈大，据《明史》估计，因之而丧生者十万人，包括高级将领、政府官僚、地方绅士、家族首长和寻常百姓。经过整肃后全国拥有田土七百亩以上的共一万四千三百四十一户，其名单可以呈御览。因此全国户口，大抵为小自耕农，可以水平地课以极低的赋税。
>
> 明制赋税虽轻，而人民仍派有无数差役。如政府内之书手、斗级（仓库内之出纳）、皂隶与门禁均由纳税人承当。兵员有卫所

内之“军户”充数,为政府煎煮食盐有“灶户”,看守王府陵墓有“坟户”。而衙门所用文具、纸张、桌椅、板凳,一概向民间无价征发。及15世纪后期之后用银,各种账目又极力归并,其情形仍极散漫。甚至一个卫所(有如独立旅司令部)受十余个州县供应。一县亦同时向数个或十数个开销机关提供给养。全国盖满着如是重复而此来彼往的供应线。凡服务性质之事,如交通、通讯、保险等亦无法展开。

政府既无意为人民服务,其衙门职责尽在管教,以维持传统“尊卑、男女、长幼”之社会价值,威权再赋有道德之名位,不由分辩。又加以缺乏健全之司法制度,权利与义务无从互相监督。所谓“贪污无能”,并非时下西方所谓“腐败”(corruption),而系整个系统设计差误,只能在承平时保持全国表面上之对称与均衡;一遇变数,即产生“不能在数目字上管理”之状态。

明制赋予极少的改革,为清朝袭用。自朱元璋开国时一度执行土地丈量外,全国即无整面目之丈量。张居正曾于1580年以万历帝朱翊钧的名义通令全国丈量,有意改革,功未成而身殁。清初康熙帝亦曾主持丈量,终无成效。清代土地税之总额亦缺乏伸缩性,所增数额不敌通货膨胀。迄至鸦片战争时,清政府仍无中央银柜。迄至1894年中日战争爆发时,李鸿章所筹办之北洋舰队仍赖各省零星接济。及至抗战前夕,多数地区所收土地税仍根据明代底账。

朱元璋藏富于民的着想亦事与愿违。他的设计固然足以防止大地主之出现,但是同时也阻止了工业化之前的初期存积资本,而且并非在大多数小自耕农的体制下“剥削”即能杜绝。稍宽裕之农户,稍有储蓄既无处投资,而穷困之户口,亦无他处可以借贷,于是放债收租及于远亲近邻,造成中国近代史之悲剧,使多数人口追逐小块土地之收获,只有人口高度增加,无法提高工资,改进生活程度。

总之财政税收上供军队政府,及于国家之高层机构,下达闾阎里巷,也与低层组织接触,其本身即为上下间一种法制性之联系。所以这样一个剖面不仅代表岁入度支细民生活,以明清体制之特殊,尚且反映当时政治思想与社会形貌。此种组织方案由朱元璋一手创成,然则归根亦仍是亚洲大陆天候地理之产物。以赵宋王朝之锐意维新,终因地形限制,官僚政治阻挠,金融经济无从全面展开。尚不如北方契丹之辽与女真之金,直接以农民供应牧民,反而直截了当,构成全国皆兵,简单混一,以至战无不胜。明太祖惩毖前弊,以上业已提及。其敷设能前后维持逾五百年,亦值得注意。

可是从全世界发展之过程上讲,其所设施不仅为反动,而且绝对地不合时宜。明代中期以后欧洲开始现代化,造船与航海事业有了长远的进步,科技日益发展,国际接触频繁,各国亦逐渐由农业体制进展到商业体制。中国反在此时期内坚持内向,采取非竞争性之立场,宜其以后受迫遇窘。现代经济手腕在利用各地之不平衡,中国则预先造成人为的平衡,只重原始式之生产,不重推销分配。现代之财富不限于可以在农村内屯集之资源,而系一种赋有公众性格的经济权力,可以继往开来。明清之中国人无此观念。

所以近一百五十年之中外冲突无不与此体制有关,也因之牵涉政治思想。及至日本完成西方式之现代化,也加入逼迫,导致八年抗战。抗战刚结束,内战继起。这都是洪荒以来所未有的事迹,在世界历史里也少见。抗战刚开始时,胡适即说中国尚是一个中世纪的国家。以罗斯福对中国之同情,他也说中国尚逗留在18世纪。美国记者白修德(Theodore H. White)更在他书中提及"中国若不改革,只有灭亡"。瞻前顾后我们方始了解中国需要全面大规模地重造,有几百年堆砌着的原因,而借着这撼天动地的局面完成。反观明代的财政与税收,更可以使我们领悟到问题之症结。这改造的程序却超出中国传统历史的规范,所以我提议就教于西方学术上的著作。

(二)近代西方政治哲学与经济思想之大势所趋

以下列举西方重要思想家八人,在整个西方思想体系中当然所列不过凤毛麟角。况且要将他们的著作三言两语地摘出来,又不免挂一漏万。可是我的目的不外示范。他们在西方学术界都是家喻户晓的人物,所留下来的重要著作,又大都为一般大学生所必读书,内中警句早经专家指出,有"杨朱为我墨翟兼爱"的明晰。内中也有具争执性的地方,则有其他专家检点,与事实的发展印证,所以所摘虽"简",却并不一定是"陋"。

他们的著述,只代表个人见解,并无不能驳斥的权威。只是像很多中国的大哲学家一样,他们每个人都经过划时代的大变动,所作分析与综合都具有真人实事之背景,所以算有实证主义之分寸。将他们思想里的精粹有选择性地连缀起来和中国现场比较,再又将所得结论与西方现场比较,虽不能称为彻头彻尾的科学方法(因为我们无法将历史放在坩埚或试管里量温计重地重复考证),总算也尽到历史学的能事了。这也就是说:从长时间远视界的条件下纵观历史,无从全部客观,必配有主观成分,亦即信仰的因素不能摒除,否则又何必借重大思想家?

波丹:《国事六讲》

首先将西方民族国家这一观念揭橥书刊的为法国人波丹(Jean Bodin)。他所著书,题为《国事六讲》(*Six livres de la république*),发行于1576年。波丹所谓 république 并非我们所谓民国,而是民族国家,可由国王统治。境内人民尚不必操同一之语言,其中甚可能包含很多小单位,各有其方言及习惯法,只因全境由国王操纵,最先由于武力之征服。波丹书内主张增加国王权力。至于宗教事宜则应对各宗派一视同仁。私人财产权理当保障。王国内之基本单位则为家庭。既然男子富于理性,女子则多情感,社会风气亦应男先女后。儿童则尚未成年,当然居附从地位,仆人亦应由家庭管制。

今日中国读者可能一再阅及波丹书而百思不得其解,只因其文字平淡无奇。若所说只是开明专制,社会具"尊卑、男女、长幼"之序次,则中国古已有之。即张之洞所处光绪朝亦较波丹所叙无逊色,何以作者竟因《国事六讲》享盛名?所著书凭何称西方色彩?又如何与现代化相关联?

原来欧洲在波丹著书时尚是一只脚停在中世纪里。欧洲中古最显著之色彩,即是权威粉碎。我们所熟悉的英格兰、法兰西、日耳曼及意大利大体不过地理上之名词,即国王亦不过群雄之首,不仅其疆域无从固定,而且对臣下所订合约亦因婚姻世袭及其他私人关系而转移;主教亦拥有领土,教规亦为法律,各自由城市亦视其准许状可能在境内节外生枝。其症结则是欧洲之 feudal system 与中国之"封建"不同,确是十足地将公众事宜当做私人产业处理(莎士比亚所作《亨利第五》一剧即表示因婚姻及遗传关系,英国国王应兼法国国王)。

波丹提倡中央集权,旨在矫正这些弊病,亦可谓整顿其上层组织。他之所谓尊重私人财产权,势必将"管制"与"享有"分作两途。以家庭为本位,亦即提高一般平民身份,而低调于当中贵族体系。他之对宗教信仰取宽容态度,势必减杀教皇与主教之威权,而使民族国家之行政更世俗化。凡此都表示西欧诸国与中国相较,政治组织发展晏迟,日后方始后来居上。波丹倡言一个国家必有其灵魂与躯壳,已与我们所谓体与用之关系近接。波丹虽未明言组成此民族国家之目的何在,但是各有其固定之疆域及完整之最高主权,必有朝经济方面发展具竞争性之趋向。

一个世纪之后,法国国王路易十四将波丹所提倡中央集权宗旨逐步施行,海陆军向国境东南北三方拓土,使疆界领域更整体化,通令境内居民一律用法语,凡尔赛宫内之官僚组织体制庞大,其成员为平民而非贵族,法兰西已成为一个民族国家。其弱点则是不能消除内在基层贵族僧侣之重楼叠架,尚待18世纪终之大革命解决。

马基雅维里:《君主论》

马基雅维里(Niccoló Machiavelli),意大利之佛罗伦萨人。他的名著为《君主论》(*The Prince*),初刊于1517年,此书此人在西方亦引起争端。他曾侧面道及,君王既受全民之托,生死与共,则不能在行事时受一般道德习惯约束。于是君王用诡计亦为之,主持谋杀亦为之,其为令人敬爱则不如令人畏惧之有实效;赏则要绵延不断地零星付出,使受者经常带有希望而长此感恩图报;罚则要一次罚清,以免臣下猜忌而谋变。书中无道德观念,提及人类之坏性格亦未曾矜饰。

只是已有专家指出:马氏所述并非人类应当如此,而是在文艺复兴期间已确是如此。况且《君主论》亦暗示现代社会一个重要原则:公众道德与私人道德不同。一国之首,不能一味顾及本人之清名亮节而贻患于部属及人民。其"我不入地狱谁入地狱"之牺牲精神,有如明代首辅张居正。居正尝自谓"此身不复为己有",又自谓如荐席,可以供人践踏,供人溺溲。今之革命志士尤其无法脱离此精神。

霍布斯:《巨灵》

霍布斯(Thomas Hobbes)为英国内战时人物,其所作书《巨灵》(*Leviathan*,或译《利维坦》)发行于1651年,书从初民坏性格说起,当时无政府无法律,因为多数人追逐世间少量福利,免不得动手厮杀,是为"所有人与所有人作战"之阶段。人人均有惨死之可能,于是他们相互协议，组织政府，各人放弃一部分权力，授权于“巨灵”。此巨灵乃成为一个全能性政府，他可能为君主制下之一人，也可能为代议政体下之多数人。巨灵以所授权之集体性格对付各个人，因之他之旨意即为法律。

在霍布斯体系之下各人财产所有亦由此巨灵制定，是为“分配资源”。英国之分配资源以威廉第一为准则。威廉自1066年由诺曼底渡过英伦海峡而入主英格兰，他曾以英国土地约六分之一隶属王室，其他则以裂土封茅的方式遍赏臣下。《巨灵》书中提出此准则，亦即承认征服者有权处置被征服者的资产。在威廉以后举兵者亦然，即经过兵燹而原封未动的，亦等于新征服者以原产业授予现有人。

《巨灵》书内说明：如果国家最高主权人放弃政府亦未留继承人，则政体解散，一切重来。如果巨灵无巨灵之威力，不足以制压强者保护人民，则人民亦当停止服从，至此也是政体解散，恢复到“所有人与所有人作战”的阶段，迄至再一度另一巨灵之出现。

霍布斯性格孤僻古怪，他所写政治哲学，以自然科学的方式出于笔下，描写似漫画，读来似愚言。然则仔细想来，其文字仍含至理：有如清朝颠覆，袁世凯帝制自为而失败后，中国进入一段军阀混战之局面，此亦即是“所有人与所有人作战”之阶段。当时既无有效之法律，也谈不上公平与不公平，只有力量与欺诈才能算数。倘使长此下去，甚可能进入霍氏所说“无法产生关于地球上的知识，没有计时的才能，无美术，无文学，无社会”。即今日以核武器作战，也甚可能产生此万劫不复之境界。

霍氏与发现血液循环之哈维(William Harvey)交往。《巨灵》书中也提及新型国家生理的一面。此种国家的税收解入国库，又因为支付分润各地，凡经行之处，一体繁荣，他所未及言明的，则此大动脉旁之各细胞亦必具备公平而自由交换的能力，才能在金融流通之中收到泽润的功效。

洛克:《政府论二讲》

洛克(John Locke)是英国光荣革命(the Glorious Revolution)的发言人。他的《政府论二讲》(*Two Treatises of Government*)发行于1690年,而尤以当中下篇至今在美国仍然脍炙人口,因其提及私人财产权,不引用武力,最符合当日英国在北美洲垦荒情形。

洛克称上帝以全世界之资源分配于全人类,凡人以一己之劳力与一部分之资源混合,即成为其私产。他说:"我的马所嚼之草,我的仆人(洛克承认奴隶制度——作者注)所刈之草地……都是我的人身财产,用不着任何人授权同意。"此情景固然适合于荒地,可是对人烟稠密耕地久历沧桑如中国者如何打算,未为洛克提及。我们只能想象,洛克之解释,已隐蓄着"劳力价值论"(labor theory of value)之一观念,所以中国提倡的"耕者有其田"之建议,应与洛氏所说不相冲突。

"社会契约"的说法,见于霍布斯笔下,也得到洛克的支持。《政府论二讲》所述契约无待全民参加,只是少数服从多数。芸芸众生,只要默许(tacit consent),即已等于投票赞成。若是有人始终不能同意又如何处理?洛氏认为此等人应赋予出境流亡国外之自由。

亚当·斯密:《国富论》

亚当·斯密(Adam Smith)及马克思(Karl Marx)均被人视作与资本主义有切身关系。前者甚至被人恭维为开山老祖,后者则称为其劲敌。其实,二人一生的著作全未在词汇上引用出来"资本主义"此一名词。马克思在说及"资本家时代"之后,用德文引出 Kapitalischer Grundlage,直译为"资本体制之立场",今人已有意译为"资本主义"者,文意上似无不可,但在专门名词于历史之发展的程序上则不符合。

斯密所作《国富论》(*An Inquiry into the Nature and Causes of the Wealth of Nations*,或译《原富》),发行于1776年,与美国宣布独立为同

时。此书并非资本主义之经典,而实为倡导自由贸易的长篇论文。书中将自由贸易及政府无端干预之利害据实直书,列证极详,所以斯密在本文所列思想家之中为最具有实证主义力量的人物。

《国富论》书中提及中国地土肥沃,人民勤奋,全国富饶,曾一度被外人称羡。近数世纪则毫无进展,想见其原因在于法制阻碍此国家向富饶方面继续进展。以下一段又对当今中国最有参考价值:

> 在不同时代及不同国家里趋向富饶的过程中产生了两种政治经济体系,足以使国民富裕。一种称为商业的体系;另一种为农业之体系……商业之体系实为现代体系。

马克思:《资本论》

马克思无疑是世界上最伟大的思想家之一。他的长处是对弱者同情,眼光宏远。但是他行文无纪律序次,有时先后矛盾,是以极易为后人断章取义地借题发挥。《共产党宣言》系与恩格斯(Friedrich Engels)合著,发行于1848年,用以支持当年欧洲各国的革命,其主题在阶级斗争。罗马帝国有贵族、武士、平民、奴隶,中古时代有领主、陪臣、农奴、行会业老板、徒弟等,迄至今朝则唯有城市之小市民阶级凌驾于无产阶级劳动者之头上。但是此资产阶级自掘坟墓,他们扩大生产,集中城市人口,增进交通通信,等于替造反开方便之门。无产阶级与资产阶级的斗争必然引进共产社会,兹后之社会即无阶级。马、恩一方面提倡工人无祖国,共产党人发难应自全世界着眼;一方面又在战略上叮咛共产主义的斗士要适应环境,各依本国工业化之程度而转移。《共产党宣言》对全未及工业化的国家如中国应作何区处,无片言只字的指示。马、恩一方面表示其激烈态度,倡言“强力推翻现有一切社会条件”,一方面仍主张循序渐进,如实行累进所得税、停用童工、提倡义务教育,此种种举措即在今日资本主义国家亦早已是家常便饭。

《资本论》三卷发行自1867年至1894年,后二卷由恩格斯编订完成。第一卷可称为"资本主义的生产方式",揭橥着"剩余价值"(surplus value,德文der Mehrwert,马氏大部著作以德文写出,《资本论》外尚有《剩余价值论》三卷)之名目。资本家雇人工作,是为购买工人的劳动力。马氏根据古典派经济学家李嘉图(David Ricardo)的说法,认为工资不外使劳动力继续不断,亦即所付费足够劳工衣食生活等之必需,不多亦不少。但是劳工工作之制成品其价值超过于工资,此超过部分,则为剩余价值。此卷一最具有意识形态,亦最有争议性。卷二可称为"资本主义之分配方式",及于销售运输。卷三为生产及分配之综合。

《资本论》不计及资本家承担风险,筹谋组织之贡献,不计及生产分配以外影响经济之其他因素,所以经济史学家熊彼得(Joseph Schumpeter)称马克思仅提供理论上之技术,不能表示现代经济之全貌。今日看来马氏之指摘,大部系19世纪初期欧洲形貌。

剑桥经济学教授琼·鲁宾逊(Joan Robinson)指出,马克思在《资本论》里述及"利润比率"(rate of profit)之观念,利润比率即净得利润与支付工资及购买原料、承担机器折旧等总和之率,换言之,亦即每一年度内利润与投资相对之比率。卷一称此比率经久不变,卷三却说及此比率因科技展开、生产技术增进、资本家又彼此竞争而下跌。如照卷三所说,工资亦必因之而上涨。

鲁宾逊是具社会主义性格的经济学家,对中共向具同情,亦曾往中国大陆多次。她著书称,前人所说资本主义社会里劳工悲惨情形,现查已与事实不符。刻下资本主义国家及社会主义国家内之劳工均已丰衣足食,唯独尚待开发国家内之劳工则尚临悲惨境界。此亦根据《资本论》卷三所述生产技术增进工资接踵上涨之明证。

卢梭:《社会公约》

卢梭(J·J·Rousseau)与黑格尔(G·W·F·Hegel)同为著述丰硕的思想家。他们所处时代不同:前者成名于法国大革命前,为人尊奉为浪漫主义之开山老祖;后者享盛誉于拿破仑战争之后,为创造思想体系之哲学家,以理想主义及辩证法而具称。卢梭所习惯的为瑞士村镇中之自治,黑格尔所憧憬的则为他自己未及身见的统一的德意志帝国。两人之见解均具争议性,也曾为人引用支持他们各自的政治见解和政治运动。此间我所提出的纯在二人共通的"公共意志"(general will,或法文 volonte generale)的观念,并且以在历史上的解释为主旨。

卢梭所著《社会公约》(*Social Contract*,或译《民约论》)发行于1762年,较《国富论》稍先,但与《资本论》相距则至少有一个世纪,书中否定各人自行其是的自由。一个人享有自由获得权益,其大前提是此人为社会成员之一。倘非如此他又有何资格,据何凭借径自称有此自由享此权益？而此项要求又向何人提出？

所以,卢梭之言论最表现现代社会之集体性格。《社会公约》内称,一个国家有如一个具道德性之个人。他一方面要保持本身之绵延不断,一方面也要"具全般的及带强迫性的力量,去推动并安排各部分,使他们对全体有最大的利益"。

黑格尔:《权益之哲学》

黑格尔《权益之哲学》(*Philosophy of Rights*,德文 Grundlinien der Philosophie des Rechts)出现于1821年,内中将公共意志说得更明朗化,亦更多历史含义。黑格尔提及一个民族和一个国家内部纵多元化,要必具精神上之团结,方能决定本身命运并执行本身意志。但公共意志亦不待彰明较著地宣扬提出,而可以积年累月在默许中保持。因为逻辑性之现实多时超逾人身经验,因此黑格尔指出纵时代伟人亦难凭一己之意志将之全部操纵(至此可以看出黑格尔无意支持独裁政治)。他们不过较旁人所见略多,能协定诸般力量而已。采取此立场,黑格尔尚且反对凭空修宪。宪法产生于历史,“并非全部出于制造,它是亘多世纪之成果”。

我的经验是:一个学人如对上述纲要或类似的了解充分掌握,对中国近代史之展开,必多积极性的看法。

(三)中国现代史之轮廓

20 世纪初期中国尚在清朝末年,其上层组织为君主专制,以昊天诰命的名义执行,带有宗教性格。基层原以小自耕农为骨干,近数十百年来佃农问题亦逐渐引人注意。但是除了 1929 年金陵大学农学院做过一次局部实地抽查外,其情形不得其详。一般印象则与传统观念相反:农村问题最大关键在于“贫”而不在“不均”。耕作地既分割至细,则每一单位无从获得有意义之剩余,总之即不能存积资本,租佃问题只会使个人间关系更为紧张,却不能再更变整个局面。农村内的劳动力亦为此种小块耕地所拘束,大部系低度就业(underemployed),剩余之劳力亦无法输出或另谋生计。土地税之收入为数亦至为有限,只能供应传统式之衙门而无从用作任何突破,中国之被称为“一穷二白”,不可能未具备基层之原因。

至于上下间之联系,前在阐述财政税收情形时业已提及。在清朝末年主持此联系者仍为由科举制度及其附属机构所培养的士大夫阶级,他们入朝为官僚,退职为乡宦,考试之前各省派有名额(传统习惯即称此为“选举”)。诚然他们可以在国家与社会间具有衽带式的功能,只是他们共通的特长无非“诗云子曰”的文墨及意识形态,只能用作维持“尊卑、男女、长幼”的社会秩序,即间或有能臣,其所设施具有政治、军事、经济价值，亦因其为非常状态，缺乏上下侧面的支持，无法造成体系，不能持久。

这是一种令人感到窒息的状态。传统体制上的弱点既在19世纪彻底暴露，20世纪之清算旧体制有如摧枯拉朽。诰天明命的专制皇权既已于1911年被推翻，而维持上下联系之文官组织尚因在六年之前放弃科举考试而整个体系动摇。基层之情形更早已失去掌握。如果历史真能纳入试管，民国肇造以来的事迹可以重演的话，则前段所列西方政治经济思想家，应能对重演的事迹提出若干预测。

这也就是说，历史观点无非就今日立场将过去事迹回溯倒看过去。我们既已身历百年来大变动之后果，理应能推究其前因。只是如黑格尔所说，逻辑性之现实可能超过人身经验。亦即百年来发生之情事经纶万端，内外前后互为因果，看法亦可千变万化。我们极易将偶然细节视作千钧重点；或将切身感受，认为全般状态。所以亲身双眼体会之不足，尚待引用思想家之分析补助。而以上诸人所著书，正符合刻下之需要。我们重新检讨中国近代史及于1912年（民国肇造）至1926年（北伐开始）一段，再从后向前倒看回去，则可以感受到以下的倾向及征兆。

◎这国家正酝酿着一个划时代的大变动，主要因为传统体系无法改造利用。凡上层机构、下层组织及上下联系均须重建。

◎民国初年所修宪法、约法以及召开的议会注定无实效。它们非历史产物，而系仓促制造。它们本身尚为社会之外界体，不可能与基层接触。

◎行宪失败，军阀割据不能避免。在“所有人与所有人作战”的阶段内，只有私人军事力量，以人身关系联系，用不正规的财源支持（如鸦片专卖）才能差可维持秩序。军阀之弱点不在违法（此时已无有效之法律可守），而系不能保国卫民。以中国幅员之大，军队指挥全赖私人关系，其经费来源又不规则，即至难在一两个省区之外收效。是以军阀连年火并未已,遑论及创造新体系,是居"巨灵"之位而不能提供巨灵之功用。

◎次阶段才为革命政权之兴起,然而纵如是,革命政权最初亦只能在军阀体系之根基内产生。不过人身关系可以逐渐代以革命意识,鸦片专利式之筹款,逐渐代之以较正规方式,如收回关税、向外借款等。在技术上讲,其衍变仍为渐进。

◎革命政权首先重创新中国之高层机构,使国家能独立自主,但终亦必改造其基层。整个体制改变有以下诸特点:

1. 商业性法律代替农业式之管制。

2. 为赋予各个人公平而自由交换之能力,"劳力价值论"将被引用。

3. 干预私人财产权限于军事行动及尚未复原期间。

4. 改组成功之后国家社会具有竞争性之经济性格,也能用数目字管理。

◎此种广大的群众运动有军民广泛而不惜牺牲地参加,无疑其背景上必有"公共意志"在,但是在过程中即领导人亦无从全部了解其行动之真意义。况且利用群众心理,又为任何革命行动中不可或缺。所以在行动的过程中,有意与无意之间必将产生歪曲事实之意识形态。凡此均待编修历史时订正,使事势确定而不可逆转时,全民能接受历史之仲裁而赐予默许。

有了以上的了解,我们可以明白地看出:北伐开始蒋介石与当时之国民党之所作为实系替新中国创造一个高层机构,包括形式上具有全能性的政府、统一军令下的国民党军队、全国通行之币制、数百年来未及施行之征兵法等,从兹获得外强承认。此工作之一部分在1937年以前借北伐及中原大战时推行,当时仍接收、笼络、收买军阀部队,如是继续至抗战时完成。

此项工作不能得到好评,而且受"贪污无能"之指摘者,实因高层机构仅具轮廓，并无基层组织在侧后支持。纵即国家具现代形貌，社会依然故我，有如新型军备器械经行内地，民间无适当之交通工具策应。兵役实施不如理想，则因健全之司法体制尚付阙如。国民之识字率亦不及百分之十，甚至军中不能以阶级服从、权利义务重重节制，而系倚靠人身关系以“有面子”及“无面子”之落后的社会价值维持。此情形亦等于骨骼具在，其筋肉血脉及神经系统疏松残缺，仍不能做正常之运转。

责备蒋介石不能整饬内部，批评者须先看清中共试图翻转改造中国低层组织之困难情形后方能作定论。

及至国民党军队至台湾后，乃因此地无大陆一片赤贫情形，日据时代亦在社会改组略具根基，乃可以陈诚主持之 1953 年“耕者有其田”之法案强迫地主以低价出让限额以外之田土，由佃农接收（仿麦克阿瑟在日本的土地改革），并接受美援（至 1965 年美援停止时共得十四亿美元），才避免社会冲突，收到改组基层之实效。又在 1967 年颁行新税制，全面增税，打破传统经济在低范围内保持平衡之局面。增税收入则将国民义务教育由六年延长至九年。台湾今日之推行民主，不能不归功于数十年之预备工作。

改造中国的基层，其最艰巨一部分工作仍在大陆，由毛泽东及中共执行完成。

中共与国民党联合之后交兵，1937 年放弃内争而共同抗日，抗战中途双方又再度反目，终于对日胜利后展开全面之内战，此中头绪纷纭。可是今日局势澄清，我们可以看出：创立新中国之高层机构及重新再造基层同属艰巨工作，虽则事势上须要联系，技术上却至难并容。蒋之创建高层，旨在救亡图存，凡参加者来者不拒，不仅兼并异己，尚且招揽争取军阀残余及社会上之旧势力，以期用现有力量突破难关。毛及中共之改组基层有如更换地毯，必须掀动全局，无可妥协。只因此间之分歧，两方之对外政策、动员程序、宣传组织始终南辕北辙。

两党之分裂背离固然始自 1927 年 4 月蒋之“清党”,可是清党运动前双方亦已暴露背离态度。此时争辩谁是谁非无益,总之中国之长期革命受内外煎逼,时间短促,群众运动亦有如各个人,有自卫而图生存之必要,此为内战之核心原因。

此间尚值得注意者则最初多数共产党人,亦如其他国际共产党,旨在遵循马克思及恩格斯之信条,活动于大都市,集中于经济前进部门,不意中国新兴工业范围狭小,劳动阶级力量脆弱,一经国民党摧毁,只有接受毛之领导。从兹中国之共产运动主体上只是一个农民运动,专注于社会之最基层,迄至 1949 年毛亦无意另自构筑国家之高层组织,大部队只用无线电联络,整个摒弃都市文化,亦不沾染金融经济,以干部开会讨论方式代替职业性之官僚机构。如此虽与蒋及国民党成为生死对头,在历史发展的过程上讲却又有分工合作的功效,也有如接力运动。

这长时间和大规模的群众运动,无人能全部掌握,构成整体的腹案,处处按计划执行,而是各尽人事。只因为问题之庞大,超过任何人事前预计之眼光。直到社会里的各种因素全部投入历史与战争的大熔炉内,这些因素的消长变化,凝聚而为“历史上长期的合理性”(long-term rationality of history),才符合黑格尔所谓“逻辑性之现实多时超逾人身经验”的说法。他和卢梭所说“公共意志”的内容,至此才全部揭晓。

以“贪污无能”四字指责蒋介石的人,大都尚未了解他手下问题之大。国民党军队在大陆的失败,实际由于在城市中构成的金融经济,缺乏农村全面的支持,在入不敷出的情形下终至破产。中共发展到今日之情况,大都亦系摸索而来。总之当初发觉与国民党军队作战,不得不从土地改革入手,引导农民参加。以后一步逼一步,明知一般地主、佃农、富农、贫农当中区别有限,只是不彻底杜绝“剥削”,无法突过难关。及至没收地主土地按口均分之后发觉此非长久之计,乃决定由合作生产至集中生产,才有大规模之人民公社。

可是即使如此,数亿人民失去支配本身命运之权力,虽"解放"而全部农村仍只被搓捏而为一个庞大的扁平体。既无法制,也缺机缘,使农村内剩余的劳动力向其他方面另寻出路,而毛自身也发觉解放已到尽头不能再解放的彷徨。所以他最后与尼克松修好,已表示有打破局面的趋向。

其实即使在"文化大革命"前后,中国社会也并未完全停滞。此时政府以低价向农民购买粮食,也以低价配给市民,借此压低两方工资。据北京国务院一个研究机关的估计,中共执政之前三十年,全民吃大锅饭穿蓝布袄,节存得一段资本。内中农民之贡献即值六千亿元(人民币,1985年价格),成为邓小平改革开放之本钱。

"只有改革才是大道理",这句话笼括着中国今后动向,也宣扬着继蒋介石、毛泽东后中国长期革命中第三阶段的主题。在重商主义的气氛下,经济生活不仅要提高人民生活,并且尚要在交往进出之间厘定国家的新法律。近年大陆草拟并公布的法律,如公司法、劳动法、保险法、对外贸易法和国家赔偿法等,即是重订上下间法制性联系的表现,借此构成永久体制。

难道过去全无类似的条文与例规?当然具有。可是能否行得通,其能通行的范围则成疑问。原来一项法律能否执行生效,全靠社会之强迫性(social compulsion)在后作主。过去中国之立法表面上现代化,实际与人民生活习惯相违或互不衔接,其词句读来似外国文,宜其无法通行。再向其侧后看去,则是民间的经济因素无从公平而自由地交换,政府的财政税收开支也不能在数目字上管理,所以外强才要开设租界,制立领事裁判权,从事内河航行,进而划分势力范围圈。这也就是说,民族、民权与民生,都有彼此关注、互相牵引的作用。除非有体制上的改革,否则无法局部地现代化。

今日之中国绝非所有的问题均已解决,但是经过近五十年的彻底破坏和以后的重新部署，规模已具。即大陆方面的经济发展也可以自乡镇工业着手，即是上下左右可以交流贯通之明证。此中情景已逐渐与西方习惯衔接，也与世界潮流融合，此与传统的尊卑、男女、长幼之社会有了至长至远至大的距离。

(四)中学为用的缘由及应赋予的考虑

如上说来，中国长期革命已告功成，中国历史既与西洋文化汇合，百年来的改造与奋斗也可以用西方科学知识与政治经济思想解释，从今之后，中国是否应放弃传统文化而彻底抄袭西方？

在答复这问题之前，我须要提出两个例子。日本在第二次大战后被美军占领了七年，也曾接受麦克阿瑟主持的“再教育”，但是这国家称之为“神道”的传统精神只有较前更蓬勃。原来神道并无不能解说的奥妙，无乃穿鲜明净洁的衣服，应山川自然之灵气，在日用生活中掌握适时动静的诀窍，以便和宇宙之运转呼应。如果在精神上能与大自然的力量凝聚，也可以在一种诗意的情绪下，算作进入了永久生存的境界。用这种信仰与习惯去支持军国主义固然可以乘“神风”而升华，可是用以探求科技，协定工商事业，也可以精益求精，在个人及团体间，感到互助互信的功效。日本人即用以资助战后之复兴，保持民族精神而在和平竞争之中占先。

新加坡华裔人口占百分之七十，传统儒教思想具在，其他以马来民族的成分多，信奉回教。附近也全是回教徒之领域。两种传统之精义，均主敬而重纪律。如果星岛骤然放弃这传统的纪律，则对内对外关系都难维持。所以此城市国家一方面极力吸收西方的长处，一方面亦断不容近日西方个人主义及放任主义假自由之名破坏此纪律。虽说创制伊始，做作得过火，却绝非无民意支持。

德国18世纪哲学家赫德(Johann Gottfried von Herder)在写作时极力倡导“民族精神”(Volksgeist)这一观念。他认为每一民族和每一国家在其发展的过程中即已创造其独特的风格。这民族精神之一观念,也就是黑格尔提倡宪法乃系长期累积而成不容临时制造之凭借。

说到这里我们也面临另一问题。我作此文时,中国正被东方西方很多国家猜忌。一般的观感:像中国这样一个国家拥有十亿以上的人口,尚拥有核子武器,预计下一世纪里,其国民生产毛额也要居世界第一(此种估计凭何标准,是否实在不计),何况自人民共和国成立以来又屡与邻国发生武装冲突,扩充并提高军备,筹议建立远洋海军。因此,若干美国人士公然提出拆散中国和堵截中国。当中一个比喻即是今日之中国,已有如第一次世界大战前的德国。而我在此时提出发扬中国的民族精神不算,尚且引用德国学者,这不是火上加油,增加中外间冲突的可能性?

我的答案如此:赫德所提倡的民族精神,并非穷兵黩武,而系有创造性及艺术性的成就,见于诗歌及文艺。主张这样的见解也不只他一人,像英国政治家柏克(Edmund Burke,原籍爱尔兰)反对法国大革命之过激,主张对美洲殖民地宽厚,至今被奉为欧洲保守主义之巨擘,也曾提及若国家为国民公约组成,这公约应包括死者、生存者及尚未出生之下一代,保存着科学和道德,不能像买卖胡椒、咖啡、烟草与印花布那样的方便。而我在这里提出的民族精神也非暴虎冯河死而无悔的匹夫之勇,那样的粗犷性格始终不是中国人之本性。

如果我们引用长远眼光纵观历史,不难看出中华民族的精神,无逾“人本主义”的根基巩固。人本主义(humanism)即是以人情为主体。其立场并不反对宗教,但无需宗教之神秘性格,有如“祭如在,祭神如神在”和“敬鬼神而远之”。它也不待于逻辑之完整,因为逻辑乃是办事时之工具,并非掌握全部人类思潮之主宰,所以“见牛未见羊”“君子远庖厨”“闻其声不忍食其肉”。中国之人本主义尚且不分畛域,有接近世界主义之趋向，有如“舜，东夷之人也，文王，西夷之人也”，和“昔黄帝有子二十五人，或内列诸华，或外分荒服”。也必会站在防御战的立场而不主张发动侵略战争，才有“矢人唯恐不伤人，函人唯恐伤人”的说法。而其最重要的关键则是“不为已甚”“忠恕而已矣”。

儒家的思想，纵受法家与道教的折冲和调节，主要的仍是一种入世的思想。个人之希望永存，也不过敬宗法祖、子孙相继在血缘关系上得到永久的存在。因为爱自身才推己及人，于是是非之心、恻隐之心、羞恶之心一时并往诸来。因之才老吾老以及人之老，幼吾幼以及人之幼，才有修身齐家治国平天下的秩序。

这样说来，我岂不是也陷入“诗云子曰”的窠臼，在宣扬“尊卑、男女、长幼”的社会价值，回归到鲁迅所谓“吃人的”旧礼教？

此间有一个根本的不同，这也是“西学为体，中学为用”的精义之所在。君主专制体系之提倡道德，以狭义的道德，写进硬性的刑法里去，“诗云子曰”构成士大夫特殊人物进身之阶，各人以道德标榜自称君子，斥旁人为小人，以发动党争，争取名位。“体制”与“用途”之不同，有如“政”“教”之分离。今日提倡的伦理道德，则在程序上次于法律，而品位上高于法律。各人既为公民，首先必受权利与义务的约束，断无不守法而知礼的道理，也不当以名誉要挟，逼人为善。更不能以一己主见，自以为是“理性”而违反经过技术上程度之立法。

中国革命业已推翻了“尊卑、男女、长幼”的桎梏，因为这种教条成为法律，造作人为的不平等，妨碍社会上公平而自由的交换，迟滞了社会的进化。可是这并非主张在百姓日用的场合上讲，连各人自动的敬老尊贤也要摒斥，家庭间成员的分工合作的和谐也算反动。“藏富于民”做得不好，使税收短缺，政府无从为人民服务，于是只重管束，已经被我们批判。可是这也不是主张民间应无丝毫储蓄，所得应涓滴归公。提倡“西学为体，中学为用”，可以判明此间的是非。

而且中国人人本主义的精神始自家人亲友，也无法禁断。我随意翻阅台湾的报纸刊物即发觉许多作品提及母爱,情绪细腻而洋溢,为其他各国现下文艺之所未有。朱自清所作《背影》,叙父子之情,为我年轻时读过,今日仍为台湾若干学校选定的读品。我数十年不去大陆,旧地重游时发现凡所交往接触,昔日之人情味依旧。可见得传统文化的力量源远流长,不因体制改组而磨灭,虽“文化大革命”亦不能使其动摇。

中国人所谓“学”含义极为广泛,包括自然法规(law of nature)、诗歌文艺、人伦道德。换言之,不仅仅是知识,实际是教育。所以古籍中很多资料,而尤以《诗经》、“四书”、《左传》《庄子》和《史记》等,或陶养性情或放宽视界,而帮助年轻人自我树立律己的原则和主敬仗义的精神。从这些资料中,我们也才能产生海内外华人之共识。我主张多采用作小学、中学内的国文教材。既称为“用”,则可以接受过去的安排,不必另造成系统,指定解释的权威。这些资料的引用,当然要有选择性和适应性。我们当然知道今人无法守“三年之丧”,也不能动辄“触槐而死”,也不能因人家“日进车骑美女”即仗义轻生。我们要知道时至今日,在美国教堂里做礼拜,牧师与信徒读“摩西十诫”,犹且将“你不当觊觎邻人的妻子”和“你不当觊觎邻居的牛”说在一起。我曾亲耳听到一位“星期天教师”(sunday school teacher,当成人在教堂礼拜时,在隔室以基督教义讲释于孩童前的教师)说及,当她讲释耶稣教人被旁人批颊时,可以将另颊请他照批一节曾引起孩童的轰动。他们都说要是被人欺负而不还手,他们的父亲将会不理睬他们了。此中包括一个言辞与习惯的问题。以纪律约束自己的贪枉和替对方着想都是基本原则,如何实际运用今昔环境不同。

(五)“用”必须因“体”而调节

从最长远的眼光看来,中国历史的发展,公元前因环境需要构成政治上的初期早熟,所有文化上的传统即在此时已定型,所以我提出的古籍也以此期间为主。冯友兰著《中国哲学史》即泛称秦汉之交以前的四百年为"子学时代",收获最为丰硕。兹后自董仲舒迄康有为前后亘二千年统为"经学时代"。此期间的学者大体只重新解释经典,无非"旧瓶装新酒"。他不可能对这段时期特别推崇。"中国在许多方面不如西洋,盖中国历史缺一近古时代,哲学方面,特其一端而已。"我读来深具同感。

上文提及此二千年来法律既无新创意,经济进后反退,政治思想里即不可能有划时代的突破,总之无法避免官僚政治的体系。宋儒所提倡非只个人之修养,他们以为用宗教式的虔诚感应,透过正心诚意,即可以治国平天下。因为物有阴阳,气有清浊,反映为事有正邪,人有善恶,或依"天理",或循"人欲"。因之将所有的技术问题说成一个道德问题,导引出来"君子"与"小人"之争。至此将伦理之理、心理之理、物理之理和地理之理混为一谈,用美术化的方法互相影射。我已在《赫逊河畔谈中国历史》书内有专题的批判。李约瑟博士也早已在《中国科学技术史》之卷二说及此种见解,在尚未产生一个"牛顿型的宇宙观"之前,先产生了一个"爱因斯坦型的宇宙观",意其结论则是"不能用数目字证明",我尊重各专家从心理学的立场研讨理学可能的功用,或从社会学的立场分析理学家的背景(即李约瑟批评理学和《易经》,也要经过研读的阶段)。可是我不能从长远的历史眼光看出,承认宋元明之理学是推进中国的工具,尤不能相信它代表中国人的民族性格。

明代心学的最高峰以王阳明为代表。他否定知识出自客观,他的口语为"天下无心外之物"。其所牵涉我已在《万历十五年》一书中叙李贽时提及。最近蒋介石之文件公布,内中表示他本人受王之影响极大(因此台北的草山经他住过即名为"阳明山")。王阳明之"知行合一"被蒋更推进一步,成为"不行不能知"。被蒋之领导的抗战最先无全般计划，无预想出路，无友邦支援，无财政预算，只以被逼不已，铤而走险，企图死里求生，虽处旁人感到绝望境界而始终不承认现实，而抗战也终因此获胜。我已在《从大历史的角度读蒋介石日记》里推崇他的度量与气魄。可是我仍只能承认他的倚借是一种革命心理，他自己也认为这是一种行险侥幸的办法（他自称“瞑眩瘳疾”和“孤注一掷”）。所以我不能认为这是一种正常的哲学。我对王阳明的看法，亦复如此，“天下无心外之物”过于主观，不能构成共识，而终明代王学也只能产生一种分裂的作用。

在叙述经学时代时，我接受冯友兰的见解，承认中国哲学家并未在这两千年内打开出路。当然这样的否定，并非绝对。中国人创造的佛教教义透过天台华严诸宗以“一即一切，一切即一”作为团结的力量，不能抹杀。既不能极度地恭维朱熹与王阳明诸人，也并不是要将他们的名字，摒除于中国通史之外，只不过阐明他们未能在官僚政治之外另辟途径，中国才在20世纪需要全面改造，推究其因果时我们只得借重西欧的哲学家，而在体制上讲，中国的现代化与西化区别至微。

倒是在改造的过程中传统精神再度活跃。蒋介石手订的《军人读训》（1936年）之序提及：“如何而后可以保我祖先遗留之广大土地？如何而后可以保我繁衍绵延生生不息后代之子孙？如何而后可以保我国家独立自主之国权？”已经标榜着一个作防御战、在血缘关系下求永存的宗旨。他所作对联“生活之目的在增进人类全体之生活，生命之意义在创造宇宙继起之生命”（1924年），则更有一个超过民族主义进入世界主义的趋向。毛泽东虽自承为马克思的信徒，动辄标榜阶级斗争，在他不经意的时候却流露着他所受传统教育的影响无可推卸，有如不受逻辑拘束的“愚公移山”，及他所作诗“春风杨柳万千条，六亿神州尽舜尧”以美术化的方法和道德观念支持革命的实践。邓小平之趋向人本主义的表现更为明显，见于他的口语，也见于他的生活照片。中国的长期革命是传统精神持续发扬的后果。

(六)结论

西方因受宗教上“原罪”(original sin)观念的影响，承认人性为恶，自柏拉图(Plato)至奥古斯汀(St · Augustine)都否认人间可能有至美至善的组织。所以民事政府不过问个人良心之事，只规约各个人不侵犯旁人，对公众也只尽有限的义务，其他忏悔、赎过、良心上之事概由教堂处理。这种有限度政府(limited government)平日干预各人生活不深，技术上之能力反对繁复。一方面也是由于经济发达，凡民事都可推送到货币头上去，政府只要厘定税收条例、利息限度、工资与雇佣关系、遗产与破产程序等等，即已大致完成其管制之职责，无须事前干预各人行为，至于私人之争执更是法庭之事，一般情形之下无须普遍地使用警察权。

但是这种体系及其日用的规范，经过几百年实用而成，而且近身之改革无日无之，有时反复修订。中国放弃传统昊天明命的皇权，尊卑、男女、长幼的社会结构及民间彼此放债收租的习惯，已经在民主与自由的途径上猛进一步。今后的修订还待两种思想体系琢磨切磋而成，尤待经济继续发展构成多边社会的需要而定。此时如放弃精神上的力量和人本主义的精粹，一意抄袭西方，尤以在大陆法制尚未完备时，各人即在争取个人主义的权益，都只会迟滞民主与自由的展开。我在1989年北京版《万历十五年》之跋内提及“西方所谓自由与民主都是抽象的观念，务必透过每一个国家的地理及历史上的因素才行得通。英国之民主即不可能与日本之民主相同，而法国之自由也与美国的自由有差别”，即沿于此理解。

不仅如此，中国传统的人本主义和世界主义的精神尚有它特殊的任务在。

现今在台湾、香港及中国大陆构成的经济体系都具有西方现代商业之规模，也都取利于各处价格之不平衡，也都具竞争性格，因之也被西方若干人士嫉视。堵截中国和拆散中国的提议由此而起，虽然为极少的人士提倡，却深具危险性。现今之工商业一经展开即无法遏止，我在写这篇文字时，大陆农村内剩余的人口趋向城市就业的以数千万计（德国及挪威工业化时此等剩余之劳力以向外移民解决）。我们企望进入21世纪，他们则挣扎着进入20世纪，以这问题之大，不是我们置身于香港、台湾地区甚至日本和美国即可以处于事外的，也不是军事力量可以阻遏的。唯有疏通今日城市中经济方面前进的部门，才能舒展内地落后的部门。诚然世界的资源以现今分配的方式不容再高度地竞争，可是这不是一个可以用战争解决的问题，即使中国的问题不计，世界上还有近一半的人口，他们也希望进入20世纪，他们也可能受到压力全面改造，采取工商业体制。

这样看来世界各国全面目竞争的局面已成往迹，今后各国衷心合作成为不可避免的途径。操纵阳光的能源，改造地形，修整工业对环境的污染破坏都是超过一个国家能力的工作，都需要大量投资，也都可以在分工合作的条件中赋予先进国家及改造过程中的国家如中国全面雇佣的机会。

古人说"继绝世，举废国，柔远人，来百工"虽然免不了自高的语气，却为其他世俗文学里所无，只有宗教的经典里才有类似的说法，尚且未曾说得如是剀切。今日中国为着本身的安全和对全人类的贡献，都有继续着此传统精神之必要。可是将这些响亮的名目付诸实施前，台湾海峡的两岸三方务必增强互信，过时的名号可以就此放弃，打破许多不能评议的禁忌，以历史代替意识形态，也就是接受历史的仲裁。

附:拟"西学为体,中学为用"答客问①

问:你说西方思想人性为恶,中国文教的传统着重人性为善。你主张两者都要采用,不是自相矛盾?

答:确是如此。

在我回答这问题前,我也要反问你一句,自你今天早上起床到现在你的思路变更了多少次?针对大小事项,我们不是都曾面临"做和不做"的取舍反复?

大凡一种广大的群众运动,或者一种重要的改革,必有从矛盾之中得到调和与统一的趋势,虽说我不赞成有些强调唯物论辩证法的人物之说法,他们颠倒黑白,或者把白解释为进展至黑的过程中的一段转折,可是我们无法否定矛盾与统一,是人生中不可避免的阶梯。"博爱""自由"与"平等"就经常不可以兼得,尤其"自由"和"平等",就经常冲突。英国在17世纪一个最重要的改革即是调和普通法和衡平法。普通法绝对尊重成例,凡以前未曾做的事今后一概不能做。衡平法则不顾不合理之成规,注重针对现下趋势。17世纪后期普通法庭审案,偶尔参用衡平原则,以后积少成多,衡平也成为一种体系,亦有它的成例,于是从矛盾到统一,引致两种法律之交流。这种交流,使英国社会整个商业化,奠定了今后立国的基础,也整个地改变了今后世界之形貌。

我强调"西学为体,中学为用",也可以这样解释吧:在组织结构这方面,我们一定要从防备人性为恶的方向着眼,所以秘密投票,一旦组织结构俱在,有法可循,我们才能提倡谦让和待人如己的美德。

---

① 此文原载于《新时代的历史观:西学为体,中学为用》,台湾商务印书馆1998年1月版。——编者注

我想:一概地承认人性为恶或为善,过于理想,也与现代心理学所发现不符。不如说从生理的角度看来人性为恶。可是从社会学的角度来看,人类有合群为善的本能。

请注意我无意提倡性恶或性善,只是解释历史,提到传统的以道德代替法律做到尽头,导致中国的长期革命,现今局面业已打开,可以从今日之本位,强调传统人本主义的精神。

问:既然用西方的哲学打开出路,何以不继续地一直学西方?

答:第一,这不可能。我们不要忘记纵是中国革命的最高潮时,农民仍在拖泥带水地耕田,学龄儿童仍用毛边纸一笔一画地习字。从这些生活习惯已经培养出来一个民族和一个国家的集体性格。我们没有理由抛弃这集体性格的长处。

第二,完全模仿西方,亦可以称为不智。与中国比较,西方最显著之特色无乃个人主义与自由主义。这些条件因经济发展而产生。譬如说,西方在产业革命前后,也仍是男人主外女人在内。迄后经济发展,女子就业,即在美国也仍到20世纪,才有女子的选举权。迄后经济愈发达,社会上分工合作的机会愈多,法律也继续推进,愈为繁复,愈要顾及特殊集团和特殊环境中各人的利益。这样看来自由、平等都是抽象的名词,在实用的场合里,务必注意社会环境与经济发展之实况,才有真切的意义。中国无法完全抄袭西方,乃因双方的社会经济情况有差异。

还有一点很少人注意的,西方的科技分工,给社会上特殊环境里各人的活动空间特别重视的趋向,也已面临一个转折的阶段。从重视个人主义和放任主义的趋向,转变而为重视公众道德和集体行动,应为今后门径。

问:何以如此?你有把握必会朝此方向发展?

答:原因很多。现代民法以商业习惯作基础,尤以英美为表率的一部分,实由17世纪英国归并普通法和衡平法而成,至此已有三百年的历史。背景上的原则基本不变,其衍化愈来愈繁复,至此已感到头轻脚重,也仍是沿于历来只重分析不重综合之故。所以,最近法律上技术方面的精微远超过立法意义之所在。有时诉讼时胜负两方同样吃亏,只有律师占赢头。有些产品不能上市,因为保险公司不愿承当所负责任之风险。这种种都无法持久。而且交通、通讯也开始对个人主义加压力,有如大家都用电脑接收邮信,使生活愈标准化。医药的负担过高,一般人民无法支付,都有将公众利益摆放在私人和个别的利益之前的趋向。

但是我所说乃是针对今日西方状态而言。对中国讲却有一个过犹不及的观感。

问:你提出西洋哲学家八人,加入了一个少为人注意的波丹,有马克思,却无韦伯,也缺乏孟德斯鸠、弗勒特尔,是何道理?

答:请注意我只摘录他们的言辞之两三句,即能支持我想以“西学为体”的原则解释中国近代史的企图。我在利用他们,而不是崇拜他们。例如我提及马克思,也提及鲁宾逊之修正。好像我现在是一个中学教师,学生要我提出西方的哲学家,我问他的目的何在,如果他要有系统地了解西方思想,当然应从柏拉图、亚里士多德读。现在只发表一篇三万字的文章,针对目下的需要,务必有高度的选择。

请注意我无意制造招牌或偶像,也并未提倡任何“主义”。如果我涉及主义,无非中国传统的人本主义,我已经说明:以人情为主。

问:你提及黑格尔,他不是反对人民批评政府,有支持独裁政治的趋向?

答:但是也有人认为他是支持现今西方体系的思想家。一个19世纪前期著述丰富的作家,他的言辞不可能至今一字一句全部照抄袭用。如果对专门研究尤其是专心崇拜黑格尔的人士讲,我当然是断章取义。可是现下的目的只是以最经济的手法,套取各人著述中之精义,尤其是针对我个人刻下目的之需要,作一个高度的综合,我觉得黑格尔实不可少，尤其他说及一个领导群众运动的领导人物，不一定确知他这运动的实际意义，当然他在影射拿破仑，可是对我们讲，却是历史制造人物，而非人物制造历史的原则在。蒋介石说“不行不能知”，毛泽东写信给江青，自称“山中无老虎，猴子称霸王”，也都是标榜社会与群众的力量大，个人的力量终归有限，和黑格尔所说同。

问：那么为何你提到朱熹，却又斩钉截铁地称你对他无兴趣？

答：从今日的观点看来，宋代的思想家，大都具悲剧性格。在王安石时他们已发现现代经济之若干原理，只是在12世纪中国农村社会的环境里，所提倡的一再失败，宋儒归而求其次，他们的环境，即是一个失败的场合，不是一个打开局面之场合。

再提及朱熹，他的学说原来有三方面的用途：

第一，支持传统儒家思想。我在这篇论文内即已提及用“四书”、《庄子》《左传》《史记》作提倡传统文教的根本，就用不着再推崇朱熹。

第二，用虔诚感应的门径培植个人的修养，我觉得与今人的习惯相去过远。即使有用，其用途也狭窄，远不如注意现代的心理学和社会心理学来得实际。

第三，朱熹以为他所标榜的“理”与“气”，业已包括自然法规，亦即是在他系统之内，现今自然科学的精义，也都一览无余，现查已不符事实。

问：不是也有人推崇他为东方之托马斯·阿奎纳（Thomas Aquinas）？

答：所谓西方之孔夫子与东方之托马斯，通常都只抓着表面上一二略似之处即张冠李戴。骤看起来，托马斯与朱熹都有一个“天人合一”的概念在。我们今日行事的规律，不可能与上苍创造宇宙的用意完全相反，当中必有融会之处。

但是托马斯指出当中的原理或法则，分作四个段落。从一个绝对而无法理解的创世观念到现今人世间的法律，各依时间与地点而不同,其间四个层次,互有高低深浅之不同。所以,他将欧洲中世纪以宗教总揽一切的文物世俗化,因之对以后科学的展开也有诱导作用。

朱熹和很多宋儒成日以“天理”与“人欲”相对,吃饭睡觉,无不如是。并且也全能由他们掌握判别,此中有至长远的距离。

在今日看来,他们强不知为知,最阻碍科学之展开。例如朱熹谓上空的雷霆与过年过节所点燃的鞭炮同为郁积之气,须要发散。你也不能说他完全不对,但是一为物理现象,一为化学现象;一为冷热气流内原子放电,一为碳氮与硫磺之氧化,当中至少也有今日理学院里三个学分到六个学分之距离。如果笼统论断,还说他有科学精神,实在难能令人相信。

问:你自己不也是做构造系统的工作?又是自然科学,又是社会科学,而且古今中外一齐来?

答:谢谢你。已经有人在报章如是批评。你一再提出,给我一个答辩的机会。

我无意制造系统。也有人谓我成一家之言,我只能觉得却之不恭,受之有愧。只是我深切地领悟到今逢中国历史全面目地与西洋文化汇合,是五百年未有之奇遇,于是放弃我专攻明史的工作,将所学所闻所见全部朝这结论抛射过去,所以用归纳法为主,目下只能构成一个粗枝大叶的纲领,才称为“大历史”,有如宏观经济学,只有轮廓范围之大,而无内部之精微技巧。只是这样的综合,又要从多方面着手,因之也像立体几何,不像平面几何。至是得罪了不少的专家,是我当初没有想到的。从读者接受的程度看来,我认为有此需要,才能使我承乏地填塞此需要的空洞内去。我当然不能说我比专家知道得多,不过在针对我综合的目的,搜寻较广。即本文所引用的西方哲学家八人,所节录全是美国大学一年级生的课题,所以我也不能接受强不知为知的批评。

问:你对中国长期革命分作三段的看法,已经在各处发表。你能否再说得详细剀切一点，比如说，对当今台湾与大陆的关系起何作用？

答：一个从业于历史学的人本应该专批评讲解过去的事迹。今已提及大历史，无法与当今的发展一刀两断，可是多少也仍要有分寸，到底历史是历史，政治是政治。换言之，我的答复站在学者立场，非政客立场。在这种前提之下，我同意不少在台湾的人士之看法，将来中国之统一，应从文教、历史和双方经济利害之条件下展开，不以意识形态、军事形势和其他国家向背的条件展开。

我的论文也已说及：大陆农村剩余的人口向城市移动，我们去大陆时都已目睹。有人说这样流动的人口，多至八千万至九千万，这是一个极为庞大的力量，我想象任何的政策，顺着这潮流容易成功，例如替大陆经济最前进的部门找出路，后面打工的人，即使一时仍找不到事，希望尚在，也会拥护你。如果所做事阻塞他们的出路，使他们整个失望，则难成功。说得不好听一点也很危险。我已经向美国的读者如是说及。

问：那大陆的问题与台湾何干？不是有人已提倡“一中一台”，我们这边也可以民族自决？

答：从历史的层次看来，情形并不如此，我所讲到中国初期政治的早熟，人口受地理因素的压力，由西北进入东南，也包括台湾在内。大陆向台湾移民，始自唐朝，仍是受这地缘政治的影响，而不是如由英渡美的清教徒一样在避免传统文化之束缚。今日世界之发展，也在消除国界，有如欧洲的经济集团，而不是制造壁垒。今日中国之不能急统，实因台币与人民币已成为两种体系，两方为着本身利害，也只有不断接触，在文化上与经济上取得共识。至于将来或是联邦或是邦联，只能实事求是，视客观的条件而定，无法制造理想公式强制施行，这样才算自决。

我在前文里提到过时的名号可以放弃，也是从这点着眼。中国一日不接受历史的仲裁，社会的安定即缺乏保障。

反过来说,任何自决,不能完全抛弃历史,尤其不宜忽视后面的群众运动。世界上的事情不能由我们自以为是,就会朝我希望的这方发展。这说法不由我开始。老实说我自己也经过一生颠簸,才体会此中意义。各位再看我提出的八个哲学家没有一个提倡各人自行其是的自由,我也没有看到任何一个有声名的哲学家倡作此说。只有法国大革命前启蒙运动时,有人认为他们已经掌握着"理性",可以不顾历史。后来历史学家认为大革命之残暴,大都由这一念之差所致。

问:让我再问你一句,真的只有历史制造人物,不能人物制造历史?

答:在短时间,突然,而尤其在"负"方面的情事,甚可能由人生事。有如李·奥斯瓦尔德(Lee Oswald)行刺肯尼迪。可是经过长时间牵涉多数人,波动全局的情事,当事人通常只知其然而不知其所以然。如果这种变动经过几十年,影响到不同的国家,则主持人亦不能预测所做事之后果。其历史上之真意义,只能待后人利用多余的历史之纵深才能够阐释得得体。我自己翻阅蒋介石之文件三年余(系中文书后又自译为英文,有重新考证一次的机会),只有更相信黑格尔所说非虚。在长时间大范围的条件下,人身经验敌不过历史潮流。

问:你所谓意识形态和历史观感如何区别?

答:意识形态是事前造成群众运动的标语口号,带煽动性,可能有强迫性,通常出现于大事之前端。历史观感沉淀于事后,不由我们各个人之向背或认为好与坏而转移,比较客观。政治哲学家有出现于两者间之可能。

问:你一再历史历史,只做历史的尾巴,那么只有保守不能进取?

答:其实不然,我所引用的是"大历史"。过去的事,已奠立了一段根基,让我称为 matrix 吧。如果这根基带革命性,继续此趋势,即是当今将革命之成果固定,仍是前进的。只有原来的底子是保守,现在又原封不动,那才算保守。

要对这根基的趋势作整幅修定，当然也不是不可能，但是很难避免广泛地发动群众运动，我认为不适合于今日中国之情况，至于做历史的尾巴，今日之尾巴，又为来日之首脑，待你如何看法。

中国近代史的出路*

（一）传统中国的财政与税收

1985年我接到美国常春藤某大学副校长的一封来信，他要我帮助品评他们一位历史系副教授应否给予固定的教职。对我来讲这算作一种荣誉工作，也算是对同事们应尽的义务。因为这位副教授专长是研究传统中国的财政，而我在剑桥大学出版的一本专著《十六世纪明代的财政与税收》也是同样的范畴。最低限度她的立论和我所著书没有抵触。我准备赞成学校里给她 tenure。是否外界会说因为她支持我的意见，因此我也在捧她以作报效？而且这大学的来信，还包括一纸名单，有当今美国研究中国社会经济史的十八个学者，要我评判该校的副教授在学术界的成就，在他们之上，还是在他们之下？我没有看过所有人的著作，倒是对其中三五人，至少有相当的了解。可是各人所学的背景立场不同，其论点当然也有差异，如何可以品评高下？又如何我说的即能算数？

经过一段思考之后，我复信给这所大学，说明我赞成给她固定的

---

* 本文是作者1992年11月9日、11月10日、11月13日于台湾东海大学的演讲稿及问答记录。——编者注

职位,承认她学术上的成就和今后前途上的展望。她所著书引用资料之丰富,已经是有目共睹。至于她的专长和我自己的相同,不禁使我踌躇。趁此机会我就指出大凡我们研究一个社会与政治体制,当中之因素与我们所处现局不同的话——明清社会也在这情形之内——我们势必要了解这体制的高层机构、低层机构和上下之间法制性的联系。研究财政税收确实有如此的好处。如果你涉及全貌,必对所叙之国家社会提供一个剖面。上层即涉及户部职掌、衙门部院、军费之开销,下层又必提到纳税人的土地占有情形、付税能力、乡村组织。在抽税与付税的当头,也必谈到上层掌握到下层的情形、个人之权利与义务。所以在内容的详尽和组织的严密上讲,被评议人的识见应当不在我所知道的数人之下。而她立论的可靠性,更因上述三重因素的连锁关系证实,这样子把我做评议人的责任卸下。

我所没有明讲的则是西方这几十年的风尚,重分析而不重综合,研究中国历史时只从小处着眼,往往忽略大局。我所知道的有一位在常春藤大学的专家,因为原始资料里提及"膏腴万顷",他就根据一顷为一百亩,在字面上认定某某等人在明末领有出产丰富的田地各一百万亩。殊不知万历年间全国登记的土地不过七亿多亩,如果上述土地占有的情形确实的话,则只要七百个这样的大地主,就把全国的耕地整个霸占。并且当日全国一千一百多个县,很少有一县的田地在百万亩以上。一般中等的县田地不过五十万亩。更小的县和更偏僻的县,只不过二三十万亩。如果一个家室的产业,超过两个县或三个县,使全境所有的种田人都属他的佃户,则知县的遣派、巡按官的来往、抽税与组织地方自卫武力等等工作势必遇到绝大的阻障,科举考试能否执行都成疑问,而绝不可能此时官方文件全未提及,而地方的方志也缺乏类似之记载,况且在那种情形之下,地方之乡绅是否能出面编修府志县志,尚成问题。

我提出这段小故事,其目的不在攻击某个人,而是指出中国史学之危机。把“膏腴万顷”这样不负责任信口开河的文句，当做真有其事，确实可以算作肥沃的土地一百万亩，不始自美国常春藤大学，而始自大陆方面1940年代及1950年代的历史学家，他们的目的，旨在表彰中国有一个长远的“奴隶社会”与“封建时代”，以作阶级斗争的张本。以这样意识形态为主体所写之历史，和相反方面而以类似情调所写的历史，不提及中国历史的积极性格，下至民国，读来只有袁世凯错、孙中山错、蒋介石错、毛泽东也错，于今邓小平更错——全部是坏人做蠢事的记录。怪不得很多年轻人读来义愤填膺，动辄戴上东洋式的头巾，去游行示威了。

我们想修订历史，要让意识形态跟着历史走，不要使历史被意识形态垄断，保持最低限度的客观性。说来容易，但是如何可以担保我自己不带偏见，不被我个人的意识形态所蒙蔽？首先我们必定有这样的一段共识，中国在20世纪，曾被迫经过一段从头到尾的改造。即是大陆来的人口，在1940年代进入台湾两百万，也是历史之前所未有。各位年轻的可能没有这种经验，可是你们长一辈的大概可以告诉你们，在这大变动的过程中，我们的衣食住行无不经过一段改变。再追溯上去，到本世纪的前端，到我的父辈那一代，则不仅衣食住行，而且婚姻、家庭关系、权利义务、社会习惯都有了重要的改变。这种改变和它带来的动乱，因为时间之长，牵涉人口之众，是人类历史里最大规模的一次改变。

要分析研究这大改变的过程，因此才启发我们，使我们领悟到将来之去向，我们先要了解旧社会的沿革，及它不能适用于新时代的原因。这当然有很多不同的方法。我个人的经验则是由明朝的财政税收着手。此是一种最简捷而稳当的办法。在我演讲的时候，我常用一个“立”字形容。这立字的一点一横，代表高层机构，下面的一长横，代表低层机构，当中两点代表上下间法律制度之联系。刚才已经说过：提到明代财政税收，务必触及朝廷与中央政府，又下及于乡镇里甲，当中也涉及法律章程,所以构成一套完整的剖面。又因为筹饷收税,表示政府与社会实际运转的情形,不仅是一种抽象的观念。因为它牵涉出来一种体系,各种因素上下相关,互相印证。再有选择性地和其他学者研究心得比较,其综合的结果,就不会和事实脱节了。

我钻进明朝财政税收这个专题里面去,并非事前计划。只因为我在密歇根大学拟做博士论文时,发现明朝的漕运,亦即是政府由大运河自南至北所运的食粮物资的情形,资料俯拾皆是,也有几套统计的数字,预想经过一番整理,一定符合美国大学校的一般要求,况且经济史又是挺时髦的部门。

殊不知进去容易,出来麻烦。第一,漕运不是一个独立的行政部门,漕运总督就兼淮安、凤阳各地方的巡抚,所以他也是地方官。运去的粮食称为"漕粮",也是江南各地方的税收,当日田赋征实,老百姓以去糠之米交纳。在运河里运粮的船夫,不是一般的老百姓,而是各衙抽来的"运军",所以又与兵部相关联。第二,这漕运的区处,牵涉很多专门名词,不见于字典或辞典,只能在当日文件上翻来覆去,逐渐领悟到其大意。第三,我后来写成的论文不能称为经济史,反倒可以称为财政史,因为明朝的财政和清朝的财政,实行起来不符合现代社会的经济原则。举一个例:大运河里面的粮船,共有一万一千多艘,每船有运军十人,所以约有十二万名官兵参与运粮的工作。他们要经过无数的水闸,一到北方又常遇到河水冰冻,有时来去一趟要十个月的时间。漕粮每年四百万石,我们也弄不清楚运费多少,有人曾估计要花十八石的脚费运米一石。其目的不是现下所谓经济,而是政府保持自己的自给自足,故意将北京的物价降低,而使政府官员及家属配得食米。并且所谓统计之中,也有很多前哈佛教授杨联陞先生所说的"假数字"(pseudo-numbers)。我当初想制图表,把这些数字以曲线勾画出来,后来看来不只是行不通,也无从作科学化的结论。

我希望各位不要问及我的论文,虽说被学校通过,但不是我自己可以感到非常愉快的作品。倒是在做论文期间，逐渐看到明朝财政与税收的多方面，深想再花点功夫，作进一步的研究。料不到再涉足进去，就是七年！当时（台湾）“中央研究院”翻印《明实录》，我也买了一套，教书之外，每两星期看一册并摘写笔记，一共一百三十三册，也花了两年半的时间读完。《十六世纪明代中国之财政与税收》稿成之后，又与支持此书的哈佛大学发生争执。我已在《地北天南叙古今》里有一篇文字叙述，现在不再重叙。幸亏费正清先生不以为忤，他之遗著《中国新历史》（*China：A New History*）里仍旧称《财政与税收》很结实（solid），是基本的研究（a basic study）。

这书在1974年年底出版，按照大学出版社对付学术著作的一般办法，只印一千二百册，卖完即不再版。台湾已经出现一种翻印版。大陆方面有两所大学和台湾一所大学的同事曾商量出中译本，可是迄今未有音信，我猜想都没有按计划完成。

1974年到今天已近二十年，现在我自己检讨起来，我尚没有发觉书中有何主要的错误，需要更正的地方。没有料到的，则是海峡两岸及世界局势变化之大。早知如此，我一定会更把书中的资料，切实与今日之局面连贯起来，把前因后果的关系说得更清楚、更剀切。譬如说《十六世纪明代中国之财政与税收》最后一段提及中国近代的经济问题，主要的不能从农业体系里生产剩余，去投资其他方面，出于财政税收体制的影响；明朝的财政系统被清朝大体袭用，它之缺乏积极性格，并不是在历史上不重要。这种说法就太轻松，没有斩钉截铁说明：明清社会由这财政系统所支配，缺乏局部改革之可能，一改就全部都要更改。所以我们祖孙数代，从衣食住行到权利义务，一变就整个要变，等于重写大“立”字，已是由来有素，最低限度有五百年的沿革了。

我感谢东海大学的邀请，既然远道来此机会难得，也不愿意只在讲堂上念自己的书，倒想借这机会，把自己当日暗中摸索摘要，与今日局势有关之处发挥。这样比较更有实用的价值。在这里我也附带说及,我自己得益于这段知识与现状情势有密切关系的好处。《财政与税收》一书的准备经过七年,以后我写《万历十五年》则只花了一年。因为以前之摸索,即已奠定了以后研究之基础。《万历十五年》之能侥幸在海外与国内,在台湾与大陆都畅销,主要的乃是它的内容与题材仍和我们今日遇到的问题有密切的关系,有如官僚主义的作风,既危害于明朝,也仍作祟于20世纪的中国,前后有历史的因缘。

以下是我做研究工作的扼要报告,也把书中没有讲解得透彻的地方更加增强补充:

第一点,中国的传统社会有它自己的特色,断不能称之为封建体制,更不能与欧洲的 feudal system 相比。封建或 feudalism 必着重地方分权。所以"裂土封茅",土地可以分裂为公国与侯国,受封则爵位世袭,永远遗传,茅是社坛上的旌帜,保有独立自主的气概。这种种情形都不可能为明清社会所容许。

在封建体制之下,领主向农民的征集,赋税与地租不可区分。即在日本德川幕府时代,不称土地税,而称"年贡",或是"本途物成",亦即是主要耕作物的收成。有时"四公六民",有时"五公五民"亦即是领主与种田人对分,显然地与明清的田赋有很大的区别。

明清的体制是中央集权,皇帝直接向全民抽税,省级州县级的地方官吏全由中枢委派,他们本身都没有立法的能力。

这种体制最怕中层的力量凝固。不仅地方上的贵族建立不付税的庄园不能容许,即是大地主拥有土地至一万亩以上,再不分家析产,也认为可能威胁到朝廷的安全,官僚们必千方百计地将它们拆散。这当中常引起一段误解,明朝的记录里经常提及贵族的庄田,在16世纪最著名的乃是万历皇帝,由他宠爱的郑贵妃所生的福王常洵,据说他曾接受到田地四万顷,有说二万顷,亦即是四百万亩至二百万亩。其实经过调查,这些地主并不集中地存在,也不在亲王各自掌握之中。有如黄河改道,冲没的土地几十年无人耕种,后来开垦之后有了一点收成。长江里的沙洲,当初无主,后来也开发为田,各地方官也在该处抽了一笔小数目的税,当初也没有报告皇帝。后来被万历皇帝发觉,他就责成把这些土地的面积归并计算,称为福王的庄田。事实上这些土地无法实际归并,亩数既不对头,也始终没有由福王王府接管。所谓庄田不过皇帝要求各省,每年由这名目之下缴纳白银四万六千两,各地巡抚也向皇帝讨价还价。及至朝代覆亡,这问题始终没有解决。

在16世纪土地领有最集中的南直隶,即今日的上海、南京地区,有田地一万亩以上的未超过十余户。普通所谓大地主所领有的不过五百亩至二千亩。领有每户五百亩以上的户口不可能超过全境户口百分之二十五。每一县之内可能有一千户的土地在一二百亩之间,他们可以称为中等地主。其他小自耕农多得难以计算。苏州府有付税之户五十九万七零十九户,常州府有二十三万四千三百五十五户。所以极大多数的小自耕农,每户只领有三两亩。

这种情形和民国初年的情形还相当吻合。从经济的立场上讲中国的问题,不是土地过于集中,而是分割过细。现今英国、美国私人的农场以二千五百英亩为一般常态,每英亩当六华亩,所以一般都在一千五百亩以上。

第二点,中国土地税征收率过低并不是过高。因为税率低,政府的行政效率亦低。

各位看到原始资料内,有说不尽税重民贫的说法,我可以概括地说,所叙没有包括全部实情。本来税收之轻重,视人民之收入和政府企图行使职权的范围而定,没有经常不变的标准。可是以全国农作物的收成与政府的收入对比,中国明清政府所收之税至轻。即将所有附加税加入一并计算,除了极少数例外的情形,有如苏州府和松江府(当地官田的田租混入田赋一并计算),其他各地均在各地收成百分之十以下。有的不及百分之五。南直隶有一个溧阳县其税率不及收成百分之一。

一般记载说是税重,乃是当时没有最低限度免税的办法,亦无法行累进税制,三两亩的小户人家,本来就衣食不周,也要和大户人家有五百亩以上同等税率付税。在当时抱怨税重的大部分代表地方官,他们深怕税收不能如额征完,他们自己卸不了责任。还有技术上的困难,公文上的统计不能和实地对账,有些富户人家割去一小块土地出卖,标价低廉,但是把他全部应付之税的一大部分割让过去,以致以后的买主得田有限,被割让过来的负担为患无穷。此办法也可翻转过来,富户可以出高价收买卖方的土地,但是只承应接受应付税的一小部分,让卖主留下小块土地去承担不成比例的租税。

今日西方各国的办法,地产付税过期,应加罚款,如再拖延,由法庭强制接收标卖,这些办法在传统农村社会里也无从施行。中国衙门里的办法,是抓着欠税的老百姓打屁股。再拖欠到一个时期只能呈请豁免。这种风气一开,即有力付税的人也徘徊观望,拖着不付税,以便在豁免时沾恩。明代的资料里还提及请人代杖的办法,亦即是一堆赖税的人出少数的钱雇得乞丐,要他或他们冒充欠税人,也私通衙门里的差役,让这些人在衙门前跪打,打后所欠的钱粮仍旧拖欠,以致最后政府只好豁免。有了这种种原因,中国的土地税率无法提高。总之,这都是在科学技术尚未充分发达,交通通信种种条件不够,立即实行中央集权,由皇帝直接向全民抽税,并且抽税及于三亩、五亩小户人家的后果。

明朝的土地税共征米麦二千七百万石,因为有的折银,有的征实,征实的又加转运费,折银的也高低不等,高的至每石折银近于二两,低的只零点二五两,所以缺乏确切的统计。我们大略估计再加人力役折银部分,可能值银二千五百万两,这总数与清朝在太平天国发难之前全部土地税值银三千万两和清朝末年、20世纪初年全国土地税值银三千三百万两的数目大致符合。

各位要注意这是一个很小的数目。同时从地方的方志看来,各府州县的税额极少能够如数收齐,大概一年能征收到百分之八十,已经算是了不得了。1619 年辽东战役前后,明朝对付清太祖努尔哈赤,曾在各省遍增辽饷,以后又增剿饷、练饷,每次不过每亩加银三分五厘,但是到 1632 年全国有四分之一的县,应缴不及数额之一半,尚有其他一百三十四县分文未缴,不仅增饷无着落,以前经常的田赋也无下文了。这不是中国之财富无力承担,而是财政税收水平的分配,缺乏重点,抽税及于最低贫的下户。政府的能力只能与最低的因素看齐,好像一根链条一样,最脆弱的环节首先破裂。

16 世纪后期中国人口,据估计已近于一点五亿口。政府每年的收入,除了上述之二千五百万之外,尚有食盐公卖,每年余利二百万两,其他各种商税、开矿的利润、罚款、捐输纳盐的收入种种名目加起来,也不过三百余万两,无逾于四百万两,所以整个加起来略近于三千万两,亦即计口数每口不过银两钱,亦即零点二两。

在同时期欧洲威尼斯人口十万人左右,只和中国一县的人数相似,政府每年的收入已突破三百万金托卡(ducats),等于三十六万盎司的纯金,亦即每口三点六盎司的纯金。

零点二两白银与三点六盎司的纯金,两相比较,产生很大的差距,约略二百倍至三百倍间。固然威尼斯的收入不尽自赋税,政府也经商。各位也可以说:中国是一个穷国家,威尼斯是一个富国家。其实不然,中国是一个富国家,最初开始威尼斯是一个穷国家。一部叙述威城的历史,曾提到它在公元 500 年前后创设的经过。

他们(威尼斯之草创者)都是难民,为数四万余,在 5 世纪被蛮族逐出他们的故乡,在这海沼之中避难。此处土地经常移动,处于咸水的沼泽之中,难民发现无土可耕,无石可采,无铁可铸,无木材可作房舍,甚至无清水可饮。

这样威尼斯才锐意经商,它的财富是商业上的财富,不是农业上的财富,威尼斯不产金,它铸金托卡好几个世纪,所用金都从德国输入。威尼斯可算一个特殊的国家,它可算资本主义的最先进。可是中国也是一个特殊的国家。它首先就把农业上的财富发展到世界各国之前,以后几百年却没有进步。

我们也可以拿它与两者之间的英国比。英国在光荣革命之后,在 1692 年第一次统筹抽土地税二百万镑。当日它的人口不过六百万口,即以每镑值纯银三盎司计,也是每口平均负担一盎司,这时候中国已入清朝的康熙年间,英国以每口计算(per capita)它的土地税之能力,已为中国之八倍。而且今后这力量还呈直线式的上升,终至它的税收总额也超过人口百余倍的中国。

第三点,明清财政体系与中国经济之不能展开有很大的关系。

表面看来,我这种说法甚为费解。政府抽税轻,民间就应当多有剩余,多剩余即多资本,多资本即经济发达。这种想法也是财政税收系统的设计人朱元璋的想法。在 14 世纪他就标榜政府不要"聚敛",不要"与民争利",而要"藏富于民"。甚至毛泽东也受这传统思想的影响,他在 1939 年说及:"中国封建社会内商品经济的发展已经孕育着资本主义的萌芽,如果没有外国资本主义的影响,中国也会缓慢地发展到资本主义社会。"这种想法也认为经济之发展达到高峰称为资本主义者,可以由民间策动,自然而然地形成,不待政府之参与。

其实一个国家经济之发展,国家与政府消极地不加阻拦不算,还要积极地参与赞助,因为商业上的财富,着重流通,经常赊欠放债。一方面借,另一方面就投资,在这进出之间合同一定要有保障,所以民法一定要规划得详尽,个人的权利义务一定也要大家都有共识,简单明了。这些都属于法律。政府不仅要有立法权,而且要有执行的能力。从政的人员必须经过特殊的训练,首先即要在社会上和教育上养成这种习惯的风气,影响到宗教。这也是一个大整体的组织与运动,与我前面所说的"立"字相似。

虽然我不能说中国过去五百年缺乏进步,应由明太祖朱元璋以来一脉相传之财政税收体制负责(因为还有其他的因素,以下交代),这体制却已充分表现中国传统政府不能也无意创造新法律,造成经济上的突破。

明清社会里最与基层接近,而最有实际功效之机构为县级衙门。所有之土地税,一部分商税、矿银、行政收入如赃罚、僧道度牒(出家人之执照费)、开纳事例(民间捐官、派为监生等)均由知县收集,所以除了盐税、番舶抽分、竹木抽分之外所有税收,多于全国百分之八十五,都由县级征完。

明清政府采取"结构一体"(monolithic)的方式,知县既为地方官,也是中央派来的专员,除了很少的地方有极少的例外,一般县境之内就没有代表上级的分局和分处。知县虽为文官,守土有责,在有事故时应当与县城共存亡。他既为行政官,也是司法官。重要的诉讼尤其是刑事,他必须亲自听审。

一般情形之下他有一个县丞,也就是副县长,一个主簿,我们也可视之为秘书长,还有一个典史主牢狱,一个县儒学教谕和现代的党代表与政治指导员接近。只有这些人在文官系统里有地位。其余的官,大县可能有半打左右,小县减半,称为"未入流",有同军中的准尉,不能与一般官僚同样地提调升迁。再下层则是吏,亦即是书算手,虽为地方性职业性的低级干部,待遇菲薄,有些尚且无薪,只靠非正常的收入生活。大县可能多至二三十人,小县可能十余人。只有这批人手,又缺乏银行与汇兑处,如何能够处理几万纳税的税户,一般的县份都为数几万,大的县多至十万以上。况且当日的风气又重仪礼、重文字,各官员在繁文缛节之余,已经忙得不可开交,如何能注意到乡村里的纳税人?

其答案则是使用威权。上海县在1584年即将全县划为五十六个区,一区就指派一个"总催",下辖十余个村庄。这总催每隔十日必须到县衙门报到一次,将他经管的钱粮和书算手对数。如果有不如额的地方这总催就要挨打，打罢，他的责任没有卸下，他还是要催。我们也可以想象这些人只要可能时，在乡村里作威作福的态度了，上海的土地税，一部分属于漕粮，而且属于"白粮"，亦即赍送到北京供宫廷里食用或国家祭祀之用。于是在这些派粮的区里，又各派一个"收兑"。他的任务要责成粮户，将白米运送到指定的河滨，和运军交纳完毕才能算数。白粮一到船上，就成了运军的责任。我们从很多文件上看到，粮船遇到风暴漂没，运军有负责赔偿的记载。有时追究责任及于总旗、小旗，亦即下至连长、排长，有些文件还提及运粮的军官负不起责任卖男鬻女，甚至削发为僧。

这种体制威权总是由上至下，所有各阶层都要规避责任，所以最怕变态，因为一改则全部都要改。我们也看到有些文件上提到土地变形，以前记载在文书上的土地被水冲去，可是应缴纳的钱粮无从注销，即使以前应纳粮的人不在，邻居乡里也要集体负责。

1580年张居正以万历皇帝的教师的地位秉政，用年轻的皇帝的名义实施全国丈量，把所有的土地重新清算一次，准备与民更始。可是张自己在1582年死去，于是文官集团里发生一次"翻案"的运动，以前称张居正为能臣的人都被排斥，以前和他作对的都算好人。凡是丈量清出土地的人都被称"掊克"，亦即是以少报多欺负老百姓邀功。群情如是，万历皇帝也只好发下诏书，将这次费了九牛二虎之力所主持丈量的成果推翻，以后到清朝康熙皇帝想实施全国丈量也没有成功。明朝土地之底账一直用到民国时代，有中外书刊证明。这样也可以窥见中国改制的困难了。

第四点，我们将这体制与外界比较的话，不要只抓着一人一时一事指摘，而注意其整个系统之全貌。

上面已经讲过，一个社会真正的转折点在法律（这法律也要在社会上行得通才能算数，民国初年政府颁布的法律与社会脱节仍是具文）。根据西方改革的经验，最产生效用的首先是遗产法与破产法。

我如果投资与人经商，我要知道合伙人去世之后他的资产如何处理。如果我先去世，我也要知道我的钱财如何留给后人。并且投资即有风险，我也急于知道自己冒险之程度，和对方遇到损失时准备认账的程度。在农业社会里人与人之关系为单元，只有短线的来往，以上各节也视私人关系和私人节操而定。在新型的商业社会，人与人之关系成为多元。我买了王安公司的股票，不能因王安先生去世，这股票就作废，就算公司亏本，股东也仍有权利义务之保障，因之凡事都有一个客观的标准。

再进一步，一个人开的公司大了，务必委派旁人管理，因之所有权与经理权分离。如果经理监守自盗，以前在农业社会里系属私事，在商业社会里关系很多人的利害，也要秉公处理。更扩而充之，如果做广告宣传以蒙蔽欺骗，医药诊断之不当贻害病人，这些做广告的人、开药方的人、经营药坊的人如何负责，都要由司法机关判断。我这里所讲的情形都属于信用。而信用之展开，必须有法律在后保障支持。总之社会愈进化，社会上分工合作的程度增高，需用法律之处亦愈多，政府之干预亦愈繁。

一个似非而是(paradoxical)的现象：一个现代化的政府抽税多，组织庞大，对人民的生活干预深，而人民不以为苦(最近这情形也有改变，可是与我刻下所讲的题材限于农业社会与商业社会间之比较的不同)。明清帝国之政权表面看来，抽税轻，政府人员少(虽说编制之外有半官方身份的人很多)。业务简单而人民反蹙额地怕衙门。

主要的原因，乃是现代西方的政府带服务性质，不仅以上各节有关法律可以算作一种服务，而且交通、通信、保险各种事业政府不是在后实际主持，就是在监督辅助。这在明清政权，也都谈不到。它的职责纯在管教。

在运河里运粮的情形已如上述，责任所在及于运军的连长、排长，当然政府在后勤业务缺乏组织。各位也知道明朝有所谓“粮长制度”。

这也就是政府不注重后勤，而将责任托诿到纳税人。凡是各地方土地税内有粮1万石的区域，由政府指派粮长一人，以当地殷实大户充之。他有组织运粮队、在地方上抽派运夫、征集损耗的附加、选定路程、督运食粮赴远处仓庾交纳的任务，凡属于路途上的治安、医药、卫生、损耗的防范，都是他的责任。不到指定的地点照数完缴，他的责任无可交卸，遇有损耗也由他出资赔补。即使16世纪之后纳税用银，此种组织之体系并未变更。一县要交纳银物到一二十个被供应的机关，每一机关又接受十来个州县的供应，是为常态，因之全国盖满了许多此来彼往短距离的补给路线。凡银行业务、汇兑业务都无从展开，这种办法继续到清朝。自洪武至宣统凡五百四十三年，明清两朝始终未设立一个中央银库。不仅鸦片战争时扬威将军奕经的战费，以这样的姿态由各处零星抽来，即甲午中日战争前李鸿章的北洋舰队也赖各省津贴。明清帝国之中层缺乏带整体性的出纳机构与后勤能力，是其特色。

从我们今日之眼光看来，明朝有很多资源在其掌握。若合理地利用，尽能解决其财政问题，有如初期之纸币及以后之盐税。但明代君臣只重威权，不顾商业信用，使其有利之因素无从发挥功效。

大明宝钞在永乐年间(1403—1424年)即已贬值到无可挽回的程度，加以明朝又疏于铸铜钱，据估计全朝代所铸不会超过八百万贯，北宋可以在两年之内铸出明朝二百七十六年所铸数。明朝后期被迫使用碎银，这是对人民及本身极不利的办法，各位试设想若是今日大家要用金子买汽油和面包，市场是何局面？以后明朝军队与清军作战，也吃了货币的大亏。16世纪末年和17世纪初年，中国每年由南方自赋税内运北方银四百余万两至五百万两，散及军民手中之后，北方即用此银两购买南方之出产，主要的是棉花、布匹、绸缎与瓷器，大概几个月内，已使货币回笼。和清军作战，每年要用银二千万两，缺乏这种平衡的办法，将货币大量输至平日不用银的地方，只有使通货膨胀物价高昂。

现在再说盐税,对明朝讲这是食盐专卖的利润。整个法制订在朝代初期,依照宋朝的办法,叫做“开中”。凡是出盐的地方整个区域划为盐场,用河流和运河与一般民众隔离。河东区域有一座盐湖,横宽大概不逾五里,倒有五十里的纵长,里面的水含盐的成分达到饱和点,一到适当的季节,盐花可以用网捞出,于是政府围着这盐湖筑造一道砖墙,长达百余里,高十三尺,以后增高到二十一尺。沿湖都有兵士把守。

在其他产盐的区域,在盐场的户口称为“灶户”,他们无一般当兵纳税的义务,但是每一个“丁”要向政府缴纳定量之盐。一般为每年三千二百斤,由政府酬报米六石。这盐不卖与一般市面,而由政府招致商人,由商人先向边区交通不便的地方,对边防军供给粮草,边防军给予收据叫做“仓钞”。商人凭仓钞至出盐之处领盐。行盐的执照叫做“引”,这执照的印刷完全操在南京户部。商人支盐并不是随到随领,而是要等候到一定的数目成批地领。政府发引的时候又注明每引的行销地区。所以不至于商人先来后到之间产生盐价高低,也不至于交通方便之处有盐其他地方缺盐。整个的设计依照一个 master plan。

可是这样一来,食盐之行销受着中央管制的羁绊。边防库、户部、管制盐场的行政官都各有固定的预算。商人忙碌奔波在三者之间,至少也要两三年才完成一笔生意,有时到八年、九年、十年。更因以后政府又在程序上加入细节,使有些商人候盐候至三十年之久。政府还不自责或赔偿损失,尚且发出通告,以后候盐只有原纳粮人之子孙才算合法,没有再嫁之寡妻也可以算数,至于妾或者叔伯侄子等近亲一律不许。

变更程序的办法首先就订出“存积盐”与“常股盐”的区别。其逻辑则是国家有非常的景况不能预料,食盐的收入为国家的根本,“让我们抽出一部分作为储备吧”!可是刚一立法,存积盐也拿出来卖,因为所谓存积无拖欠，所以受欢迎，一时畅销。可是常股盐只有原额百分之八十，以前纳粮候盐的盐商候得更久了。1449 年明军在土木堡和蒙古人作战失败，皇帝被俘虏，军队需要补给的情形愈严重，于是将存积与常股的比例从百分之二十至百分之八十，提升到百分之六十至百分之四十。此亦即是政府赖债，违背合同，不付利息。日子一久，存积盐的拖欠也和常股盐一般无二。

盐价高则私盐盛行。原来的灶户要不是逃亡，就是少报人口，片面地制盐私贩。总之就是政府失去控制，收入短缺，无储存之盐对付应支盐的商人。补救的办法乃是所谓“工本盐”。理论上各盐丁额外加工，在缴纳政府的数量外另外煎制之数，要商人除了缴纳边防军粮草之外，再多出工本向灶丁购买，其实各灶丁所缴已远低于初年三千二百斤之数。这样的安排，无非是将他们所制私盐公卖，政府也仍从中取利。到了这种程度，政府本来可以干脆地承认自己无力专利于制造，以后只在食盐上抽货物税（excise）。可是这样违反了整个官僚机构的行政逻辑，同时食盐专卖既牵涉边防军与户部，也影响他们的账目与预算，所以宁可拖欠，没有人能负下改制的责任。

我们这里提到的商品只有一种，即是食盐。可是因为经理管制的原因，起先分为三四种，后来分为八、九、十种。再举一例，16 世纪后期，有些地方得不到盐，于是要加速食盐的运销，以前食盐堆积于各产盐区的批验所，要成批放行的办法仍是不改。可是另外抽出一批盐，只在船上抽验放行，称“河盐”，以与囤集在码头上的“堆盐”区别。用不着说，河盐有利，给堆盐很大的竞争压力。一种商品既为日需品，又分作两类以上，必有优劣之分。其竞争的结果，并不是优势部分将价格降低，而是一齐将价格增高。凡是运输粮草到边区的成本、候盐期间的利息、贿赂官僚的费用等等，都要加在零售的价格之上，即使私盐，它也不可能将官盐的价格降低，而是随着一齐上升。到情况最不好的时候，食盐成为奢侈品，一般人民淡食。

本来食盐专利是工业革命之前的利薮，也为其他国家如法国采用。只是因为明朝全部以官僚主义的精神把持，害多利少。有时弄得产盐之处食盐堆积，原来已付费的商人筹不出额外需索的费用，各处待配盐的地方又缺货，资金冻结，食盐损耗，只有最少数的投机商人和不肖官僚发了一批横财，政府与正当商人一齐与老百姓受罪。此种情形终明季未止。

还有一个例子，更表示明代政府其本身之目的在管教，而不在服务。

官僚管制大批民众的办法，乃是“集体责任”（group responsibility）。如果子弟犯法，找到家长负责；村民不受约束，由里长、甲长负责；纳税人欠税，由“总催”负责；好在大家都在农村里，一般情形之下无法远走高飞，即使商人也可以责成他们互相保证。唯独对于开矿的矿工，缺乏适当的办法对付。他们一般从各处招募而来，即无从打听个人底细。当日开矿又是投机生意，本来矿主的资本就不够，一到开采不利，又无遣散员工各还本籍的办法。矿工人数又多，失业之后缺乏救济，一般落草为匪。他们开矿之后学得打铁，也有了制造简单兵器的本领。16 世纪有好几次的匪患，由开矿而发生。1559 年嘉靖帝需要修建宫殿，让全国人民开矿得银民六官四，可是引起浙江、江西间大规模的匪患。1566 年“矿匪”攻下了南直隶的婺源县。事平之后，政府在 1568 年将三省交界处的矿区划为禁区。所有矿洞一律封闭，重要的道路上勒石，不许闲人进入，原来在矿区的民间也一律强迫迁出，因此受损失的田赋，则由附近各县附加抵补。官方尚印行一种书籍，称为《三省矿防图说》，里面讲到各条道路及应防备的地方。一部地理上的书籍不提倡开矿而反对开矿，看来也算独树一帜，只代表中国官僚主义之特色。

这样看来，明朝政府的收入，得自工商业的方面极少，也不足为奇了。我作《十六世纪明代中国之财政与税收》时，估计土地税并附加约为银二千五百万两，盐税约为二百万两，其实盐税里尚有一部得出“荡价”。“荡”原来是水浸低湿之地，当中产芦草，可作煎盐的燃料，后来被有些灶户开垦为田。政府也向他们征一部分的税，而不并在一般土地税内计算，而抵补食盐专卖的短缺。这两项就已注入全国收入之绝大部分，近乎百分之九十了。其他所有的收入，共计三十种项目，总共所入即从宽估计，也不可能超过四百万两，只有三百七十八万左右。而且当中最大的项目，尚是我们所谓行政收入。例如捐官（即“开纳事例”），每年可到四十万，而全国开矿的矿银，即在最丰裕的一年，也不过十五万。

所以我一看到时人写历史，谈到明代嘉靖、万历年间，膏腴万顷，土地集中，各王子也建庄园，是谓封建时代。后来松江华亭上海纺织业发达，又是资本主义的萌芽，就希望这些人能够花一天半天的时间，稍为浏览明朝的财政史。再说一遍：资本主义要金融经济、商品经济趋于成熟，信用广泛地展开，支持现代经济的技术因素如信用状（letter of credit）、汇票（bill of exchange）、提货单（bill of lading）、复式簿记都已通行，而且保障这些因素的法制都已在位，才够谈得上。明朝与清朝，不仅货币还没有组织得上头绪，而且法律上还没有彻底支持个人私人财产权利这一观念，一般人也还认为“集体责任”是好办法，不仅银行业和保险业还没有开头，连最基本的交通通信条件尚不具备。在这情形下如何能谈得上资本主义，尤其我们以为资本主义是一种组织和一种运动的话？

我们无意在这种主义与那种主义上咬文嚼字。可是以上的误解蒙蔽事实。明清时代有少数的人在特殊环境里成为巨富。长江下游所产棉布称为“南京货”（nankeens）尚在工业革命之前输入欧美，保持夕阳前的质量优势，但是这些条件不是具备中国现代化的条件。财富缺乏法制上的保障，又无品位相同的公司做生意，将批发与零售结构为一体，势难持久。在这背景上我们尚可看到剩余的资本无法适当地投资，只能将金银制成器皿，或者埋藏于地下，再不然即开当铺，而也不是用于生产。16世纪中国有当铺二万家，即19世纪仍有七千家，即是信用不发达的证明。

于是经济无力多元化，传统农业生产方式也一直维持到本世纪，百分之八十的人口，也还是以此为生。农地分割破碎，技术落后，农民借债只及于远亲近邻，他们唯一出头的办法即是进学中举，要不然就是增加户内的人力，于是引起人口数目直线式的上升。总而言之，中国近世纪的种种困难，在明清之际都已存在。只因尚未开垦的土地仍在，这经济体系仍能在数量上扩充，而且因科举考试及其他原因而产生的社会流动性（social mobility），使这种体制仍能继续。

第五点，虽然有了以上的指摘，我们不能以为我们一生的不幸，应由这种财政体制负责。

中国人重褒贬，写历史时动辄把笔下之人讲解成为至善与极恶。这样容易把写历史当做一种抒情的工具，于是最近几十年尤其在大陆，产生一种骂历史、骂祖先甚至骂地理的读物。我知道这种弱点很难避免，即我自己亦然。可是这样情绪激动之后，把当初寻觅因果关系的初衷整个忘记。凡是一件事情的发生，必有它的前因后果。我们只能说历史为何如是之展开，无法坚持历史应该如是展开才合情理。尤其今日我们提倡放宽历史的视界，我们务必采取中国法家所说“天地不为尧舜而存，也不因桀纣而亡”的客观态度。归结起来，我说明研究中国近代史从财政税收可以打开出路，但是这是起点，不是终点。我不能因为自己写了一本财政税收的书，因此也鼓励大家都写书讲述明代的财政税收，那样就辜负了自己写书的目的，也就辜负了东海大学要我来和各位讨论的目的了。

(二)过渡期间的社会与经济

中国近代史里面有很多事迹,我们以为已成定论,历史书里早已记载详细,没有要讲的了,而其实不然。举一个例,1930 年的中原大战,蒋介石与冯玉祥、阎锡山大战于河南、山东及江苏北部,双方动员一百四十万人,战事从 5 月延至双十节,战事最激烈的时候冯玉祥部队因为过去有苏联接济,每日发炮弹二万余发,抗战的时候我们没有这样的火力。战事结束时,蒋对外国记者发表谈话承认中央军死三万、伤六万,对方伤亡十五万,而且在陇海铁道沿线之破坏不可胜计。这距中国全面对日抗战只有七年。我们读到这段历史,不免掩卷叹息,要是花在这种内战里的牺牲用以抵御外侮,岂不是对国家对个人都比较上算?

这次发动战事的原因,由于提议裁军而起。民国十七年也就是 1928 年北伐成功,东北易帜,南京政府提议裁兵,冯玉祥首先反对,阎锡山也通电蒋介石,他愿意与蒋一同下野,也就是表示不听蒋所主持的中央遣派。单从道德的立场着眼,我们可以跟着一般人对冯、阎责骂,或者甚至把蒋介石骂在一起,总之就是军阀逞凶,意气用事,勇于私斗,怯于公战,没有什么好讲的。

可是这次事情既已发生,则必有它的前因后果。三个、五个人没有见识,自私自利,还可以说得通。但是动员的区域牵涉十余省,死伤人数超过二十万,就不是那么容易可以解释的了。难道这一百四十万人里面所有的军官都是利令智昏,或者他们全部被蒙蔽?

首先我们必须承认当日农村人口过剩,骤看起来这说法不近情理。今日大陆的人口超过十亿,1930 年最多也不过五亿。为什么今日农村还能维持这么多的人口,六十多年之前就维持一半还感困难?其原因则是耕地零碎,土地没有经济地使用。同时农民放债收租及于远亲近邻,收成不好的时候负债的农民被排挤,只好离开家乡找出路,所以到处都有剩余的游民,他们在城市间寻找工作不得,只有当兵,否则落草为匪。我小时候在湖南长沙就亲眼看到各部队的军士,张扬着"招募新兵"的旗帜,临街招兵,而立时就有人应募。北伐期间中国军队由一百四十万膨胀到二百三十万,只是增加容易,裁减困难。士兵和下级军官既已在军队里拼过一场两场命,就指望在冒险之中打开出路。中原之战可以说是由下层不愿被裁,向上级所构成的压力激成,一方面也可以说是一百多万人互相竞争,显示个人应当被留,而不当被裁的表现。我初在美国上大学时,听到一位教授讲中国人命不值钱(In China,life is cheap.),心中就觉得非常气愤,想着谁卖命给他?后来听到朋友说四川军阀部队在冲锋前挑选敢死队,确曾把银币成堆地摆着做犒赏,功成之后立即领钱。这已经是要人卖命了。不料后来读到一段史料,提到蒋介石在广东打陈炯明也曾采用同样的办法,惠州城之攻克,即曾采用此办法。这不是我们讲历史的人毫无记挂,可以信口提出心安理得的,只是今日业已事过境迁,我们回忆到六七十年前的国步艰难,才能对眼前的问题另有看法。回头再说1920年间及1930年间的内战,旁的条件不说,要不是当日农民绝对的穷困,生活艰难,这样大规模的厮杀,不可能由少数的人随意指使,经常发生。

中国人至今还有百分之二十不识字,民国初年不识字的可能在百分之九十以上。各位记着我昨天讲到明朝财政税收的情形,也可以想象,识字除了读书、进学、中举、做官,或在衙门里当书算手之外,很少有用途。农民除了用人力打开出路之外,别无他法,孩子十岁左右就要帮着成人做庄稼之事,谁有闲情逸致送他们上学校读书?我在军官学校毕业之后,在1941年分发到部队里当排长,我手下三十六个士兵,就只有四五个能识字。我在部队里第一天就犯了一桩大错。我把口袋里一本小册子,亦即是这三十六个士兵的名册,要我的上士班长照名册点名，他一时面红耳赤，我还没有了解到问题之所在，直到他喃喃地说出“不识字”，才知道我的工作环境。从那第一天起，那个上士班长就把我当做对头，他以为我有意在士兵面前羞辱他。

迄至在军官学校里我们的想法，总以为军队里有纪律，下级总是俯首帖耳听上级命令。这只是一面的看法。另一面则触及群众心理与社会习惯，则上级无不迁就于下方。我当下级军官最大的困难，即是彼我之间没有共同的语言。这时候抗战已近四年，士兵已经确实知道我们在“打仗”，眼前有一个强敌日本。可是此外个人的权利与义务、责任问题、如何分工合作、纪律之重要种种抽象的观念，全部说不清也讲不通。那我们部队里靠什么维持？其答案乃是群众心理、传统意识形态、仗义气、讲面子、士为知己者死、原始英雄崇拜。要是排长能压制住班长，其他士兵就景服于排长，要是班长盛气凌人，反而欺负排长，则军队里的重心已不同于表面上的编制。各位再要回想：1930年的中央军是一支新突起的军队，冯玉祥的西北军、阎锡山的晋军和张学良手下的东北军都已经有了十多年、二十年的背景，他们的组织系统上下之间都老早有了这种传统力量维持。新国家与新社会尚是一种抽象的观念，属于未来。个人的人身关系，一同拼过命的战友，对部下与遗孤的责任反而实际，不可抹杀。这些条件都属于社会学（sociology）或社会心理学（socio-psychology）的范围，可是今昔的学者很少注意。中原之战前冯玉祥向他的士兵训话，就提到南方人在欺负北方人，可见得各人对于当日内战的看法各有不同。

昨天我同各位讲到明朝的财政与税收，从这些背景上即可以看出，明朝与清朝不是我们今日所公认的一个国家。实际上这是一个无数农村拼成的大集团，皇帝的力量不来自军备，也不来自经济，而是因着意识形态的支持，他是一切威权的来源。表面上他的威权无限，而实际他能掌握的纵深极浅。民国成立之后，新政府无从承继到旧体制的威权，却先已受到旧体制里财政税收的限度所拘束。各位要明了：

税收的沿革是这样的，并不是14世纪的赋税抽得轻，20世纪就可以加重。当初税轻，农业的收入早已支持大量的人口，也使远亲近邻层层剥削为可能，这种情形经过好几世纪，不能再由政府突然改变，说是过去税轻是一种错误，现在我们要实行加税。各位也记着：民国成立以来，国库囊空如洗，新型的收入像关税和盐税（盐税经过外人的解组，业已现代化）也都被外强把持，作为战败赔款与借款的担保，财政没有出路的情形，也是政局不能稳定的一大主因。

在很多国家田赋是收入之大宗，在英国和日本都在国家现代化的当头，发生决定性的功效。但是在中国既然这样的微薄，又分散而无法集中，只能维持省级单位的旧式衙门，有时省级尚只能让县级用作开销，自己另觅财源，说到军费更是可怜，很多地方只能靠卖鸦片烟，再不然则出自厘金。厘金创立于太平天国发难时，清朝政府准许各地驻军在防区内设关卡，对转口税值两抽厘，亦即千分之一，取其税率低。但是关卡林立，老百姓贩布卖猪都要付税，经过五个关卡就要付五次税，它和鸦片税捐一样，只有附近驻军做主，才有成效，其收入也是就地支用，不受中央管制。

综合起来，这是一种可怕的现象：军队的向心力不在国法与纪律，而在忠义的成分，亦即是私人关系与私人道德。军队的维持又靠地方上鸦片的贩卖与内陆的物品转口税，也伏下了“地盘”的观念。这两种成分加起来就是军阀体制。所以当日的军队统治有内在的原因，预先埋伏了若干军阀性格（当然与带兵将领的性格也有关系，但仍是这内在的力量强），中原之战也可视作政府企图中央集权，与这地方部队和省区部队的军阀性格冲突之表现。

1927年国民政府定都南京，首先就想整理财政，寻觅新税源，也在上海新增了若干税捐，曾遇到外人的抵抗。我这里有当日英国人办的《字林西报》的一幅漫画，表示外人的反感。尤其国民政府收回盐税，曾遇到《字林西报》的抗议，因为盐税在北京时代已经用作外债的担保。

可是中原之战发生在1930年,隔1927年又已经三年,国民党又已经在江浙地区产生了稳定的力量,外商的态度也渐渐改变,逐渐希望当日之蒋总司令完成中国之统一。中原之战爆发之近因,乃是阎锡山在5月3日扣留了天津海关的收入。以前南京政府还在与北方通电,互相争辩。海关收入被扣之后,蒋即在5月8日北上指挥军事,和议到此绝望。还有一项局势之展开,至今为写中原之战的历史学家所忽略。当战事激剧地展开时,南京的财政部长宋子文曾于5月27日,在河南归德的总司令部发表谈话,强调军费不易维持。他说到过去军队随处作战、遇地征粮的方法已不适用,但是他的财政部筹款的办法,也已山穷水尽了。这种情形,非常特别,很少有作战期间自己的财政部长,自己暴露本方即将破产的弱点,而且这种呼吁又向外人提出。我的观察他的目的在唤起西方国家的注意,即对南京政府如不加援助,至少也应当不加阻挠。如果中国再又弄得四分五裂,各人都截留关税,对外商也没有好处。果然他的呼吁发生效力。两天之后,亦即1930年5月29日《纽约时报》登载了一篇社论,支持宋子文的言论,在我看来这与当年年底南京政府宣布废除厘金,实行关税自主,没有遇到外人之阻挠有关。

中国的关税一般称为"值百抽五",其实这是一个大概之原则,各种品目有高下。只是自从与西方各国订立不平等条约以来,一直维持19世纪的价格与税率,海关的管制,也操在外人手中,其收入除去赔款与借款之本利外,只有剩余一部分,称为"关余",才由英国人充当的总税务司拿去交中国政府。中国过去曾屡次要求关税自主,修改较合理之税率,也和美国订有合约,只是无法执行,直到中原之战后于1931年1月1日成为事实。对中国讲这是一件大事。与革新之盐税摆在一起,南京政府才勉强有一点像现代国家之财政与税收。所以中原之战,正面看来只是同类相残,损害了国家的元气,在侧面却并未缺乏隐藏着的好处。

国民政府希望全国确实统一的计划,因此一战只片面地做到。阎锡山部于7月被击败,冯军战线至10月才整个崩溃,但是中央军对二者都没有追击。这时候东北军也已进入华北,蒋、张同盟,张学良就任国民政府陆海空军副总司令,蒋委托他对冯、阎军改编。冯玉祥从此无力再问鼎中原。阎锡山虽然失去平津地盘,也仍然能够控制山西与绥远,冯旧部如宋哲元、张自忠仍有掌握一省的力量。蒋介石能够确实掌握的地区只在黄河之南和北纬三十五度接近。这和北宋统一中国,留着吴越钱家半独立的姿态大致相似,好像是一种妥协的方式。

可是仔细看去,内在的更变,多于外界的妥协。有如过去西北军受到苏联的资助,东北直接与日本办外交,经过1930年后此类事再未发生(虽说阎锡山战败后一度退居大连,与日人保持接触),同时日本增强对中国之侵略,发动“九一八”事变,也是因为中国之统一,与他们的大陆政策极不相容。

从国民政府的档案看来,蒋介石于10月9日中央军攻占洛阳之日,即返南京。1931年1月7日财政部长宋子文北上与张学良洽商北方财政问题,他去后十天,各问题即已解决,1月18日宋哲元、商震、徐永昌、傅作义等(都是冯、阎军之将领)通电中央,表示服从,接受改编,宋子文于第二天回南京。这当中的详情缺乏记载。一直到最近我看到宁恩承先生在《传记文学》(三百三十一号,1989年12月)发表的一篇回忆,才知道宋子文与张学良的协议产生了一个河北财政特派员,后来所属为冀察晋绥四省统税局,名义上属财政部,实际由张委派。厘金取消后改抽统税,所属为棉纱、卷烟、火柴、面粉、洋灰,再加上矿税、烟酒税、印花税等,即以收入径发四省军饷与政费。这样虽然没有做到财政统一的理想境界,与过去卖鸦片、抽厘金的军阀体制相比,则已进步多多了。

从此南京政府以新式装备维持核心约三十个师,被人家称为“蒋氏嫡系”,外国人也称之为Chiang's Own,外围又用津贴的方式,维持到可能近于一百个师的地方部队,再更外围的部队,如云南、四川各处的部队,只要他们名义上服从中央,细部已不过问,大体上仍保存他们的补给办法。这种新平衡的方式,除了极少的调整外,维持到抗战前夕。换言之,此亦即是中国对日抗战开始时之阵营。直到八年抗战之后,中央军与地方军之痕迹才逐渐消失,但有些仍保留至抗战结束。

这不是一种理想的解决之方式。前天我已经和各位谈及,我们学历史的人不当着重历史应当如何地展开,最好先注重历史何以如是地展开。蒋介石与国民政府于1926年开始北伐,只有四年时间,他想成立一支现代军队,由财政集中的方式支持,为中国历史之前所未有,至此已尽到最大的力量。并且抗战之决策,并不是以同等的兵力与敌方对拼,而是利用中国人力与土地的广大和对方拖,把对方拖垮,同时得到欧美的同情,使中日间之冲突化为一个国际战争。中原之战前提议裁军,将全国军队缩编为六十五师,人数为八十万,务必要采取精兵主义,可是中国的军需工业和交通通信的设备,都够不上支持现代化的军队。抗战开始一年之内,中央军现代化的表面就无法保全,以后被驱入内地,工厂的数目只有全国百分之六,发电量只有全国百分之四。这不是精兵主义可能融洽得下的。1986年年底我来台北参加第二届国际汉学会议,我已经当场报告:我做下级军官的经验"半像乞丐,半像土匪"。可是也只有这样,能在内地农村生活条件下生存的力量,才使抗战持久。虽然没有凭自己的力量打败对方,我们却已达到将它拖垮的目的。如此看来,中原之战不是那样毫无意义。虽然我们仍旧痛心于二十多万的伤亡数,虽然我们仍旧可惜那每天两万发炮弹的火力,至此我们可以想到这次战争是北伐到抗战之间的一种必经阶段,因为如此,我们可以就此承认它在长期历史上的合理性了(此即long-term rationality of history)。

前面已说,我来此的目的不是注解中国历史,而是提及自己读历史的经验。我所提出的中原之战不过是举一个例,说明中国近代史可以从社会史和经济史发展。如果我们注重 1930 年间社会情形、军官与士兵心理状态，我们就知道军阀割据的内在原因。如果我们推广到抽税、筹饷，我们就可以想见虽在最黑暗的关头，中国仍在前进。

我曾被批评说是我写的历史完全以成则为王、败则为寇为标准，这种批评完全不正确，同时我也不是“人是我非，人非我是”。那样所谓“平反”也不是我的目的。我写历史，重于已经发生的事情之因果关系，而不着重私人情绪上之好恶，外国人叫做 positivism，本来是积极性，也有人翻译为“实证主义”（我也不高兴这样主义那样主义，因为中文一提到主义，就是一个大泥坑，一跳进去，就爬不出来了。英文之 ism 比较轻松）。说来说去，历史学家的工作，主要在探询在我们面前发生的事情之前因后果。一件事情既已发生，最低限度经过二十年，其成果尚不可逆转，那我们就务必要就事解释。虽说我们高兴某人，不同情某人，不能完全避免，那已经不是作史者之正途，有时反而使读史者误入歧途。

昨天我已经提起，在我们这一生衣食住行无不经过一段改造。我在 1950 年第一次来台北，从飞机上看下去，触眼只看到日本式的木房子。下飞机之后街上飞尘扑鼻，所见通行的车辆无非军用卡车与吉普车。今昔相比，这样变动已经很大，可是环顾内外，不仅台北如此改变，其他各地方也有类似的改变。在时间上讲，我们眼前所经历到一段的改变，也仍只是一个长时间亘世纪的一个大改变中之一部分。1988 年我来台北时，社会大学吕学海先生说他在基隆附近的农村里有一所房子，星期天他要我同他去当地参观。第一件引起我注意的则是当地乡村里有电气设备。信不信由你，这是我生平第一次看到中国农村里有电。我一问起何时开始，是日据时代还是光复之后，村民告诉我们，开始于 1960 年代，离我们访问的时候已经二十多年，快三十年。

农村里有电气固然是物质生活的一大增进，同时也反映社会组织的改变。电线能通到农民的屋顶上，表示电力公司已经在会计上认为每家是一个单一的用户,能够把电力供给他,到期按电表收费。在我看来,这不仅是进步,而且是改组了。以前怎样呢?据我在大陆上的经验,在乡村里和一般农民打交道的只有政府。政府尚不承认各家各户在法律之前是一个独立的单位。凡是有何交易进出,概由保甲经手,征兵纳税无不如此。一家漏税,唯保长、甲长是问。一个人犯法在逃,亲朋邻舍负责。这也就是上次所说集体责任之由来。从那样的体制,到今天各人自付电费的体制,是一段很大的改革,在中国讲牵涉一千年的背景。不仅我今天所讲的中原之战,是北伐与抗战中的一个阶段,它把中国军队里的军阀性格稍为约束,也把财政税收、军需出入比较做得更现代化。前者属于社会史,后者属于经济史,这一切已是前所未有,仍只算作改革过程中临时的一段调整。而北伐与抗战也仍不过是这空前庞大运动中之一环节。

用不着说各位已猜透我所要讲的空前庞大的运动,可以说是进入资本主义之体制;这也是一个国家现代化之真髓。我因为这些名词非常混淆而容易引起争执,所以强调进入此境界时,一个国家和社会即可以用数目字管理,亦即是过去以农业社会之生活方式作为施政的基础,现在利用商业社会里的生活方式。这样反能使读者看清这种改革之内涵,比一种呆板的定义更实用(可是在《资本主义与二十一世纪》书内,我仍给资本主义赋予定义)。换言之,我重归纳法,不重演绎法。有如我在《万历十五年》内已将中国官僚主义的理想与习惯叙述得详尽,即无须再将官僚主义这名词搬出来,再制造出一套抽象的理论。

可能也因为资本主义是一个常用的名词,我不能如是容易地脱身。大家都知道讨论资本主义的前有马克思[其实马克思未曾在字面上引用“资本主义”这一名词,只称为“资本家时代”(capitalist era)以及“资本体制之立场”(kapitalischer grundlage)],后有韦伯,今日有不少的理论家自己已钻入“逃墨则归于杨,逃杨则归于墨”的境界。我个人即有此经验。有人问我是不是马克思主义的历史学家,我说不是,对方就说那你一定相信韦伯了。

可是事实不是如此简单。在这情形之下,我们也可以再引用孟子所说"尽信书,不如无书"。韦伯叙述欧洲脱离中世纪而进入现代时,思想信仰上的解放,有如路德及加尔文的神学,赋予教徒以自信,使他们将宗教上的信仰应用到日常生活上去。这种"新教伦理"使各人心、口、手一致,所以思想与行动合理(rational),非如此,令人预为筹谋的法制即无法执行,法制合理化,才有资本主义。这种说法具有极高度理想主义之成分,只能令人长思,无从证实。一种带集体性的基本思想,行见于社团当然有长远的影响。我上面就讲到爱面子,重英雄崇拜,人与人之关系为单元而非多元,就助长了军阀体制,也是这个道理。中国的秘密结社、崇拜关公,也是旁的组织原则如权利义务无从合理地划分得清楚,私人义气可以代替这些原则的表现。在这种情形之下我们得到韦伯启蒙的作用,我也劝各位在研究中国近代史时,注重心理学和社会学。

可是要靠韦伯作为打开中国秘幕的钥匙,则未免期望太高了。首先我们务必了解韦伯的解释,只能在有选择性的场合上适用[他就引用巴克斯特(Richard Baxter)及富兰克林的言辞支持他的理论],并非新教徒都成为了资本家。据我们所知,世界上资本主义成熟得最早的地方威尼斯,这城市国家始终没有放弃天主教,只是它的主教自己选派,凡教堂对商业的约束它都拒绝遵守,此外并未产生独特的新教伦理。法国与比利时也为天主教的国家,这并未阻止资本主义在这些国家内发展。荷兰因抵抗西班牙以主教加强各地之管制而独立,在独立的过程中加尔文派的力量才逐渐发展。独立运动的领袖威廉(沉默者 William de Eerste)先为天主教徒,后改信路德派,最后才为加尔文派。至于这地区历来地方自治的力量强,各城市的绅商有势力,独立之后新国家没有其他的逻辑,才锐意经商,作为资本主义最前进的国家,这并非由于教堂的力量促成,也并非受神学或伦理所摆布。

总之,像韦伯这样的一个思想家,他的地位甚至可能与王阳明对比,不可能由我三言两语抹杀得干净,一个国家和社会从农业体制衍化到商业体制,牵涉万绪千头,不可能没有思想上的大规模调整,韦伯的用处也在这地方。他讲到中国时提到父系威权(patriarchal authority),妨碍合理化地组织劳力(rational organization of labor),我们都无从反对,我昨天就讲到明朝抽税威权由上至下,各人都要规避责任,土地变形,赋税也不能注销,正符合他所说;可是韦伯不知道有北伐,有抗战,他没有听到蒋介石的名字,不知有张学良、宋子文,我们不能从他的言论中,开创写中国近代史的出路,反之,我们过于崇拜他,只会禁锢我们的思想。

以上说及韦伯各点更可用于马克思。马克思曾说及:“人之自觉不能决定他们的生存,只有他们社会上之生存决定他们的自觉。”在这一点他的结论为:“物质生活上的生产方式决定了社会生活、政治生活和精神生活之特征。”(摘自《政治经济评论》*Critique of Political Economy*)他的劝告使我们注重经济史,因为他所说经济开头,思想随之转变。可是实用时也有限度,如当年很多台湾人士回大陆,发现大陆上的人主要的还是一个传统的中国人。所以,我们仍要保持“尽信书,不如无书”的态度。

《共产党宣言》里面提到资本主义萌芽,不少的中国学者也随着依样(画)葫芦。西方的萌芽,基于“外放分工”(putting-outsystem),亦即在纺织业初开始时,不设工厂,投资者将原料挨家逐户地分配给劳工的家庭,各人在家中纺织,织成后,投资者又将成品收集,发给工资。从这种组织与系统,产生了以后的工厂,于是形成日后的资本主义。以后马克思主义的历史学家就抓住这外放分工办法,作为资本主义萌芽的重点。

恰巧明清之间长江下游地区的纺织业也采取了这种外放分工办法,不少大陆方面的历史学家也就抓着这点作为中国资本主义萌芽的证明，咬定资本主义已于16世纪在中国开始组织。以后这说法也被日本、英国和美国的学者所接受传播。可是世界上有名花异卉，萌芽了三百多年，还没有结实成果？可见得过于相信威权，可以否定本人的判断能力。

所以我的答案：我不是韦伯的信徒，更不是马克思的附和者。我觉得要将中国与现代西方比较，务必要将整个体系拿出来比较。我们曾讲到明清的财政税收系统，我们也就可以看出这是一种独特的体制，在交通、通信、统计科学、测量技术尚未展开之际，中国皇帝就要向全国的小自耕农抽税，小民也雇不起律师，于是笼统马虎，一切只仗威权，这是内向而不带竞争性（introvert and non-competitive）的体制，只能在闭关自守的情形下维持现状，不能门户开放。

这样看来，也可见得门户洞开之后，天翻地覆的局面了。我曾讲到1930年的情景。蒋介石和国民政府也还只在一种创造的阶段。他的财政税收也还在草创开始。只表现着中外体系冲突时，新中国发觉旧系统无可改造利用，一改即都要重新组织。

中国与外国的区别何在？这是一种特殊的农业体制，面对一种特殊的商业体制。商业重信用，所以它能够使资金广泛地流通，经理人才不分畛域地任用，技术上的支持因素如交通、通信、保险等业通盘支配。这种种条件要能做到必须有法律支持，而且法律要能生效，也要从下端做起，厘定各人的权利与义务，不能全靠义气与私人道德。

在目下历史学发展的过程内，我不主张先作一部完整的社会史和中国近百年的经济史。因为整个尚在动态之中，材料很难收集，而且在一种广大的群众运动之中，局部的逻辑，不能算数。有如当日李、白、冯、阎的心理状态，与地方因素支配他们部队的情形，很难得到中肯的描写，而且统计数字更谈不上。刻下西方学者有的已循着学院分工的办法，如是做去，我已经提到膏腴万顷被当做肥沃的田一百万亩，再不然也染上了骂历史的坏习惯，将一种组织还没有条理游动状态的情形,和西方业经稳定的情形比,以至贪污无能,各种不负责任的指摘,占满篇幅,这些都不是正规之历史。我想将来都会被淘汰。

我的建议:我们打开中国现代史的出路办法,仍从军事政治史的纲目着手,不过每一个题材之内,加入社会学、经济学之成分。同时经常记着“立”这个字的意义,亦即上与下之组织,与当中法制性的联系;又和以前的事和以后的事对照,比如中原之战必与北伐及抗战有关,尚且不被过去之威权所蒙蔽。我想大家都如是做去,中国的历史,三五年后必有一番新面目,也会充沛着积极的成分。

(三)现代的展望

上两次我提及明清政府在交通、通信条件尚不具备之下,由中央政府向全民抽税,因此管制严、效率低、税收数额短少,民国成立以来承袭了这种体制,对以后局势之展开至为不利。又谈到过渡期间,旧体制确已崩溃,新系统尚未登场,人与人之间不能立即履行新时代之权利与义务。即在军队之中我们也只能以“有面子”和“无面子”的态度对人对事,这表现掌握群众心理的仍是旧时代的社会价值。然则在最黯淡的阶段,社会之衍化,并未停止。有如 1930 年的中原大战,表面看来只是祸国殃民,其实中枢借此一战,革除了过去之厘金,代之以统税。统税所辖的为火柴、水泥、卷烟、棉纱及面粉。这些商品在工厂里生产,也显现着人民之衣食住行,开始向现代的方向走。虽说进度仍有限,中枢想统一全国的程度仍不够,只是现代化的程序已经发轫,也由经济生活开始,影响到其他的各方面。

现在我仍循着这次序,继续讲述中国长期革命的重要里程。

新中国的高层机构由蒋介石及其率领的国民政府,经过对日抗战造成。

可是直到今日很少人看出这段历史的积极性格,一般的观感即是贪污无能。

很奇特的,贪污之由来乃是预算不足以覆盖应当解决的问题。例如 1936 年,已算是抗战之前夕,整个国家的预算只有十二亿元,以当日三比一汇率计算,只值美金四亿元,这种数字见于《中国年鉴》,也载在《剑桥中国史》。这是一个微小的数目,不可能用之于供应全国陆海空军,经理庞大的文官组织,以及兴实业,办教育,维持全国的交通、通信。于是预算经费覆盖之不及,只能指令负责人就地征发,有时采包办制度。同一性质的问题采用不同的经理方式,于是整个组织不能在数目字上管理。即是原列入预算里的经费,也可能由经手人中饱。其采取包办的一部更毋庸议。追根溯源,还是所掌握的资源不足以对付当前的问题。

愈离中枢愈远,其处置问题的情形愈不堪问,于是也招惹上一个无能的责备。

我个人无意为贪污无能辩护。一个官员贪污,也是贪污。一个将领无能,也是无能。只是抗战期间动员三百万到五百万的兵力,在统一的军令之下,以全国疆域为战场,与强敌作八年生死战,为亘古所未有。亦即在中国历史上,自秦始皇至光绪、宣统没有过类似的事情。各位听我讲到传统中国财政税收的情形,也就明了中国以文教治国,几百年对内不设防,连动员的能力也没有。国民党军队被驱入内地之后,工厂数只有全国百分之六,发电量只有全国百分之四,于是苦肉计有之,空城计有之。

我在 1941 年在国民党军队当排长的时候,军政部只能供应我们一套夏季制服。遇到天晴我们带着士兵在河中洗澡,赤着身体将衣服在河内洗涤,在树枝上晾干,以作换洗。迄至 9 月才由军政部发下一笔钱,说是另一套制服之代金,可是发下来的钱就不够,滇南万山之中也无处购买,更缺乏交通工具。最后只能由我们师长令一个军需化装为商人,逾境去日本人占领的越南,买下一批白棉布,回头用土法染成黄绿色,又缝剪为运动员式的短衣短裤以节省材料,至是我们官兵才有衣物换洗,其他捉襟见肘的情形,亦无不如此。

1986年底我来台北参加第二届汉学会议时,即说出我当下级军官时"半像乞丐,半像土匪"。然则对方日本即是因着我们宁死不投降,被我们拖着八年而拖垮。各位只要看到当时日本人,不得下台而焦急的情形,才能体会到抗战的伟大。经过这一段奋斗之后,中国才真实地成为一个独立自主的国家,军阀体制才算解体,国家的高层机构才有着落。我们若带着批评的态度读这段历史,可是也不要完全忽视自己的成就。

至于拖垮日本之后,却敌不过中共,乃是由于缺乏新时代的低层机构。中共之翻转中国社会的基层,从农民暴动着手。这牵涉两种不同的政治思想,两种不同的群众运动,完全相反的外交政策,于是也显示着中国的内战无可避免。

中共和毛泽东的一段作为,当然也有它在历史上的积极性格。我主张承认他们的成就,但不接受共产主义。这是一个相当复杂的问题,需要在背景上有一段阐释。

我所说的高层机构与低层机构并非社会上的阶级,而只是在国家社会功能上所产生的区别。如国民党军队及政府各部门属于高层机构,地方上的组织如过去之保甲,以及土地分配占有的情形,属于低层机构。

我们提及共产主义,又撇不开马克思。各位务必明了马克思是一个不拘形迹的作家。他有时写得严谨,有时又非常放浪。他有一次曾提出大学教授和军人不事生产,与娼妓无别。那他认为不屑之行业三种,我自己倒占了两种。这种地方只表现他意气用事,不加检束。他最大的毛病,还是前后不符。剑桥大学的经济教授鲁宾逊(Joan Robinson)曾提出马克思在《资本论》第一卷说及生产虽增加,资本家仍保持同样的利润,工资在这体制之下不能提高,及至写至第三卷,却说生产增加之后利润下跌，事实上工资上升，工人与一般人民生活同样改善，马克思则将其详细情形避而不谈。我们再看到《资本论》里中国被提及十次，倒有七次与印度并列，只算是殖民地，还有一次则说及中国人工资之低，可能将其他国家的工资一并拖下去。总而言之，马克思之共产主义，是资本主义发展到尽头后的出路，是否可行不论，起先即不可能与一个现代社会尚未组织完整的中国相提并论。他和恩格斯所作《共产党宣言》尚且说及共产主义者不应当另外组党，以与劳动阶级所组政党对抗。

有了这段交代，我们才能在现实的条件中，看出中共之作为在历史上的意义。

中共的土地改革也是一种革命行动，对被损害的户口无公平合法之可言，可是土地之使用自此合理化。因着这行动，中国乡村的组织也有一段改造。据参与行动的人士提出：最先组织的是贫农团，只有贫农才能参加，只有贫农才有表决权。因贫农团的扩大，而有农民协会，又因农民协会的扩大，而组织村民大会。村民不识字，即用白豆与黑豆投入碗内，作为表决。这样一来，基层组织由社会上身份最低的参与着手，没有人被排斥。过去乡村里的保甲不由上级指派，即由当地人奉承上级旨意推举，总离不开一个真理与威权由上至下、民间组织无非替官衙征发勒派的形态，中共的改革脱离了这传统。即是他们自己在乡下的组织，也经过同样一段由下至上审核的程序。

他们的办法即是将乡村组织之成员，全部通过村民复核。每个党员都要通过贫农团、农民协会和村民大会的三道关（这些组织的成员倒不一定是党员），不过第一关不能过第二关，而今又隔四十多年，可是看来其基本精神未变。最近中共党员发展已至五千万，内中仍可能有百分之二十不识字，这是他们的短处，也是他们的长处。其长处则是其基层能代表其社会之真实容貌。

从 1949 年到 1979 年中共犯了不少的错误。大凡一个待开发的国家,基本组织就遂后尚要面临两种难题:一是大量被解放的农民不容易管理,一是初期存积资本的艰难。几个世纪之前,先进的国家用向海外发展的方式,开拓殖民地、贩卖奴隶、发动对外战争、勒索赔款的方式存积资本[即大哲学家洛克(John Locke)亦说及战胜者可向战败者索取赔偿,最高时可达五年之收获],此等方法至今都不适用,而且中国大陆尚得不到国际援助。这种困难曾使中共领导人彷徨不定,越想突破越弄得自己手足无措,中国人民也几十年禁锢在人民公社里。可是现在看来,他们所受罪并没有白费。

据北京国务院一个研究机关的计算,此三十年内一般农民对国家的贡献值人民币六千亿元。因此我们估计中共在同期间内存积的资本达美金二亿绝不为过。各位看到近十多年来大陆的城市大兴土木,短时间内使天空线改观,即由于几十年来集体挣节之成果。

而且经过1979年改革之后,吸收外界投资,注入私人资本,已能使农业上的财富与新兴工商业交流。前两星期我和内人由香港至深圳,经过广州入黄埔,折向中山转珠海,而去澳门,沿途看到无数小规模的工厂,利用本地的劳力,使城镇与乡村打成一片,这是几十年前我们不能想象的。

前次演讲我曾提出"社会架构论"(Theory of Social Restructruing),说及一个现代社会能用商业原则管制,因此表现资金广泛的流通;经理人才不分畛域地雇用,亦即经理与所有权分离;技术上之支持因素全盘活用,包括交通、通信、银行业、保险业以及请律师等。其症结则是社会上的经济因素概能公平而自由地交换,于是其组织可以越做越大。在进入这境界之前,过去的农业体制通常成为改革之障碍,需要全部被推翻,这也是我提及的"立"字秘诀。

至于一个国家已经进入这种境况,属于资本主义或社会主义,不是问题之关键。从技术的角度来看,两者只有程度上的不同,没有实质上的区别,严格来说现在纯粹的和百分之百的资本主义已不存在。

譬如说当今美国是资本主义最先进的国家，可是在很多地方美国的立法与行政已带社会主义色彩。如我们在美国有一所自己住的房屋，现今家里已无小孩上学，每年仍要付一千多元的学校税，以便使没有地产家里的小孩同样上学。最多我们也只能说资本主义的国家，私人资本在公众生活之中，占特殊的比重而已。

综合这种种情形，我们可以说今日之中国，台湾在前，大陆在后，都已经或者即将进入可以在数目字管理的境界。这也就是说，"立"字上的一点一横和下面的一长横都已在位，目下的工作是加入当中的两点。此即执行商业交往时，在法律面前厘定个人的权利与义务。是以刻下大陆方面的经济改革，其目的不仅在提高人民生活，也要在政府与人民及人民与人民打交道的时候，确实决定各人之权益，才能造成永久体制。

其中当然还有无数问题，我不是经济专家，我只能以一个学历史的从业员身份，说出新中国的间架已在。

同时瞻望世界大局，问题也多。中国之工业化，价廉质美的劳工，借着商品向外输出，必使工商业先进、工资和生活程度很高的国家感受压力。最近大陆各城市里地产大涨，而美国及日本房地产不能增值，虽然没有直接的关系，已象征着问题的来临。我们知道房地产可以作为投机生意，同时也是投资者下注时终结之所向。不仅工厂与机器需要厂房，银行业与保险业也靠地产保持它们大部分的本钱。地产普遍增值，表示整个地区经济全面展开。这一两年中国地产增值，即有日本财团的参加，这对日本讲也甚可能成为问题。这个国家鉴于战前农村经济与城市之间产生了一道鸿沟，所以在二次大战之后，竭力避免这覆辙，长期执政的自由民主党，千方百计地在各处兴建，务使农村地价不与城市的地价脱节。今后的发展是否影响到两方的国交？我们如果对利害冲突发警报未免太早。但是事前指示已开发的国家和正在开发的国家，需要看透彼此的问题，尽量分工合作已到时候了。

再瞻望下去,我们从认为中国与俄国即将通过金钱管制,进入可以在数目字管理的境界,世界上还有约一半的人口,不能在数目字上管理。他们承受着外界的压力可能产生的反应,也很可能影响到我们的前途。从过去的记录看来:凡是世界上大规模的改革,都是以宗教发难,以经济终(中国在五四运动时也用过“打倒孔家店”作标语,注意其对象不是孔子或儒家,而是儒家社会所遗留下的“尊卑、男女、长幼”的序次,与清教徒旨不在推翻基督教大致相似)。今日不能在数目字上管理的国家,也仍因着宗教的禁规与教条,或者僧侣寺院的力量维持传统社会体系。他们的出处也甚足以影响到世界的前途。环顾和我们紧邻的中东与东南亚都是这样的国家。

即以印度为例:大家都知道这是一个印度教的国家。印度教管制社会的方法通过种姓(caste system)、职业世袭。其实传统所谓四大种姓 Brahman 为教师方丈,Kshatriya 为武士官僚,Vaishya 为商人,Sudra 为农夫,只不过是历史上原始型的安排。现今仍存在之种姓称为“甲体”(Jati)。全印度可能有三千个,几乎包括农村社会里所有之行业,但是这些甲体每一个地区不同,大概一个村庄里不过约二三十个。当中一个甲体称为“查支曼”(jajman)拥有村庄内所有的土地,我们不妨称之为“地主甲体”。其他的甲体带服务性质称为“卡明”(kamin),原则上非同种姓的男女不通婚姻,职业遗传。带服务性质之甲体所供应的服务,具有集体性格。制木器和陶器的供应所有的木器与陶器,洗衣服的洗所有的衣服,理发的甲体内之男子均为理发匠,妇女替村内所有妇女洗发。他们所得的报酬也集体支付,由查支曼以谷物整年地一次付给。各村庄内和各甲体也各有他们的管理机构,称为“五人委员会”(Panchayat),他们根据习惯法处理种姓以内之事。这样的安排使每一村庄几乎完全成为一个独立自治的单位,与外间隔绝。这和我们所说整个国家和整个社会里面的经济因素都能公平而自由地交换,全社会构成一个分工合作的有机体,有着一日千里的距离。

我们常常听到印度的朋友讲种姓制度业已废止。其实这种制度构成社会的低层机构,无法通令废止。只能在开设学校、组织军队和建设工厂的时候,职业全民化,新时代的力量才能缓慢地从城市中渗透入乡村里去,打破内中的小圈圈。可是我们最近打开报纸,不时又仍看到印度村庄里面的男女冒犯宗教的禁忌通婚,被五人委员会判处死刑的消息。可见得传统力量依然掌握着内地。

总而言之,一个社会务必有它的架构,除非新架构在位,否则旧的无法排除。印度和中国不同,他们没有中国所经受的内外压力。东西国家都要交结印度,而印度军人也一直没有发生兵变、割据地方的情事。我们将中国之所经历与尚未改组的国家比较,也更容易了解我们历史发展之真意义,也更容易看出当中的积极性格。

印度教的力量不算,回教的传统也有阻碍经济因素公平而自由交换的地方,即如原教旨主义(fundamentalist)的回教徒,禁止男女交往,也就束缚了女性的劳动力。至今还有些国家如伊拉克,虽拥有资源,而被"圣战"(Jihad)这个观念所支配,虽自称实施社会主义,却在分配资源的时候极端注视军需工业,也不能在分工合作之当头,造成一个多元的社会。我们虽无意于批评其他国家内部的事情,作为一个新时代的公民,却不能不对这些问题有一个概括的了解。况且举一而反三,历史上的借镜不尽在西方经济业已展开的国家。

在座的不少的同学已经看到今天《中国时报》"开卷"版对我的一段批评。我想有了这三场讨论,各位已可看出我们所讨论的问题远超过一般人所认为"资本主义"这一范围。即称为资本主义,也不当被"新教伦理"和"阶级斗争"的两个窄狭的观念所蒙蔽,所以我主张不顾这些框格。在今日综合世界各国现代化的程序,仍离不开韦伯或马克思,一定要非杨即墨,可见得自己的立场尚不离19世纪。所以我不得已,提出"社会架构论"这一名目。然则这名目也可能成为一种框格,希望各位小心注意。总而言之,有人类即有历史,明日之历史必不同于今日之历史。

凡是在世事中作大范围的检讨,不期而涉及神学。因为我在书刊里一再提及"历史上长期的合理性"(long-term rationality of history),就有人认为当中有极端的奥妙,而且已有人说我写的历史属于"目的论"(teleology)。

我认为一件重大事情的发生业已经过二十年(这也只是一个大概的标准),其情形又不可逆转,则我们务必看清它在历史上长期的合理性,虽然它的结果不尽与我们个人的好恶符合。法家所说"天地不为尧舜而存,不为桀纣而亡"亦即是这道理。我提到中原之战,也有它在历史上的意义,因为它代表中国统一过程中的阶段,同时替抗战筹备新阵容。因为它在北伐与抗战之间前后衔接,即具备历史上之合理性,当然这不是褒扬军阀提倡内战。同时中原之战业已发生,抗战业已发生,内战业已发生,今日我们的立场,即为这些事迹汇集之成果。除非我们立志推翻这些成果,则只有接受历史之仲裁,此中无选择性。可是接受历史上长期的合理性,与介绍一个"历史的终点"有天壤之别。

历史是很现实的,它使我们看清我们今日之立足点。虽说过去之事使我们看到未来若干趋向,但是这不能使历史学家成为预言家,因为这些趋向所展开之现实,必在时间上汇合。这种汇合(timing)无人能确切掌握。要是希特勒以德国之资源,先造成一颗原子弹,使1944年6月6日盟军登陆全部毁灭,以后是什么一个世界?这问题无人可以解答。一人一时一事尚且如此,预言全世界全人类的出处更属渺茫。

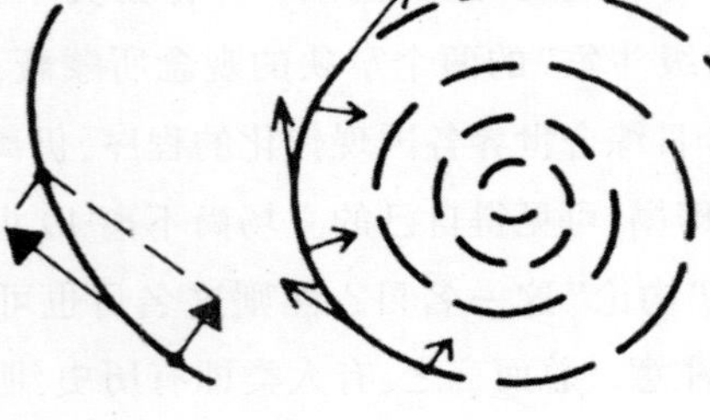

上面的一幅图解我已经在几种书刊上载出,其用意就是说明我的历史观旨在实事求是,无宣扬某种主义,或追求目的论的宏愿。图上实线表示人类历史,最长也无逾万年,大概只有七千年的样子。历史上长期的合理性无非表示刻下的立足点因过去事迹而产生。人类的企图与愿望,以向外的箭头表示,当然有创造及理想的成分。内向的箭头则代表自私、惰性和憧憬于过去的习惯,或者可以以基督徒“原罪”(original sin)的观念概括之。两者之合力即产生现阶段的历史,而标示着下次行动的立足点。这七千年的历史符合康德所谓“现象”,我们只能根据这段实线,设想辽远的过去和无从证实的未来,有如图上虚线,勉强凑合于康德所谓“本体”(noumena)或“超现象”。再进一步地讨论属于神学。要是我逾越这界线,则要违背我研究历史讲解历史之初衷了。

答　问

问:你提到在财政税收上讲明清帝国与唐宋帝国不同,这不同的地方是什么?

答:唐宋帝国的财政税收带扩张性,从前至后我们可以看到数字逐渐扩充。明清带收敛性,几十年后税收数额尚赶不上人口增加或通货膨胀的系数。尤以明朝与宋朝比,两者之间差别显然。宋朝向经济最前进的方面着眼,如铸钱、开矿、经营水运等,所以它的财政税收单位为银两、绢匹、钱,明清反又用人丁之丁及谷米之石。宋朝自王安石以来即用“免役钱”将差役折为货币交纳,明朝又恢复亲身服役。唐宋政府设立转运使,在各地经收转运物资,明清保留这些名目,却没有控制交通工具。全明朝二百七十六年所铸铜钱数,北宋只要两年即可全部铸成。这种差别特别值得注意:因为这是由 11 世纪到 16、17 世纪,这样的倒退在世界史里为仅见。

问:你的批评是自今日的眼光看出,也从外界眼光看出。如果站在中国本位的立场,是不是当中也有很多优点?

答:说得对。我上面讲过既有人类即有历史,明日之历史,和今日之历史不同。

让我这样说吧,一个男孩和一个女孩情投意合,突然有一段事故发生,他们分手,十年或十五年之后各有婚嫁,他们回顾以前分手的情形,必和当时反应不同,可是再隔十年二十年,两人的经历愈多,再回顾过去,其观感又必然不同。个人的情形如此,人类的历史亦然。

明清社会是一种内向(introvert)而带非竞争性(non-competitive)的组织。只要这两个条件能保持,当时人无从否定它的优点与长处。当时税收低,生活容易,承平日久,社会安定,人口增加。明朝二百七十六年之内,没有一个带兵的将领叛变朝廷。及至清朝顺治、康熙年间,欧洲的启蒙运动抬头,中国犹被羡慕。可是要和19世纪的情形对照,我们就可看出这体制之值得批判了。

问:你说及传统社会人民只有义务而无权利,权威总是由上而下。可是我看过瞿同祖写的关于清代地方政府的书,他说及清朝官吏对地方绅士的财产相当尊重。

答:他说的是对本地有声望的人士刮目相看,这与尊重私人财产的权利不同。我们今日所谓私人财产权是普遍的对所有人而言。如果我领有这笔财产,就排斥其他人对它的占有,同时我也对所有有关的人员有某种义务。一个现代的政府必须保障这种权利与义务,才能展开现代之经济。显然的,明清政府无力及此。

问:你看台湾今日是否已敷设法制性的联系,确定人民的权利与义务?

答:据我知道很多条款都已存在,可是大多是行政机关立法,所以称为章程、规则等,当中恐怕有很多只顾到官衙的便利,看来还要重新通过立法的程序，才能确定权利与义务。

问：你对台湾的土地改革与土地税如何看法？

答：这问题我只好谢绝答复。我是一个学历史的人，并且还只用长时间远视界的观点看历史。我只好说我不知此中实情，同时也缺乏判断的能力。

问：你说及大陆方面的改革，你"当然"希望他们成功。那为什么当然？

答：在我看来中国人民有一个"公共意志"(general will)在。这公共意志超过国民党与共产党的敌对行为，也无社会阶级之阻隔，大家都希望看到中国之富强康乐。国民党军队的第二百师和以后扩充的第五军，是抗战期间唯一的机械化部队，前任师长、后任军长为熊笑三，他的父亲熊瑾玎即为中共党员，曾任《新华日报》的经理部长。各位看到日月潭附近为玄奘寺题字的有陆军上将徐培根，德国留学，也在国民政府里做大官。他的弟弟笔名殷夫则为共产党员，在1931年被枪毙。这种父以子继、兄终弟及的奋斗与牺牲，超过个人的人身利害。既有这公共意志，我就希望它早日成功。刻下看来经济改革，为完成这公共意志的唯一方案。

问：你为什么一定要用蒋介石代表新中国的高层机构，并且引用到大陆方面去？

答：因为事实如此，自黄埔建军、北伐抗战，包括上次说及的中原大战，他一步一步地将中国统一，得到外国的承认与协助。西安事变时周恩来也在支持他，认为他是唯一的领导人物。抗战期间以及内战期间，中共尚且不搞自己的高层机构，大部队只用无线电联络，整个城市文化全部不要。所以我说创造新中国的高层机构不能摈斥蒋介石。即使你对他个人不满，也不能否定他所代表的群众运动。

1987年北京出了一本《中共党史大事年表》，内中提到抗战时中国共死伤二千一百万人，其中中共的军队死伤六十万，他们控制的地区又死伤人民六百万。不管这数字确实可靠与否，则国民党军队及其控制的地区死伤军民逾一千四百万了。我所说的高层机构不能摈斥这大规模牺牲之领导力量，我无法在写中国近代史时抛弃这一部分。

问：你的大历史观以五百年为单位，那么台湾四百年的历史就不用提及了？

答：没有提及并不是否认它的存在。我是湖南人，我写大历史时也没有提及湖南的地方史。

问：那湖南怎么能和台湾比？

答：如果要强调内部的差异，湖南也有它的特色。即如最近湖南的劳工，周期地辗转到广东去做工，语言不同，生活习惯也有差异，也被歧视。不过我们共通的地方多过于不同的地方，即如烧冥钱，台湾的风俗也和大陆内地的风俗一样。我的目的是着重相同之处，检讨共通的历史。例如对日抗战就是我们共通的历史，我有一个同事非常坚持于“台湾独立”运动，但是他告诉我，抗战胜利之后，他首先到码头上去迎接国民党军队。直到“二二八”事变之后，他才彻底改变态度。我想他的态度也代表很多台湾朋友的态度。这是对一种政治变故的反应，不能算是对历史的反应。

至于“二二八”事变我已说过，从大陆来的军民二百万，代表政府军队和教育机关，全属一个社会高层机构，突然移植于一个生疏的地方，时间又短，彼此都缺乏认识，甚难不生冲突。即是当日接收人员到大陆沿海各城市的情形亦复如此，可是我们不能用这类事情去遮蔽中国长期革命的积极性格。并且说得不好听，不要忘记我在国民党军队当下级军官的情形，即半似乞丐，半似土匪。

问：那你一定要把历史的五百年讲成一个单元？稍短一点如何？是否五十年也可以？

答：那当然可以。我把这几百年的历史勾画着一个大轮廓，主要的在使读者看清自1920年间到1990年间只七十年内，中国人集体地把国家与社会向前推进了三百年,这是一种伟大的事迹。这大历史有如宏观经济(macro-economics)。宏观经济不能统计失业就业的人数,不能分析物价,不能讲解物价指数。较详细的分析仍待微观的工作。不仅五十年,即五年、十年及更短时间的研究、更局部的检讨当然都不可少。我只希望治史者不要忘记后面一个大前提,不要忽略我们所处的一个非常时代罢了。

问:是否所有的国家都要经过一段空前的动乱才能完成你所说社会之改造?

答:也有少数的例外。如瑞典原来是一个穷国家,曾向外大批移民,又遇到科技的进步,北部的木材与铁砂,过去不能采用,突然可以开采,就乘着工资上升、资源到手的机会改组。挪威也有类似之情景,本世纪初期水电展开,这个国家独得其利。第一次世界大战爆发,挪威人向交战国两方做生意。他们本来人口就少,又大量向美国移民,这些条件促成其改革。不过你若检讨其上层机构、下层机构及当中法制性的联系,则可以看出,虽然没有经过大规模的变乱,这些因素都已改变。至今斯堪的纳维亚的国家都是社会民主党(Social Democrats)执政的国家,此非经过一段社会体制的改革,绝不可能。

中国现代的长期革命*

我们在美国不时听到人说:“我们既有好消息,也有坏消息,先从坏消息说起。”而我的演讲也采取这方式。

先从坏消息说起:辛亥革命至今八十年,内中令人愁眉苦脸的事情多。起先民国还没有组织得有头绪,第一任大总统就想做皇帝,次之就有张勋复辟,军阀混战;等到北伐刚完成,又有中原大战,于是招惹了“九一八”事变。好不容易千辛万苦挨过八年抗战,只是战事尚未结束,内战已随踵继起,我们至今只能遁迹海外,也仍是这一串经历所产生之后果。老百姓更少有几天过到好日子。

我所谓好消息则是这一切都成为过去事,今日局势业已打开,中国现代的长期革命已经成功在望。本文的目的亦即是和各位检讨这好消息。

这并不是说以前的事可以一笔勾销,它们仍在历史书里存在,只是今昔心情不同,我们有了历史上的纵深,可以对过去的事,有了新的看法,而重视这些事迹的积极性格。比如说过去我们提到军阀混战就无人不骂,写历史的人也骂,读书的人更骂。今晚,我就可以提醒各位,抗战中为国捐躯的高级将领——佟麟阁、赵登禹、王铭章和张自忠——全是从军阀的部队里出身。提及中国的领导人物,当中的纠纷

* 本文为作者 1992 年 11 月 20 日在台湾华视视听中心演讲记录。——编者注

愈多，很多外国人对国民党和老总统蒋介石没有一句好话可说，只以“贪污无能”四个字概括一切，美国人如此说，不少的中国人也跟着随声附和。今天我们即可以用客观的立场，并且还用不着只加恭维不予批评（我在《中国时报》上写的文章也就提名带姓地称他为蒋介石），可是批评之后我仍认为他是中国历史中最伟大的人物之一，我就没有看到一个骂他的人，有他的气魄与胆识。他在抗战前夕，整个国家的预算只有美金四亿元。我在他的军队里当排长，只有三十六个士兵，我晚上常睡不着觉，只怕士兵将机关枪盗卖与山上的土匪，同时偷吃老百姓的狗和玉蜀黍，因为他们贪吃生病，一病就死。而蒋委员长领导着三百万至五百万如是的军队——实际的人数我们尚且搞不清——胆敢和日本作生死战八年，虽说没有用自己的力量打垮日本，最低限度把它拖垮，这种丰功伟业已是人世间罕有，如果史家不同意，请他们举出一个与之类似的例子。再说毛泽东，也是一般人咒骂的对象，连我自己也可以加入骂他。可是我所学的是历史，即使保持最低限度的客观也要提出，为了中国的长期革命，他眼见一个妻子被枪毙，另一个妻子据说得神经病，他也牺牲了两个弟弟和一个妹妹，还用不着说一个儿子死在朝鲜，这样看来，如此他也不可能地仅为自己身家性命打算。

我有一个幻想：我希望将来写历史传记的人，在叙述这八十年间的人物时，不妨以《三国演义》的方式写出。“三国”非正史，内中也有孔明祭东风、替刘备留下锦囊妙计等等想入非非的传说。可是作者始终以笔下人物为非常之人，所记之事为非常之事。因之不被俗套拘束，而能将各人生龙活虎的姿态描写出来。

本来将过去八十年的事迹，搬出和《三国演义》对比，也并不是全无学理之根据。中国自公元220年东汉覆亡之后，到隋文帝重新统一，当中有了三百六十多年的距离。这魏晋南北朝之分裂，也是旧体制业已崩溃、新体制尚未登场之结果。三国中之人物如袁绍、公孙瓒等也就是军阀，书里说及“杀到天明”也是在打内战，内中提及刘备与孙权，彼此都用剑将一块大石砍为两段，也是以象征方式说及双方都企图以武力统一中国，而结果则适得其反。自从南宋覆灭至朱明王朝之登场，当中的元朝也只是一种过渡阶段。各位看到《元史·食货志》里提及华北用租庸调制，华南用两税制，也可见得税收政策尚未统一。因为其朝代之组织尚成问题，况且皇帝不识汉文，不通汉语，以色目人主持国家大计，可见得谈不上国家制度，因此终元朝一代内乱未息。首先即蒙古人与蒙古人打，次之则互相争夺皇位，终至元顺帝时群雄起义，汉人再度抬头。

我提出这些事迹之目的，当然不是提倡内战，褒扬军阀。只不过指出凡是历史上一件重要事情之发生，必有它内在之原因。我们首先必须从技术的角度考究其因果关系，不能用道德的名义笼统带过。因为通常在类似大转变的情形之下，道德标准本身已被重新估计。

如果我们称秦汉为第一帝国，隋唐宋为第二帝国，明清为第三帝国，即可以看出或是四五百年之后，或是六七百年之间，法律制度与社会环境不相衔接，或是经济的条件变更，或是对外关系改观，整个国家社会逼着从基层起再造，当中必有一番变乱，中国现代的长期革命，也是出于这样的要求。

1911 年至今八十年，如果以各个人的经验衡量，这是一段极长的时间，超过我们各个人全部生命之长度。所以即使主持各种改革的人，也通常见其首却不能见其尾，见其尾则不见其首。况且当事人极容易被自己的情绪所蒙蔽，这对参与革命的人物讲实为不利，对我们从旁观的身份看来，尤其我们从历史之后端看来，却是一个极好的机缘。它让我们讲学历史的人不仅对事实作报道，也还带着分析解释。我在《万历十五年》台北版序和大陆版跋都曾先后提出：中国的革命好像一个长隧道，须要一百零一年才可通过，我们的生命最长也无逾九十九年，以短衡长，我们对历史局部的反应不足成为大历史。其实内中所说一百零一年和九十九年也不过信手拈来，只表示时间之长，有了八十年也就切应场景了。至于所说“大历史”更与现在的“长期革命”互为表里，此中最紧要之处则是刻下大隧道即将走穿，前面已见曙光，倘非如此我不可能凭空创造这一套理论，也绝对不敢建议以《三国演义》的眼光，衡量当代人物（这也就是说我不是来此鼓吹造反，而是郑重声明，造反与用武的时间已经过去）。

如果以上提出三个帝国之事例尚不足为凭的话，我们还可以从西洋史搬出若干事例作陪衬。刻下我就有两个例子，一是荷兰，一是英国。荷兰今日行君主立宪制，可是它在16世纪和17世纪之后，刚独立时却是一个民主国。在17世纪初年它全部人口不过一百五十万左右，敌不过中国两三个府。以这么少的人口，它过去又没有独立自主的经验，而且它内部所谓之省和大公国，也不过是西班牙国王的家产。可是它刚独立即拥有今日之纽约（当时称新阿姆斯特丹），将南美洲之巴西开辟为殖民地，向东航行时又据好望角附近地区为已有，还盘踞马六甲海峡，掌握着今日之印度尼西亚。甚至威胁我们立足的地方，它在台湾即建立了根据地。这还不算，在17世纪它曾先后与西班牙、英国、法国和瑞典——这是当日欧洲仅有的强国——交战。英国和荷兰作战的时候，发现它自己的商船几乎全部保险在荷兰保险公司的名下。

其所以如此，乃是荷兰经过一段长期的动乱，其社会已经一度翻转改造。

刚才提及，16世纪，今日的荷兰、比利时同为西班牙国王的家产。1567年此地发生纠纷，很多当地的贵族反对天主教的仪式，百姓随着参加，西班牙王派兵镇压，翌年战事展开。当初只是宗教问题，因着战事旷日持久，西班牙希望以战养战，全面收税，引起全民的反抗。战争也逐渐向南北轴线上进行，更引起荷兰民族主义的抬头，领导权也渐渐落入各地绅商的手中，谁也料不到这战事直到1648年才正式结束，世称“八十年战争”(与德国境内的三十年战争重叠),至是荷兰之独立才为西班牙承认。从此荷兰民国是西欧第一个以航海事业、商业组织的原则和联邦制为基础的国家。

英国的情形更为复杂,最初国王因宗教问题和传教士冲突。国王要设主教,清教徒反对。国王因对外关系须要扩张海军,地主绅商则因政府筹饷违法抽税而反对。按其时17世纪交通发达,国际贸易展开,外交问题繁复,政府权职都要扩充,过去的成规已不实用。如果改组由国王作主则是一种专制政体,如果由人民作主,则是代议政治。可是时人没有我们今日之眼光,所以圆头党和保皇党彼此都为过去例规争执,以致兵戎相见,内战就打了两次。圆头党领袖克伦威尔得胜将国王查理一世处死。可是以前查理一世不能主持一个循规蹈矩的议会,至此克伦威尔也无从掌握,只好在事不由己的情形之下,做了一个违背本身原则的独裁者。

克伦威尔去世之后,就有查理一世王子查理二世之复辟,只是国王与群臣对宗教问题和征税筹饷问题僵持如故,又直等到1689年所谓光荣革命成功,国王詹姆士二世被驱逐,新国王威廉与玛丽王后被邀请主政,等于被选举出来的君主,大局才有着落。按其时这个国家人口由四百万增加到六百万,在这八十五年之内也有了划时代的改变。这样的我们可以用一个“立”字形容之。

这“立”字上头的一点一横代表新的高层机构,从此之后国王只是一个橡皮图章,有形式上的威严而无实权。英国逐渐施行政党政治和内阁制,军队也听议会摆布。其所以如此乃是代议政治能够展开,各议员能确切代表社会各阶层的利益。这立字下面的一横则代表低层机构。以前土地所有漫无头绪,中国在17世纪福建的田地有所谓“一田三主制”,英国的繁复情形有过之无不及。大凡欧洲封建体制之遗物,法律上只承认各人的使用权而不注重所有权,所以很多情形之下土地无法转卖抵当,应加租而不能加,另一方面有些种田人又有随时被退佃之可能,抽土地税尤为困难。自从内战复辟以来,军队两进三出,有些土地被没收,有的被拍卖赎还,有些土地开始集中,主权也明确化。一般各地士绅就近作主的多,大概军威与法定主权双管齐下,也谈不上公平与不公平,总之今后主权就已整体化和规律化了。有了这上面的一点一横和下面的一长横,当中的两竖则代表法制性的联系。迄至17世纪中期,英国的法律以"普通法"(习惯法)为基础,这是农村社会产物,凡以前没有做过的事全不能做;对于遗产典当的处置也不合时宜,强迫执行合同的条款也马虎,尤其关于破产及监守自盗的处理全部置诸空中楼阁。这些缺陷以"公平法"(或译为"衡平法")纠正,初期还只及于商人,光荣革命之后则逐渐推及于全民。总之就是迎合于现代社会之需要,慢慢地接近商业习惯。

我上中学的时候,国文老师说要是我们的作文做得不好,他就用不着看,只在作文本上批一个"也"字。这就是说开头的一段之上画一钩,落尾之后,又画一钩,当中打一个大"×",全部要不得,一切重来。我现在建议的"也"字,也有相似的意义,也是整个重来。

如果一个社会上自高层机构下至低层机构,当中法制性的联系,牵涉私人财产的权利都要重新从头做起,也可以见得工程之浩大。英国以四百万到六百万的人口酝酿奋斗了八十五年,则我们以一百到两百倍的数目,达到类似的境界,也不能算是完全没有出息了。

我也不知道诸位想起没有,我就和美国学生讲过,要是中国的长期革命加在他们的身上,即上自头发上的装饰,下至脚上的鞋带,当中的思想习惯、婚姻关系,口里的词汇无一不需要改变。假如我这一代的祖父祖母还能有知的话,用不着说今日之台北与香港,即看到今日之北京与上海,也会觉得我们已经把他们一代的生活方式用一个"也"字勾销,而代之以一个"立"字了。

这英国的例子与我们的关系极深。不久之前大陆上的人民代表大会通过香港的《基本法》,内中就提到《普通法》及《公平法》为香港法制的基础，不容在1997年之后变更，这也就是香港居民拥有个人财产权的保证。还有，英国自从光荣革命之后，进入了所谓资本主义之体系。我因为资本主义这一名词词义含糊常被滥用，容易被用作阶级斗争的凭借，暂时避免不用，而着重这种境界“可以在数目字上管理”，此亦即放弃过去以农业习惯为执政标准的办法，而代之以商业条例，让它作为国家社会一切事务之大前提。这种体制已为世界一般趋势。

我们再看荷兰与英国的例子。起先它们都以宗教问题发难，可是长期变乱之后，问题变质。当初宗教上之争执，八十年和八十五年之后好像被一般人遗忘，至少很少人再将之提起。其结局则是私人财产权的固定与抬头，至此经济色彩浓厚。我再详细解释它之施行于中国之前，先要综合地说一句，这也就是中国长期革命所采取的途径，而且同一归宿。对中国读者和听众讲，这是一个非常容易发生误解的题材。我想唯一有效的办法，乃是先从“负”的方向着手，让我们首先摒除误解。

这里所述的宗教，极少涉及于神学，甚至不与道德规律（moral law）发生直接关系，而与宗教仪式极为接近。其症结则是旧体制免不了以宗教教条和仪节，作为辅助政权、维系人心和保障治安的工具。西班牙的国王和英国国王都希望透过主教提倡皇权神授说。主教由国王指派，有督率一般人民的责任。简概说来，这亦即是旧式农业社会里不能在数目字管理的条件下，传统体制之延长。新式商业体制，一切都能公平而自由地交换，开始用数目字管理，必定和它冲突。所以英国、荷兰的宗教问题，自始就隐含着若干经济性格。一到国王开始派兵筹饷抽税，则整个经济问题全面展开了。乍看起来这与中国毫不相关，因为一般中国人宗教性格并不浓厚。然则仔细分析起来这也是误解，从实用的场合上讲，又从宗教的广泛范围内讲，中国人的宗教性格不低于其他国家人民。例如洪秀全提倡拜上帝，曾国藩就说：“中国数千年礼仪人伦，诗书典则，一旦扫地荡尽……孔子、孟子之所痛哭于九原。”此中所谓“礼仪人伦,诗书典则”已经带有浓厚的宗教色彩。而他说及“孔子、孟子痛哭于九原”更是宗教意识浓厚(要是他只把孔子与孟子当做一般哲学家和政治思想家看待,则以上的标榜无异于:“喂,你不能那样做呀,假使你那样做,胡适和冯友兰听来一定会在黄泉痛哭啦!”那就不会产生同样的效力了)。

以下我还要提到儒家教条。为避免误会起见,务必再度声明,我们着重的是技术问题,不在道德问题。要清算的是将这些美德在政治上的滥用,不在这些美德之本身价值。譬如说“忠孝”也是孔子、孟子传下来的个人美德,孙中山先生就说应当恢复,台北市也取为街名,我们不能够也无意信口批评。但是在历史上讲,晚清的人物用忠孝的名目拥戴着光绪帝,让慈禧太后去“母仪天下”,那样不算,又因着她窄狭的眼光,纵容义和团,向所有与中国有来往的国家一体宣战,酿成八国联军入北京城滥杀中国人,则又当别论了。

有了以上的交代,我们可以断言中国传统社会具有宗教性格。即使我年轻时,已是民国十多年,我还亲眼看到湖南乡下很多农户供奉着“天地君亲师神位”,在那时候我也曾亲耳听见乡人吵嘴彼此攻击“你不守王法的家伙”,用不着说专制时代皇帝之称“天子”乃是货真价实的“政教合一”。传统中国没有似天主教的神父,可是全部文官组织上自内阁大学士、尚书侍郎,下至九品小官以及“未入流”,也包括贡生、监生、廪生,全部都熟读四书,都认为“无父无君是禽兽也”,亦即是全部在支持皇权神授说。又因为这天地君亲师里面的“亲”字,也把血缘关系、亲属关系与政府牵扯在一起。

所以专制体系下的国家即是社会,社会也是一大家庭。此中的组织之基本原则无非“尊卑、男女、长幼”,此亦即“读书明理”的状元、进士、举人、秀才高于无知之小民。男高于女,长高于幼。仪礼可以代替行政,纪律可以代替法律。本来人类天生就不平等,各人只有在这不平等的关系之中各安本分。法律只在各人不安本分的情形之下处罚坏人,所以民法、商法、公司法、破产法全没有提及,法律限于刑法,内中又以“十恶”为首,同一罪名也看对方的亲疏关系按“五服”之不同定罪。

这种法制的好处则是能持久不变,清律根据明律成,明律根据唐律,唐律则又根据西汉的九章法作基础。所以二千年的制度本质不变,尊卑、男女、长幼的顺序也不待分辨,不说自明。各人既有自己的年龄与性别,再加以各人社会地位不同,则用不同的服饰装束标示出来。总之则是全部具体化,可以灌输到一般人的头脑里去,又因为这种组织制度不较地理上的环境,也不具经济性格,可以全国一致推行。更有一种好处则是价格低廉。清朝末年政府全年的收入,从来不逾白银一亿两,以中国人口计和以世界的标准计,这都是一个很小的数目。因为其组织之简单、技术之肤浅,可以使一个泱泱大国以小自耕农作基础,人数亿万,可以不雇律师,不设专业性的法官,一直维持到鸦片战争。

你如果问我这制度的弱点在什么地方,我就可以简概地说,我们一生遇到的不幸,我所提到的坏消息大半由于这社会上的架构所产生。

一个社会的架构不仅是社会价值之所寄托,也是经济发展之关键,更是军事力量之来源。中国传统社会之组织既以尊卑、男女、长幼之序次组成,亦即上重下轻,又因其注重形式不较实质,所以只要冠冕堂皇,在功用上打折扣没有关系。威权既然凝聚在上,底下实际的情形经常无人过问。

我研究明朝在 16 世纪的社会情形时,发觉很多上端的情形,记载得非常清楚。

例如某年某月某日皇帝早朝时发生的小事故,倒记载得很清楚,至于下端人民的权利义务却缺乏实际性的记载。明朝还有一位“好官”,他也确切地相信孔子所说“听讼吾犹人也,必也使无讼乎”的说法。这也就是说，听百姓告状打官司，判断是非，我孔丘也不会比旁人高明，最好是大家都不要告状的好。于是这位好官立即下令，今后如有人告状，他先不顾案情，只将原告、被告两造抓来每人各打屁股二十板再说。我们也可以想象在这种"清官万能"的局面之下，私人财产权无法合理化，即使纵有权利、义务与合同的关系，也不过在一种原始状态之中。这样只能构成一个单元的社会，不能有现代社会之繁复。

明朝如此，清朝也如此，迄至民国初年和抗战前夕，这种缺乏技术能力的统治方式也根本未变。1930 年间洛克菲勒基金会在河北定县作过一段农村调查，据参加的人所写专书看来，当日的土地税，还用明朝末年的记录作底账。即是鲁迅所写的小说，用浙江的情形作背景也还是与明朝的情形接近，和外界的 20 世纪距离远。

这和西方的现代社会有了很大的差别，一个以商业体制作主的社会，亦即能用数目字管理的社会，各人私人财产，以及各人以劳动力所赚得的工资，都能公平而自由地交换，所以墙上之砖才能愈砌愈高。这里我也要申明：我这里所说并不是把每人都当做一块砖，一律同等待遇，而是各人之工资与投资之利润所有的基本单位都能公平而自由地交换。原则上我口袋里的一块钱和洛克菲勒先生口袋里的一块钱，有同等的价值，这样才提得上以商业条件作主。

从辛亥革命至今八十年我们只写下来一个"立"字，决定新体制要重新铺张的宗旨。其实在背景上即准备这种工作，也经过了七十年，鸦片战争发生于 1840 年，距 1911 年也是七十年或七十一年。这段期间前人就写下了一个"也"字，发现了旧体制无从改造，才决定改弦更张。

提及鸦片战争，我只着重两点，作为参考：一是战败之后的《江宁条约》割香港与英国，赔款二千一百万元，开五口通商，成为日后各国在中国城市里设立租界的凭借。决定今后进口税规律化，成为了以后值百抽五的根据，使中国失去了关税自主的权力。以这样的丧权辱国,清朝的君臣,很少有反省。从没有一个人主张考研失败之总原因,没有一个人提议派员出洋考察;从无一个人主张今后各官员的职责应当重新厘定;也没有人讲到军队应当改组。琦善与耆英两位对外交涉之大员仍称夷人“不知礼义廉耻”“犬羊之性”。筹办夷务之要旨,仍在“羁縻”,羁是马勒,縻是牛纼,也还是希望对英国人、法国人和美国人可以全用马勒、牛纼扯来扯去,这已经远超过自高自大心理上不正常的情形,而是因为整个体制以意识形态作基础,无从片面地改造,翻不过身来。

次之,我也要提及实际作战的情形,表示其技术上的无组织。有如英军攻占宁波之后,道光皇帝曾令他的侄子扬威将军奕经反攻,他的幕僚临时聘雇而来,大概也都是文士,一般缺乏军事训练。反攻前十天,他们不去作敌情判断和作战计划,倒在作论文比赛,三十个幕僚预先作打胜仗的演练。奕经的兵器,在战场上临时制造,所用的蓝本则有二百年之久,即制造的人自己也说只能在形式上和图解类似,不能担保有实效,反攻的兵员分作三路,据说总人数五万一千,及至反攻时真正与敌人接触的只有三千,他们在夜袭时陷入英军所铺设的地雷区中,只有死伤狼藉。

最近《历史》月刊一篇文字说及鸦片战争时,清朝军队的战刀大都生锈,锈到刀也抽不出鞘来了,以致看到的人都笑,连带刀的人也笑。这情景与我自己研究明史的时候,发现很多军事单位的兵力只有编制百分之二和百分之三的情形极为相似。这样的发展既有定型,我就不主张称之为“腐化”,而是有意让它任之用进废退。当日的“文治”已经如是得成功,所以除了在北部的边疆上防制少数民族之外,内部可以经常地不设防。预算里面的开支可以抽到旁的地方去用,所应召集的兵员也不征派。这一切和国家重文轻武的预定政策,没有实质上的区别。

回头再提到鸦片战争,1842 年的《江宁条约》签字之后,广东民间准备造轮船制火器,道光皇帝的朱批则是“毋庸制造,亦毋庸购买”。耆英呈美国洋枪请求依照仿制,皇帝则批“望洋兴叹”。提到鸦片战争,除了魏源著了一本《海国图志》之外,我就想不出任何具体的反应,只好在此打一个疑问号。

中国对外国新世界有了相当的反应,事在1860年间。1860年洪秀全尚在南京(太平天国在1864年才灭亡),英法联军入北京将圆明园烧得精光(也有人称之为第二次鸦片战争),咸丰皇帝逃至热河,次年死在行宫。1861年恭亲王奕䜣为议政,清史中称为“同治中兴”。太平天国之被剿灭以得洋将华尔与戈登的助力为多,他们以上海商民组织的志愿兵,配之以洋枪、火炮,用轮船运送。他们在中兴名臣的面前产生了深刻的印象,同时北京的圆明园万寿山、玉泉山大火三日使清朝君臣了解,即是今后“筹办夷务”已经无所“羁縻”了,所以在恭亲王领导之下,成立了一个“总理各国事务衙门”。各通商口岸则开设同文馆,训练通外语的人才。曾国藩开设机器局,李鸿章自制军火,以后修淞沪铁路,创建轮船招商局,办理邮政电信,这整个一套的接受西洋文化之活动被称为“自强运动”。

这样的接受西洋文化不是不积极。哈佛大学的中国历史和日本历史专家费正清(Fairbank)和赖世和(Reischauer)就在他们合著的教科书里说及:

> 中国初期的现代化,着手强健有力,在当日也令人感到印象深刻。和日本成为对比仅在以后产生,如果1860年间外人赌“成败胜负”的话,他甚至可以在相反的方向下注。中国与西方接触频繁,她在1860年间好像已放弃了硬性的仇外态度,而当时不少的日本人却仍然将之抓着不放。

为什么这运动会失败?为什么中国不如日本?自强运动是一种

有限度的运动,它的组织尚且缺乏传统社会的支持。我们可以从当日曾国藩与李鸿章的通信和日记里看出,他们所要的无非“开花大炮”和“轮船”,所以希望不经过社会的改革,直接接受西方科技。自强运动的领袖之为中兴名臣,不仅因为他们是带兵的将领,而是他们由进士翰林大学士出身,也是优秀之儒臣。他们心里恐“卫道”之不足,不可能对尊卑、男女、长幼的社会提出异议。同治中兴或是自强运动被张之洞说得好,不外“中学为体,西学为用”,亦即在意识形态之下,不放弃左边的金字塔,而仍然希望构成右边式的砖墙。

可是西方商业组织具有动态,各种经济因素既能公平而自由地交换,则无时无日不在川流不息之中。既有总公司则有分公司;既有批发商则有零售事业;既有生产则有分配;既借贷也投资;如不盈利则会亏本,总之这牵涉多元关系,更不能像农业社会里一样各种因素维持彼此间的对称与均衡,长久不变。同治年间所设兵工厂则无利润,初期所造铁路、电讯与轮船乃是一种服务性质的事业,需要大规模的工商业做主顾,也要有法庭律师作技术上的支持,确定个人的权利义务,当日这些条件都没有考虑在内。

再举一个例:今日如果我们创设一个大规模的汽车公司,所需原料如钢材、油漆、玻璃和橡胶都没有固定的供应者,即造成汽车也缺乏银行垫款推销,又无保险公司承当意外,尚无适当的公路和管制交通的红绿灯,那么希望这孤立的企业能生效,也难令人置信了。

所以,自强运动之设施大抵虎头蛇尾,我们不能决定哪一天完全结束。可是当时中国派一批留学生到美国,他们在美国学着打棒球,把辫子藏在帽里,政府认为与派遣留学生的宗旨相违,在1881年指令全部回国,在象征的形式上可以视为自强运动开始退却。

以后证明自强运动之破产,乃是1894年至1895年的中日战争。中日两国因朝鲜之宗主权而开战。中国的陆军在平壤战败,随着第二天就有黄海战役海军的惨败。北洋舰队的残余逃入威海卫的海军根据地,不料敌人登陆之后,占领炮台,又用中国自己的海防炮轰击这些船只,以致舰队投降,海军提督丁汝昌自杀,所有船只尽为日本俘虏。中国在渤海湾的藩篱尽失,只有向日本求和,除了割让台湾、澎湖和辽东半岛以外,还要赔款二亿两,赎还辽东又花了三千万两。从此中国只有借债度日,所有的国库收入都用作外债的担保,全国的领土也被划入外人的势力范围。

1898 年的百日维新乃是此空前压力之下的反应。从当年 6 月 10 日至 9 月 21 日,一共一百零三天,光绪皇帝用诏书批答的方式发出了两百多道的公文,提出他维新的宗旨,当中也不尽是方案,也有些只表示皇帝意向之所在。可是事势显然,如果光绪能够贯彻其主张,中国可能成为一个君主立宪的国家。如果自强运动可以用兵工厂和造船厂概括,则百日维新的目标在宪法和预算。在明析问题的程度上讲,清朝君臣已有了很大的进步,他们已经觉悟到军备不仅在枪炮,还要健全的行政机构和财政制度在后支援。可是他们仍然不了解政府之功能由社会所赋予,如果全社会尚且逗留在 17 世纪,而皇帝的一纸诏书即可以使之跃进至 20 世纪也是梦想。

何况当时维新人物如康有为、梁启超也在怂恿光绪废八股,以实用之题材取士,设武备大学堂,成立农工商局,这一切设施等于宣告满朝文武包括翰林大学士和由八旗绿营出身的将领全部无用,尚且因为各地的廪生、贡生、捐监(捐输纳监)影响到全国的农村组织(当日只有百分之五的人口能识字,这些人在乡村里的地位有如律师、法官,因此这些人也会失去特权)。

1898 年 9 月 21 日的黑幕至今尚未揭穿。是否光绪帝有意聘伊藤博文为宰相?会被劝往日本考察?或者真有如袁世凯所说,谭嗣同在劝他炮轰颐和园,要他清算慈禧太后?总之传说纷纭,事实上只有太后重新主政,皇帝被幽禁,从此终身未得自由,所以新政一律取消,康梁亡命海外,所谓六君子包括谭嗣同被害。关于这戊戌政变所作的结论，只有谭嗣同说得最为剀切，他觉得中国的改造绝不会容易，只有新旧两党互相斗争，等到流血遍地才有希望。他自己也可以逃而不逃，志愿成烈士，去贯彻他的信仰。

这也就是因为他已经看到问题之大，程度之深，牵涉之广。推翻清朝非仅更换朝代，而且牵扯上“礼仪人伦，诗书典则”，带着宗教性质。

百日维新之后十二年而有辛亥革命的成功，其快速超过革命党人之预想，其原因则是清朝政府之山穷水尽。慈禧太后既然闯下了八国联军的大祸，她从西安回北京，也觉得非改革不可，1908 年她和光绪帝两天之内先后去世，又留下一个六岁的“真命天子”（宣统）和一个没有政治头脑却仍“母仪天下”的太后（隆裕），则使全国军民看清，他们不可能为领导全国修宪法创立议会的领导人物了。孙中山先生奋斗十次，而最后之成功却出人意料，然则今日八十年之后看来推翻旧体制仍然容易，创造新体制还要艰难。

我们在检讨这七十年的经过时，可以在叙述方面完全用前人的资料，可是结论不同，有了更多的历史之纵深，我们可以看出各项改革与运动，并不是单独发生的事故，而是一种持续运动当中的阶段与环节。也不是每次都是有始无终的失败，而是反应随着外界的压力增高。以前历史学家很少提及的，则是科学技术之影响，譬如铁甲战舰以移动旋转的炮位出现于美国的南北战争，和自强运动开始同时，至甲午中日战争，却成为了标准武器，而第一次新式海军交战，却在中国之黄海。其他铁路、电讯亦无不如是，迄至辛亥革命，无线电之使用业已登场，从今之后中国群众运动之趋向，更为明显。

既然琦善、耆英与曾国藩、李鸿章的立场不同，而中兴名臣的志向也和康、梁百日维新的人物有很大的差别，那我们如何可以把他们混为一谈，认为他们在参加一场接力运动？在此间我主张参照外国政治学家之所说，因为这样的历史观已超过传统中国史家之见解。大概二百多年之前卢梭与黑格尔曾先后提出“公共意志”(general will)这一概念。他们两人背景不同:卢梭活跃于法国大革命之前,他的父亲是钟表匠,所以他也注重农工的生活,他口头的国家和公社(community)同品位。黑格尔是大学教授,他讲学于拿破仑战败之后,他心目之中已经憧憬于一个统一的德意志民族国家。可是他们两人所说公共意志有很多相同的地方。

公共意志可以说是一个国家的灵魂,它有至高的道德价值和公众精神。它与自由不可区分,可是这不是个人主义的各行其是——那样的自由,卢梭和黑格尔同样地鄙视,而相似于孔子所说的“从心所欲不逾矩”那样的解放与超脱。然则这公共意志究竟是什么?从他们的文字看来则是一种“集体生活之真意义”,几乎是一种透明的品质。既然如此则我们只好断定,个人无法预知,只能在实践的经验中体会得到。这种想法尤其经过黑格尔的写作证实,他曾写出:“一个国家的宪法或是‘基本组织’(constitution)不能凭空制造,那是超过世纪的工作之成果。”

这样看来,中国现代的长期革命也出于一种“公共意志”。我们所说先写一个“立”字,也是超过世纪的工作。我们甚至可以讲,进入这长隧道,不是我们公共意志,而瞻望隧道前面的光乃是我们公共意志。起先真相不明,即领导人也不能订立全部计划,最先总希望即使改革,也是范围愈狭,波动愈小为前提。即使孙中山先生也曾上书于李鸿章,也仍希望在自强运动之中完成他的志愿,直到中日战争之后,他才确切地觉悟到要建立一个富强康乐的中国,在带竞争性的世界里独立自主,非彻底的革命不可。这也就是说他已看清了公共意志的大方向,可是除非实践的做法,他仍不能体会到执行的步骤。

有了这样的了解,我们也可以回头倒看过去。魏晋南北朝一段之中,从北魏拓跋氏于公元4世纪开始建国,后来迁都于洛阳,分裂为东魏和西魏,蜕变为北齐与北周,至隋文帝而统一也仍可以看做一种持续的运动,虽有各种纵横曲折,其寻求统一的志向,却是始终一致,符合孟子所说“天下恶乎定?定于一”的说法。即使三国间的曹操、刘备、袁绍、孙权各人虽然秉性和野心不同,其企求中国统一的意念,却只能说是大同小异。这样也表现着一种“公共意志”。

最近六年之内,我已经在不同的地方写出、讲出中国最近几十年的变乱,也孕育着一种公共意志,期望的无非在重新创造一个新国家与新社会之体制,亦即是写这个“立”字,这立字上头的一点一横,代表国民党在蒋介石领导之下,组织一个新的高层机构,包括新型的政府、海陆空军,使中国能在新世纪里立足。这立字下端之一横,则代表新的低层机构,在大陆的一方面由毛泽东先生及中共以土地改革的方式完成,在台湾这方面在陈诚先生主持之下,以 1953 年的“耕者有其田”法案得到同样或更高的功效。现在未完成的工作,不在坚持某种主义或者排斥某种主义,而在创立法制性的联系,以填补“立”字之中的两点。这种说法我已经在专书、杂志、报纸或电视中提出;讲解的工具既用中文,也用英文;发表的地方为美国纽约、中国台北,在北京发表的一部分,则只能揭橥其大意。

哈佛大学汉学家费正清教授今年 9 月去世,他写的书里有一点给我的印象特别深刻。他曾受业于清华大学的蒋廷黻先生,蒋先生曾亲口告诉他,我们中国人对欧美的情形非常熟悉,对自己内部的事反搞不清楚。这句话督促着我反省,使我觉悟到中国很多的事情不仅不由外界决定,而且尚不由内部上层的条件决定,而由下层的情形决定。因此我再回省我自己年轻时当下级军官的情形,更深切地体会到军队的素质与战斗力,由社会决定的成分多,由将领决定的成分少,因为至今还缺乏适当的成文资料,我不妨在这里举出个人的几点经验作证。

1941 年我们在云南边境,可以从一个县之东端行军到县之西端,当中不但看不见一部汽车,甚至连一部自行车也看不到,用不着说行军时无休歇的场所,倒看到各处石砌的牌坊和大人物的神道碑(因为传统社会靠着尊卑、男女、长幼的力量存在，不依靠军备、经济与法制而存在）。我们士兵每月薪饷只有法币十四元，还要扣除副食，而在街上吃一碗面，即是三元。而附近土匪标价收买我们的轻机关枪每挺七千元，照算是一个上等兵四十年的薪饷。在这里不要忘记自从 1911 年宣告废除旧体制的社会价值之外，找得一项新的代替品，在这过渡期间只有私人的军事力量依靠各人的人身关系，才可以算数，这也即是军阀体制。传统的金字塔社会本来即倾其力只能维持本地治安，到此虽有保甲，却在征兵派粮的条件之下感到不支，而新社会尚未产生。

很多人没有想象得到，中国想动员三百万到五百万兵力，以全国为战场，在统一之军令下和强敌作生死战八年，实为洪荒之所未有。当日之军令、军政、军法与军需要不是草创开始则是毫无着落。要不然何以日本军事领袖向他们的天皇报告，中国事件只要三个月就可以解决？我们参加这种运动的人今日有出来作证的义务。我想起“三国”因为内中所说苦肉计和空城计，则我们的处境也与之大同小异。至此我也体会到当日蒋委员长所述“忍辱负重”和“埋头苦干”的意义，这也是中国的高层机构由环境逼成的实情。

为什么将日本掩垮之后又被共产党打败？我不能否定贪污无能的情形全未发生，但是那不是主要的因素，主要的原因还是没有下层机构，即有崇高的理想也无法贯彻下去。为什么不改革？诸位女士诸位先生，这问题已由历史答复，其重点则是要改革只有全部改革，无从接受我们期望的妥协方案。各位不要忘记中国的土地占有不始自蒋介石，也不创造于袁世凯，而甚至不创立于清朝，至少已创立于明太祖朱元璋以《大诰》治天下时，至 20 世纪的中期已近六百年。1946 年白修德（Theodore · H · White）等著《雷霆后之中国》（*Thunder out of China*）即已强调“中国若不改革，只有灭亡”。

中共的土地改革亦即是历史所赋予的答案，内中有无限血泪辛酸不堪回首的情节。美国人辛顿（William Hinton）身临其境，就提及年轻人看到农民暴动时把所谓土豪劣绅打死，不禁想及自己父母在家乡或者会遭到同样的命运，有的终夜不眠，有的为之得神经病。只是讲写历史的舍弃这些事实不谈，也不能一味只说历史应当如是发生，而避免提及历史如何会如此发生之因果。不久之前，匹兹堡大学的许倬云教授即在《历史》月刊大书《革命不仁以万民为刍狗》。本世纪初期法国的"老虎总理"克里孟梭（Clemenceau）也说"革命总是一个大整体，一个大方块"，也是这个道理。中国土地与农工问题，既有几百年的背景，最后弄得派不出兵筹不出饷，改革又要在短时间内完成，尚且牵涉整个社会组织，也怪不得流血纵横了。

况且今日来此之目的在庆祝革命之成功，并非鼓励再来一次革命。今日距土地改革又四十年，我们既提到所付代价之高，更当珍视其成果，有了历史之纵深，我们可以断言它的真意义，不在所谓实现共产主义而有似于隋唐之均田，先在下端造成一个庞大的扁平体，先促进初期的存积资本以后，方顾及其长远的功能与效用。

如果仍把每个人视作砖墙上之一块砖，仍是一个呆板的局面，也仍不能使人与人之关系多元化，其活动范围仍极有限度，整个国家仍不能自由。这情形也仍像建造一家汽车工厂，无银行，无保险公司，无法庭。

我所讲到以商业条例为组织新国家与新社会的基础，必从技术的角度着手。中国今日的需要乃是资金广泛的流通，经理人才不分畛域的聘雇和技术上的支持因素（交通、通信、保险及法律上之保障），共通活用，亦即旨在各种经济因素概能公平而自由地交换，其先决条件即在保障工资、固定私人财产与公众财产，使一切权利义务明朗化，然后全国才能在数目字上管理，我也深知这非容易事。从英国的例子看来，它以法官判案的方式促进公平法与普通法的融合，亦即是以司法机关立法，至少也透过二十年才有头绪。荷兰用联邦制去缓和滨海与内地省份的冲突，也经过一段时间才上轨道，只不过参与其事的人确切明了其问题之所在已经是一种突破了。

在这一切尚未定妥之际,我不赞成年轻人动辄戴上东洋式的头巾酝酿冲突,走向极端,那是日本人在二次大战战败之前夕,不想活而宁为玉碎时的榜样。我也不赞成在这时候再搬出一座"民主女神"。根据过去的经验,大规模的革命从宗教始,以经济问题终。中国断无在此时再又以宗教发难,不惜过去革命的成果之可能与必要。将城市间之不如意(urban unrest)扩大而为全国性的动乱不能促进民主,反而可能迟滞中国的民主运动。

我们也知道中共领导人物的困难,他们还没有找到适当的言辞对中外上下左右作适当的解释。我想这也是布什总统和贝克国务卿不顾外间过度加压力,而希望北京内部找到妥善之方案的原因。

可是纵然如此,我们从长远的历史眼光看来,没有对前进悲观的理由。以一个华裔历史从业员的身份,我已经将中国长期革命这一题目给予综合的检讨。从中国、从外国、从远古、从近代的史实,从书本上的知识包括思想家的言论,再从我自己的人身经验种种方面看来,我觉得以往的坏消息一概是过去事。以问题的庞大复杂和棘手,抚今追昔,我觉得凡是炎黄子孙,应为这八十年的历史感到骄傲。这也就是我的好消息。

从珍珠港事变说起

今逢珍珠港事变之五十四周年。我猜想大多数读者对当日事迹只有依稀片段的认识,即使我们于役于国民党军队也只能对近身的发展了解一二,仍是知其然不知所以然。直到现今半个多世纪之后,各种史料经过整理,方使人看清整个局势发展之前后轮廓。

蒋介石领导下之八年抗战在世界历史里罕见突出,以前曾未有以一个农村社会作基干、不具备实质上之统一、衣食未周的国家打败一个工商业先进国家之先例。即算中国没有凭己力将对方击溃,而不过借盟邦之力将之拖垮,这仍是千古艰难的事迹,主持人需要有极庞大的气魄、高度的想象力、不惜牺牲的精神、操作内外因素的手腕,以及绝对的好运佳偶,对这一串事迹作负面批评的人士通常只见及其片面。

对日战事爆发于1937年7月7日,不是蒋所企望。如果他能依着自由意志行事的话,他一定会继续他一贯"先安内而后攘外"的宗旨。他的外交政策,也在期望日俄开战,中国中立,视以后之发展而转移。当年2月他接见《大公报》主笔张季鸾,他犹且谈及希望有三五年时间作整备,可是卢沟桥的午夜枪声摆在张学良兵谏和国共再度合作的背景上,他知道领导战事的责任需要立即承当,无法规避。如果他还迁延妥协的话,内战必会重开,中国也会再度陷入四分五裂的局面里。

他没有一个全面对日作战的计划。以当日中国国情而论,也不可能有这样一个计划。起先我们都没有看得明白,总以为中国有五百架左右的军用飞机和三十个左右现代装备的步兵师即已具备了应战之能力。殊不知一个国家之军备全靠社会组织在侧后支持。1930年间只要有现款数百万元,不难购得上飞机,可是与之配合的高射炮探照灯和几十个飞机场的整备飞机的保养修理能力,及于人员器材,也及于交通通讯的设施无一可缺。战事既开之后,中国即感到航空汽油及润滑油亦待从外输入、空投炸弹亦不能自制的窘迫,甚至一架飞机缺乏合适之轮胎即不能起飞。

同样情形之下,凡是设备上最先进的部门,即为不能协同的落后部门拖累。江阴、马当与湖口的要塞,经过惨淡经营,全未发生功效。侧后守备的步兵部队不仅机枪弹炮短缺,有些步枪亦系土造,形同废铁。日军屡次以汽艇经过汉湾港屿迂回登陆,江防重炮即无法顾及。一待第三流的野战部队被击溃,正面炮台不攻自破。大概开战只一年半,中国的新式军备,已大部被摧毁。

然则缺乏全面作战计划,蒋仍有其应战原则,蒋百里为著名的战略家,曾任孙传芳及吴佩孚之参谋长,蒋不念旧恶地延之为陆大校长,他所著《日本人》在汉口《大公报》发表。全文的症结则是"胜也罢,败也罢,只是不要和他讲和"。他的理论:日本武士崇慕鲤鱼,鲤鱼虽负伤而不动,具悲剧性格;日本政治家则经常被暗杀,有如"在火山上跳舞",这样的局面不能持久。蒋介石自己所著《敌乎?友乎?》,战前以徐道邻的笔名发表正包含着全面抗战与持久抗战的宗旨。文中提及:"在兵力绝对不相等的国家,如日本同中国作战,即无所谓正式的决战。非至日本占领中国每一方里之土地,不能消灭中国之时,不能作为战事的终结。"他又警告日本:"除非日本真能在十天之内灭亡中国,要拖三个月、十个月或半年的时间,则日本地位甚为危险。"

所以他说"不畏鲸吞而怕蚕食"和"时时可死,步步求生",缺乏逻辑之完整性,带浓厚的宣传色彩,却也是决心的表现。

虽有大方针与总决心，但是兵力不等，社会上经济上的支撑不逮，如何达到最后胜利？蒋介石虽未明言：只有机会主义，隐待他力。他的《抵御外侮与复兴民族》是他在庐山军官训练区的讲辞，内中说及："他们占领我们一省，至少时间就说是一个月，如果统计起来，他们要占领我们十八省，至少要费十八个月，这十八个月时间，那国际变化还了得？何况他一个月必不能占领我们一省呢？"

这种办法依人成事，日后受外人如史迪威的责难。可是我们瞻顾内外，别无他法。而且执行这方案时也要在初期不惜牺牲，激起其他国家的同情，逼着对方扩大战事的范围，影响到第三者的利益。淞沪战役历时十周，损耗了八十五个师的兵力，整个防线暴露在敌海军炮射程内，伤亡官兵三十三万余人，可算既英勇又愚拙，亦即是以上决心的表现。

蒋又说及敌方"常备兵总额十七个师团全部调来尚且不敷"，也不料日本立即动员，以预备役之柳川平助率领三个师团在杭州湾登陆，使淞沪地区之国民党军队撤退时秩序紊乱，重兵器全部丧失。只一月余南京又兵临城下，撤退不及的官兵即遭荼毒，几个月后各部队犹且在内地报纸刊登广告指示流亡官兵归队办法。蒋介石在军事会议报告他未曾料及日军在金山卫登陆之始末："尤其我作全军统帅第一个有罪过。我们对不起已死的官兵和同胞，对不起国家，尤其对不起自己的良心。"

可是这样一来日本也确切地陷入中国之泥淖。1938 年 4 月台儿庄一役被涂克门女士(Barbara Tuchman)称为"日本建军以来显要的战败"，于是不得不卷土重来。此战役之前彼方尚留置二十个师团之兵力对付苏联，至此亦开始挪用。至战事于 1945 年结束时，日本在华兵力包括由中国受降之越南北部共三十六个师团又四十一个旅团。

徐州战役后，中国只能以黄河决堤、长沙大火的办法迟滞日军。1938 年年底之前又失去广州及武汉，引起汪精卫之投降。林三郎在日本大本营主持动员，他所著书《太平洋陆战外史》，内称中国总兵力曾一度低至九十万人，但不久经过补充归队，至珍珠港事变前又恢复至三百万，但从兹其装备及人力资源(human resources)均极差。

蒋介石败而不降，给日人无限烦恼，东京方面，因为鉴于战费庞大，国际地位上陷于被动，于是筹谋自动撤兵，以保全实力。种村佐孝为大本营战争指导班长，其所著《大本营机密日志》内称撤兵预定于1941年由中国内地开始，但仍保持长江三角洲、华北、内蒙之各一部。如果其计划成功，对中国亦仍不利。于是蒋发动1939年至1940年之交的冬季攻势，又称“磁铁战术”，使其无法自去。而且至此欧战急转直下，法兰西沦陷，维希政府无力东顾，引起日本作一百八十度转变，不唯不撤兵，反进驻越南觊觎荷印，终引起与英美冲突。

珍珠港事变前之六个月，日本与苏联签订互不侵犯协定，北方的形势既已和缓，即准备抽调关东军加入中国战场，彻底解决重庆。其计划一部分沿长江全力西侵，一部分夺取西安。只是刚一决计即因希特勒侵苏，日本以为可以待机进入西伯利亚，于是1941年7月2日之御前会议决定搁置此攻重庆之计划。

一方面野村吉三郎在华府之交涉历时十个月，最后一个月又有来栖三郎参加，直至11月25日，即距珍珠港事变前十一日，日美尚有达到妥协之可能。美国国务院草拟之妥协方案，只要日方保证不在东南亚增兵，将驻越南南部之日军调至北部(显然足以威胁昆明)，美国即可以放松汽油禁运，甚至促成中日和谈。可是此时美国技术情报人员已破获日本无线电密码，获知日本将在太平洋各地采取先发制人之行动，而最后华盛顿放弃妥协方案实由丘吉尔11月26日致罗斯福一电，内称：“当然的，处理此事全部在你，我们当然不需要再增加一桩战事，只有一点使我感到不安。其如蒋介石何？他不是已饥不果腹了吗？我们的忧虑在中国。假使他们垮台，你我之间的危机将大为增高。”

外间传闻罗与丘已获悉日本偷袭珍珠港计划，只是秘而不宣，可是无文件证实。事实上则在 11 月 26 日午后 5 时国务院通知野村，日本须自越南及中国同时撤兵，只是消息传至东京时，亦仍有日本之缓进派主张“卧薪尝胆”（实际上引用此成语）暂时姑应美方要求，然则敌不过强硬派，且此时派往奇袭珍珠港、马尼拉、新加坡各地之机动部队均已在途，不容作和战之考虑矣。

太平洋战事扩大后日本仍有进占重庆之计划。事在 1942 年 9 月，日军已占领缅甸，将自由中国全部封锁。大本营训令“支那派遣军”执行“第五号作战电令”，此亦大规模之进犯，并已草拟占领重庆后之行政计划，预定于 1943 年初施行。其被迫放弃则因此际美军在瓜达尔卡纳尔岛登陆，日方在西南太平洋之据点受威胁，乃抽调在华之第六师团、第四十一师团等部队前往增援。美军火力为日军之七倍，增援船艇之十一艘又全部为美机击沉，日本自此已成强弩之末，乃于 12 月 10 日正式放弃攻略重庆。

日方最后一次提及攻略重庆，事在 1945 年年初，日军由湘桂作战后进入贵州。大本营曾再提议“对重庆席卷作战”，但派遣军认为日军重点应专注防御美军在中国东南海岸登陆。况且年前之御前会议又已提出对重庆“大让步”，希望蒋能与之单独讲和，所以兹后只决定由贵州、广西撤兵。

以上三次或四次与蒋决战之企图与计划，均因全盘战略关系在紧要关头放弃。我们无法否定蒋之谋事在人成事在天，因为诸事在时间上之汇集（synchronization）不能由各人预度支配也。

但是战事延至后期外人称蒋“在安全地带里坐候美国结束战争”（摘自史迪威 1944 年 9 月 15 日致马歇尔电，此电文导引出“史迪威事件”）确系偏激一面之辞，中国无力单独取胜，但亦未曾观望徘徊。初期之牺牲不算，即后期仍吸引日军之大部。即所谓战局长期胶着，并非毫无动静出入。敌方三个师团四个师团与国民党军十余师之会战无岁无之,只是战线无初期激烈之变化而已。

大概日军一个师团有人员一万四千人至一万六千人,再加以配属之特种部队,总兵力可能超过二万人。国军一师除极少例外,一般不超过六七千人,两方火力更无从相比。国民党军缺车辆骡马,重要交通线又尽落入对方手中,因之亦缺乏机动性。林三郎所称人力资源极差,此因征兵已近“人力桶子”(manpower barrel)之底层,体力智力低劣不堪教练,不知协同动作。因兵员出自农村,各部队埋锅煮饭,汲水烧柴,亦无从机动。杂牌部队之军官团又各依历史沿革各成体系,自操方言,甚难更调。简概言之,双方军队非同世纪产物。蒋介石对史迪威云国军部队须三师始能与日军之一师团较手,其惯用战法为防御,并须构成据点,候敌攻击顿挫方能出击,各部队间之政治因素虽统帅无法忽视,由衷之言也。

史迪威统率之中国驻印军,其人员经过严格遴选,照编制补足,兵器标准化,有汽车输送,空军有制空权,其他部队无从比拟。但在此劣势情形下,各部队仍尽力之所及。即以 1944 年而论,方先觉之第十军以二万余人守衡阳,为日军三个师团环攻四十日,使对方之一联队三个大队长阵亡,每一中队战至十余人或 二十人,若干部队所有军官全部阵亡,各由下士官指挥,虽日军亦称“勇敢之重庆军”。霍揆彰之二十集团军攻腾冲龙陵松山,十二师内死伤五万余,下级军官在接近敌工事时在二三公尺内被打死。但日军亦每一大队每一中队全员阵没,已经证实之资料述及最后阶段,日军焚烧军旗,将自方之伤兵处死(松山之役国军俘获日兵九人,皆因受我方坑道作业所装火药爆破被震昏无法自裁)。此其荦荦大者。

战事连续八年,可能未经任何人预测。迄至后期通货膨胀,官兵已距无给制不远。中枢供应不及,若干部队只能假合作社之名经商走私维持,军纪败坏。与共产党军队冲突又有年所。大概当初共产党军队即对国民党军队战胜无信心:自始即打算另起炉灶,又因吸收游击部队,与国民党军队冲突,兹后双方对垒之形势愈来愈明显。而国民党军队尚未能有更好表现者,则因被封锁多年,中印公路方始打通,各种资料开始进口,魏德曼接任史迪威工作筹备数月,将国民党军队整备会同美军反攻海口,其计划称"黑金刚钻作战",原定9月初施行,而日本于8月15日投降,未克付诸实施,亦诸事时间上之汇集,不由人支配也。

然则今日,半个世纪之后我们应当重视抗战之积极性格。八年间军民死伤无确切统计,一般称在二千万人至三千万人之间。国民党军队将领自师长以上殉职者即有三十余人。开罗会议后,作战目的(war aim)已获得保证(当时蒋尚希望收回香港,但罗斯福问及彼是否要越南,则经蒋一口拒绝)。总之,此为百年来中国在国际战争中首获胜利。是否全部用军事力量或大部施用外交力量并无实质上之区别,经此一战后中国方始能独立自主。此亦即中国并未组成一个现代国家方始抗战,而是借着抗战方始初步地组织一个现代国家。我人忽视此节即可能将整个现代史看错。

历史传统与地理条件对近代改革运动的影响

——从拉吉夫·甘地被刺说起

我前两年间常和朋友说起,不久中东回教国家必有问题。而去年则有伊拉克占领科威特,酿成了一段国际危机。今春(1991年)有朋友自香港来,我也和他说起将来马来西亚和印度必有问题。不料一旋踵间,印度大选各处暴动,一天之内死了 四十多人。第二天早晨内人告诉我,前印度总理拉吉夫·甘地(Rajiv Gandhi)被炸死,已由晨间电视节目中播出。

难道我真有料事如神的能力,说到危机即真有危机,提及暴动则必有暴动?并且发生的地方都在我预言之内?

完全不是这回事。我所学的是历史,并且一向从长期间远视界着眼,在中国历史之外,也特别注重西方先进国家现代化的进程,除此之外,已无余力分析检讨第三世界国家的内部情形。直到最近,我对上述国家的观感大概不外报纸上的"头条新闻",连他们政党组织、政坛人物也只在一知半解之间。我所谓问题,乃是国家组织结构上的基本问题。提出时也不过揣想如不解决则十年二十年内外必有重大的变故,根本没有想到事迫眉睫。这些变故,不仅是我意料之不及,也使我感到惶恐。要是我不赶紧把所学所知综合检讨之后写下来,用不着说做预言家,即是我们自己的立场都会落在历史之后了。

提到我自己学历史的立场,此中牵涉一段个人的世界史观,在达到这种观点之前我会遭到不少的麻烦,这观点的本身却平淡无奇,很容易了解。

亚当·斯密(1723—1790年)提倡经济的自由主义,1776年因《国富论》一书刊行而闻名于世。

世界各国的现代化,在马克思看来无非是从封建体制进展而为资本主义体制(虽然马克思只称"资本家的时代",不用"资本主义"的字眼)。究其实为从一个以农业作主的管制方式进而发展到以商业条例原则作主宰的管制方式,也就是亚当·斯密所谓"农业的系统"(system of agriculture)和"商业的系统"(system of commerce)间的差别。

斯密没有明白解释的是现代商业具有全能性,无孔不入;也有排外性,不容外界以宗教信仰、意识形态等名目阻挠其行动。所以商业条例原则,有如遗产、破产、监守自盗的处分、失去赎当权(foreclosure)等等,不仅为商人遵守,而且普及于全民。因此要透过法制,作为执政的宗旨与要义。

此中原因非常简单,商业活动的主旨在交换,全国内各种物品都能自由流通,包括地产与劳动力在内,也都能公平自由地交易,然后信用的展开、经理人员的雇聘及服务性质的事业的共通使用,则包括交通、通讯、银行、保险、广告等等才能广泛地执行,而能在法律面前生效。大凡一个国家能做到这地步,这国家也能在数目字上管理,政府只要注重其金融货币政策,则已大致掌握着全民了。同时上述三个有关于信用、聘雇和服务的条件也只有越做范围越大,资本也存积越多,分工合作的程度也越精,效力也越高,先进国家与落后国家之区别即在于此。

历史悠久的国家,通常透过宗教组织,成为一种社会纪律,宗教也自然成为社会平衡的力量。

可是说来容易,要一切做到以数目字管理的程度,首先要防止外界的干预,其次要肃清内部的障碍,这中间牵涉极为广泛。本来一个守旧的国家,也有它本身组织的办法,通常透过宗教,成为一种社会纪律,有如中国之“尊卑、男女、长幼”,也就是否定众生平等,只凭借着社会价值(social value)造成家族邻里的威权,既沾染着宗教性格,也有政府在后支持。因为它不容个人主义的存在,当然也不鼓励各种经济因素,例如地产以及个人之劳动力公平而自由地交换。很多现代商业习惯,也和它的精神背道而驰,所以它继续地控制乡村邻里,经济的发展必有限制。可是另一方面,它也有在闭关自守的历史过程中维持农村社会均一平衡的功效,鲁迅称“吃人”的礼教,大致指此,因为它也是无孔不入,所以改变至为不易。

这样一来,也难免当一个国家要进行改造时,发现其工程浩大,费日持久,而致动辄发生流血惨剧,有时即使是当事人也不能明白自己行为的真意义。有如荷兰之改造,借着脱离西班牙独立起事,战事断断续续,从1568年迄至1648年共八十年,因而被称为“八十年战争”。英国在17世纪的人口方从四百万增至六百万,因为要改组,几经反复,动乱达一个世纪之久。以上两端事例首先都以宗教发难,及至结束时才有资本家出面。

(一)改革步骤的三部曲

我们在检讨某一国家现代化的过程中,常会发现它们极容易为短时间发生的事件所眩惑,而忽略了其为通过历史之纵深,超过我们个人人生经验作划时代的大改革。是以技术上的关键,超过道德上的评价(因为改革成功,道德标准也必重订)。例如今日仍有不少书刊,因为民国肇造以来,代议政治未见成效,且引起军阀混战为憾,也不免在呻吟嗟怨之余,又在字里行间留下口诛笔伐的辞句。殊不知历史之发展，有它本身之规律，所谓“天地不为尧舜而存，亦不为桀纣而亡”的说法，正符合此时的情景。传统中国纵使不好，但是它有独特的组织与作风。1911 年的革命推翻了两千多年的专制皇权，却缺乏适当的替代政体。传统的科举取士招募了一批我们看来愦愦冬烘的书呆子，他们来自全国各州县，后面也大多有亲党邻里的支持，所以他们在庙堂里“诗云子曰”一段时间，回到家乡后也仍在“诗云子曰”，因之在旧社会里尽到了他们的功能与职责。自从 1905 年废除乡试、会试以来，则使上下完全脱节，新的宪法、议会与内阁和社会完全隔阂，所颁布的法律也不能合乎实际。总之就是与下面的农村两不相关，又缺乏适当的财政与税收，这时候政权必须依赖各省区间私人的军事力量来维持，军阀对政局产生的作用逐渐增强。

中国 1911 年的革命虽然推翻两千多年的专制皇权，却缺乏替代的政体，使民初政局极不稳定。

这当然不是说中国不应当推翻清朝，废弃科举；或是应当支持军阀，提倡割据。这一段历史昭示着改革的程度之深、规模之大，是从一个“开祠堂门打屁股”的社会进展而为“十年之后国民生产总值再翻一番”的社会，当中牵涉一般人的衣食住行、思想信仰，甚至语言文字。我觉得英文里的 reform 尚不能道出此中衷曲，只有 metamorphosis 才能发挥它的全部意义，亦即是脱胎换骨，有如一只走兽蜕变为飞禽。分析这样的改革时，将程序分为三段最容易看清问题的来龙去脉。一是重创高层机构；二是翻转其低层机构（我提及这名词 infrastructure 时着重其为 cell structure，和一般经济学家所用略有区别）；三是再订正其上下间技术及法制性的联系。

即以法国为例：大革命前贵族僧侣和国王派出之省长（intendants）各成一系统，不仅重楼叠架，而各地区的情形又不同，大圈圈之内又有小圈圈，总之也是彼此牵制不能在数目字上管理，因之只能在过去农业体制里维持原状，无从打开局面。可是革命开始却产生恐慌，大批贵族外逃，省长抛弃岗位，三分之二的军官离职，如此导致法兰西进入无政府状态。此时国民大会又颁布了一批法令，在清算旧体制的部分诚然有效，但是有关新政的部分则是闭户造车，与现实脱节，因而越来越抽象，充满着乌托邦性格。此后，大会又仓促地发表《宗教人员任职法案》（Civil Constitution of the Clergy），导致法国的天主教分裂，很多由教堂经手的社会服务因而停顿。直到邻国出兵干涉，革命政府为着自身安全，而走上极端，并且有意造成恐怖，使断头台上流血不止。

法国大革命期间，公众安全委员会及地方上各类的俱乐部和政治团体，在重建高层和低层机构中扮演重要的角色。

可是当破坏与恐怖达到最高潮的时候，新体制已在其阴影下产生。国民大会的公众安全委员会集司法、行政权于一身，有权任命将官，指导战斗，办理外交，俨如战时内阁。这权力创自丹东，被罗伯斯庇尔获得，他们身败之后一度由巴拉（Barras）和西野（Sieyes）分掌，而在拿破仑兵变之后统归拿破仑。此委员会又派大批督导员赴各省，他们日后也在拿破仑政府里当大官，至此新体制的高层机构已略见雏形。

至于翻转低层机构，则由巴黎在革命期间成立的巴黎公社着手，这公社不仅代替了原有市政府，而且下辖四十八个区，也指挥武装群众，可称为“市井派”者（Sans Culottes，或直译为“不穿马裤之人”，表示非贵族，多小市民阶级）。其他各市镇纷纷效仿，也组织类似之公社。巴黎有了各色的俱乐部及政治团体，最著名的是雅各宾俱乐部（Jacobin Club），各地也效仿，有的自称是雅各宾的分部或支部，他们也经常集会，发行通讯。据专家估计，全法在革命期间这样的组织约三千所到五千所之间，遍布全国各地，具有协调革命的秩序与行动的功能。更重要的，革命政府为了维持法币 assignat，制定了最高物价与最高工资,由各市镇的公社派遣"市井派"前往乡间巡视,禁止了民间的背粜居奇,更使其组织带有经济性格。而战时的监督执行税收、军需的收集运输也都采用商业的办法处理,即工资与物价都赋有合法之利润,技术上已促进法兰西在数目字上管理。最后完成法制性联系的是1804年公布的拿破仑法典。这新法之所以能行得通,因社会业已改组,立法已不复为闭户造车,但这时距离革命开始已有十六年之久。

当时法国人口约二千五百万,因内外压力所迫,革命需在最短期间内完成,所以血流成河。拿破仑的战事也和革命不可分割,都造成极大的伤亡。况且因为改革过于迅速,即使在拿破仑退位之后仍有1830年和1848年的革命,以及1870年巴黎公社的建立。

其他各国情形纵有不同,而其需要用数目字管理以符合商业行为的宗旨则始终如一。我们误以为改革容易,大致因对美国及日本之情形发生错觉所致。美国将英国业已试验成功的公式加于一个空旷的地区上,早期即有"普通法"(common law,基本是封建时代遗物,符合旧式农村习惯)和"衡平法"(equity,以公平之原则从英国开始已接受了新型商业习惯)的融合,因此在开国之前即已大致能在数目字上管理,但仍有各州否认联邦法案及四年内战。我们读美国历史,一般都熟悉19世纪南北社会的不同,其实东部与西部的冲突也经常出现。东部代表既得利益者,希望对货币与信用采取较严密的控制。西部则有待开发,因此立场与之相反。只是美国受外界之压力较小,既能在数目字上管理,各种问题又可以在空间上及时间上圆转。其他组织工会、取缔托拉斯、管制银行及跨州商业的情形,亦复如此。

日本是一个海洋性国家,在德川幕府后期已有大规模的商业组织,各藩主的财政经理为"藏元",批发商组织有"问屋",行业公会为"株仲间",银行业的"十人两替"早经幕府承认,定期航线有"回船",也代办保险事业。因之改革之前已有数目字管理的趋向,明治维新可以说是重创高层机构,废藩置县则为翻转低层机构。1889年的制宪也可以视为调和上下之间法制性的联系,然此距维新志士倒幕已有二十多年的时间,表面看来日本的改革最为神速圆满,可是对于“侍”的放弃特权及对农民的处置失当,致有“萨摩叛变”(日人称为“西南战役”)的发生。此后日本经常将内部问题外界化(externalize the problem),制造国际冲突解决内部矛盾,第二次世界大战以前不少在国内争取自由平等之人士却大多主张对外侵略。

中国自清末以来的长期革命,建立法制性和技术性的联系并未全部完成,只表现着大体的趋向。

有了以上的事例,我们可以明了中国因为地域广大、人口众多、传统牢固,改革必然旷日持久。现在看来,从鸦片战争到五四运动约八十年当中的改革,不过完成革命的序幕,即是当初从制炮造船的改革,到编预算、制定宪法的改革,甚至推翻两千多年专制皇权的改革和停止科举取士的改革等等,对社会的影响仍然不够深刻。直到五四运动提到思想与教育,改革者也觉得革面洗心应从自己着手,这样才使日后的各种群众运动成为可能。

然而这八十年的时间并没有白费,各种改革之间也表现出其途径与层次。只是当时人的视野受到限制,总觉得没有一蹴而竟事功,好像是接二连三的失败而已。

以今日的眼光看来,中国在20世纪的长期革命也符合各先进国家的成例。国民党和蒋介石借着抗战而替新中国创造了一个高层机构,从此确定了中国为一个独立自主的国家。共产党和毛泽东因借着土地革命而翻转了中国的低层机构,从此下至乡村肃清了以前用“尊卑、男女、长幼”为标榜的地方势力,使各种经济因素脱离了过去的束缚,取得公平而自由交易的可能。最后的阶段则因邓小平等人主持的经济改革,在各项交易往来之中确定私人和公众财产的权利与义务,也就是重订上下间法制性和技术性的联系,使中国可以完全用数目字管理,同时,使革命的成果定论。

这种观察不仅有各国的成例可沿,也与传统中国历史发展的典范一致。如果我们从技术的角度检讨民国以前的历史,可以发现各朝代的更替是承前接后地继续着某种运动,虽然有时也作局部的修正。其所以如此,我想西方政治思想家如卢梭及黑格尔提出的"公共意志"(general will)这一观念不可磨灭。如果一种群众运动在历史里持续了几十年,又牺牲了十万百万以上的生命,则不可能为一种盲目的冲动,也不能指斥其为错误。一个国家的经历表面看来丛杂穿错纵横曲折,实际上仍有轨迹可寻,因为适用于"公共意志"的行动才有存在的价值,而此也要经过一段用进废退的阶段,才能显示其成果。

可是如果从长时间远距离着眼,中国的革命并未全部完成。尤以以上提及的第三阶段,目前表现出大体的趋向,并未构成既成事实。在分析现阶段的情形时,我们反而要从宏观的立场逐渐改变为微观的立场,由理论逐渐转移到事实,更要将其他待开发的国家之事例搬出来比较,这亦即是本文开始执笔的动机。

(二)历史与地理条件决定各国的改革模式

中俄同为幅员广大的大陆性国家,在旧社会解体后,被解放的是大多数的农民,资本累积困难,民间经济也不易成长。

我们看到各国执行以上三阶段改革时似有定型,可是每一个国家实际所采取的方式仍由本国的历史、地理等条件决定。有如法国历来受中央集权的影响,所以法国大革命时的新政权也由中央辐射到各地方去。英国则因羊毛向大陆输出占国际贸易大宗,内战开始时即由若干经营海外贸易的商人在议会首先发难,以后议会派所据有的地区也在英国之东南。中国和俄国则同为疆域广大的大陆性格国家,尚较其他先进国家多出一种问题,即旧社会解体之后被解放的是以亿万计的农民,不仅初期累积资本困难,而且能否有效尚成问题。马克思在《资本论》中谈到:欧洲开始现代化之前,资本先由威尼斯到荷兰,再由荷兰到英国,以后才入北美洲。以上各国尚以贩卖人口和国际战争上的掠夺产生“原始的存积资本”(primitive accumulation of capital),这种种情形都不适用于20世纪的苏联与中国。

然则前述各种经济因素虽不能公平自由地交换,但可以集体地强迫交换,这也是苏联成立集体农场执行计划经济的由来。一方面也针对着充实国防工业的要求,一切以粗线条的方式组织。例如农场最大者接近五十万英亩,其他拖拉机厂、炼钢厂、机床生产工厂和水力发电厂也大都如此。既然一切都属国有,信用之展开已无困难,凡有利润及无利润的企业,同样接受到资源的分配,以官僚组织提供经理人才,免除了训练上、技术上和法制上不少的麻烦。因为其粗线条,服务性质的支持也可集中或减略。这种体制不能说是没有成效,我们将第一次世界大战与第二次世界大战的情形互相比较,就可以明了假如斯大林没有这种准备,何以可能击退希特勒的进攻。可是要称这种体制即属马克思所谓的共产主义以和资本主义区别,颇为牵强,即使称为社会主义,看来也是一种临时办法,所以概括地称之为“战时共产主义”(Wartime Communism)。

这种经济体制因为缺乏民间经济的监督,只会愈来愈官僚化,既不能也无须注重成本及利润,钢铁生产增加,只是造成巨万的战车火箭,至此也决定了这国家的性格。最近苏联对外带侵略性,对内则钳制舆论,不顾人民生计,也是因为这种组织结构之故。

中国在1950年代以后,大体也步苏联之后尘,其初期的资本累积,更是由一般民众负担。根据北京国务院一个单位的报告,在现行改革之前人民共和国的财政可以用“价格剪刀差”概括之,亦即由政府低价向农民收购粮食,也向城市工人和公务员低价配给,以压低工资。

这三十年内农民没有行动的自由,“隐蔽着的总赋税为六千亿元以上”。四年前我到大陆旅行,听到有人说及不少老干部从事革命几十年,看到农民的生活仍是如此艰苦,也仍无行动的自由,有“出来打扁担”的企图,闻之不觉心悸。

1969 年中苏爆发珍宝岛事件,使这两个共产党国家由意识形态的争执,扩大到军事上的对立。

当时中、苏两国都自认是马克思主义的正统,不免由意识形态的争执衍变为实质上的冲突。1969 年两国武装部队在黑龙江岛上开火,苏方自称死数十人,而争执也延伸到新疆,克里姆林宫即有使用原核武器的企图。同年 9 月 16 日由 KGB 情报人员路易斯(Victor Louis)以新闻记者的名义在《伦敦晚报》发表文章,声称苏联有向新疆使用原子弹的可能,这一声明主旨在探询其他各国的反应。翌年苏方又在维也纳歌剧院交给美国外交人员未签字的草约一纸,内称缔约国如有第三国使用原子弹可以采取报复行动,并将情形通知缔约之对方,以期取得谅解。尼克松及国务卿基辛格则认为此举等于让美国事前承认苏联有对中国使用原核武器的权利,此事让美国觉得事态严重,才决定与中国发展外交关系。

此事已由基辛格写入他的回忆录——《白宫的岁月》。如果这还只是他的一面之辞,则前苏联驻联合国副秘书长舍甫琴柯(Arkady N · Shevchenko)投美后,他所著的《与莫斯科决绝》中也提到此事幕后情形。当时苏方深恐毛泽东派百万大军入侵,国防部长主张使用最大氢弹对付中国,只有参谋总长反对,最后促成苏联悬崖勒马仍因美国的态度所致。

苏联既不便使用原核武器,于是希望通过外蒙、印度诸国对中国采取包围策略。1978 年苏联又与越南订立攻守同盟条约,内称缔约国若与第三国发生战事,彼此有相互支持之义务,缔约的对象系针对中国。所以邓小平访美后,于1979年春天向越南用兵,主要的目的仍在打破包围,使克里姆林宫的恫吓化为无用。此举在军事上的成效有限,而在外交上却起了作用,使中共和美国的关系在往后十年中进入蜜月期。苏联的勃列日涅夫终于见风转舵,他在临死之前还一再呼吁要和中国重建良好的关系,他曾以充满着情感的言辞说:"我们还记着昔日为盟友以同志的地位相互合作的日子。"(见1982年3月25日及9月27日《纽约时报》,勃列日涅夫死于当年11月10日)所以苏联今日的改革,固然由于内外种种因素,中国主动先行改革,也有很大的促进作用。

(三)中国的改革必须合乎国情

英国在17世纪经过内战、弑君和革新,上层机构和下层机构都有很大的转变。

中国的改革也增加了邓小平的威信,对外威胁既除,他立即裁军百万,这使1980年代的经济改革获致实质上的效果。

从各种迹象看来,邓小平在有些方面像英国历史之中的trimmer。我在1987年9月5日于中国留美历史学会就曾提出类似的看法。英国17世纪末期有一位大政治家叫做萨维尔(George Saville),也就是哈利法克斯(Halifax)侯爵,他在历史上被称为The Great Trimmer,有些字典称之为"骑墙派"。其实萨威尔并没有觉得这个名词不好,他自己即著有一本小册子,题为《一个骑墙人物的品格》(*The Character of a Trimmer*),这岂不是自己骂自己,其实trimmer在英文里不是坏的字眼,应当称为"平衡者"。如果船向右倾,平衡者就站在左边,船向左倾,他就站在右边,以维持其平衡与安全。现在飞机上的装货人有责任保持两边平衡的也称做trimmer,这和骑墙派有很大的差别。

英国在17世纪经过内战、弑君和革新，与民国时期共和与复辟同时存在很类似，到17世纪末期，上层机构和下层机构都有很大的转变。可是连贯上下的法律要从过去农业的体制转变而为商业体制，至少还要一二十年。在这青黄不接的时候，两党政治还没有形成各代表一种社会经济的派别与利益，政客却又分为不同的派别，他们的主张没有确切的经济力量在后支持，无从在法定程序下进行表决，必须依赖 trimmer 维系大局，所以他必须有相当的气魄与威信，也必须有自己的主见。

中国的长期革命早已超越宗教的阶段，而进入经济的阶段，改革应从现在的体制着手。

从历史学家的眼光看来，只要中共继续现在的经济改革，外界人士就没有必要用笼统与抽象的字眼如“民主”与“自由”去影响改革运动，这也是布什总统的一贯政策。现在中共最大的问题是要将国家资本与私人资本互相融合，这样才能吸收更大的投资，使经济快速而又平稳地发展。简言之，即是要在整体方面能用数目字管理。如果舍此不图，一方面继续高度地抽税，另一方面又滥发津贴，造成价格双轨制，在法制上也无从防止贪污营利。这样自相冲突的结构必脆弱而不能持久，也不是可以用笼统而抽象的名称如“社会主义”“资本主义”和“走资本主义”自为标榜或互相诟骂能够了事的。

同样的，民主与自由代表崇高的理想，但没有固定的内涵，每个人对此的看法不尽相同。这两年多来，海内外的民主运动可以看出具有无数目标与步骤互不相容而又各持己见的现象。还有些人不顾中外历史的差别，也不考虑事实上的困难，只因为外国如此，也要求中国能够如此。这当然只会迟滞中国的民主发展，而不能成为推动的力量。

说得更实际一点：如果要行动上的自由，必须多建筑铁道、公路，如果要选择上的自由，就要使经济的构造更繁复，造成社会的多元化。

在分工合作的条件中,使各人的工作和安全有了保障。民主如有实际的涵义,则代议政体所代表的社会经济之派别与利益,至少要容忍政见不同的人士能打开窗子说亮话。

这样的看法是基于前述"公共意志"的信仰,中国的长期革命早已超越宗教的阶段,而进入了经济的阶段,没有必要在五十年后,再搬出一座"民主女神"。我之所以敢如此地武断,也仍是相信人类纵有流血和战争,到底对于流血的分量也有经济的原则。中国抗战的伤亡人数共约二千一百万人(根据《中共党史大事年表》),土地革命也使三百万到五百万人付出生命(根据国外学者的估计),这还不包括内战的死伤人数。我就不能相信这样严酷的历史事实,会在几十年后一笔勾销,所以改革也应从现在的体制着手。

中国大陆为着本身的利益,准备在六年左右收回香港,同时试图与台湾谈判海峡两岸的统一问题,希望迅速完成在数目字上管理的局面。大凡人类组织与管理大批民众的方法,基本上有三个:一是精神上的激励,以神父、牧师和政治指导员主持之;二是以武力强加就范,由军队、警察、法庭等执行;三是策动个人的私利观,当全民都在协同动作下趋利赴实,就不期而然地构成了一种公众秩序。事实上没有一个国家,只采取上述之中的一个方案,置其他两个于不顾,也没有一个国家只有私人资本,而完全排斥公众之所有,所以今日再争执资本主义与社会主义的区别已无意义。重要的是如何将以上几个方案归纳调和,使整个国家能在数目字上管理,这才是问题的关键。

回教国家因为宗教的关系,至今仍不能以商业原则治理,以致仍然无法达到数目字管理的局面。

一个值得深思的问题是,即使目前中国与苏联能迅速地完成可以在数目字上管理的局面,世界上仍有大约一半的地区与人口不能在数目字上管理,这些国家与地区仍因宗教的关系维持着一种不能也不愿在数目字上管理的局面。只是我这里所说的宗教,不包括神学和哲学上的意义,仅触及其社会与经济的性格。首先就与苏联和中国边境接壤的回教徒和印度教徒而言,今日信奉回教的四十四个国家,总人口高达八亿,其中阿拉伯约有两亿,苏联境内亦有四千五百万的回教徒,在中国也有四千万,印度人口也已超过七亿五千万。从数字可以窥见此问题是具有全球性和庞大范围的。

(四)回教国家的发展深受宗教的影响

回教所传布的区域由南中国海通过印度洋,包括红海到地中海南岸,西至大西洋,但在这些地区并不是所有人都信奉回教。在近代之前已有无数阿拉伯商人的故事,即穆罕默德本人也可视之是商人出身。何以他们的国家至今仍不能以商业的原则治理,这是一个不易解释的问题。

至于我所提及的商业,乃是指现代的商业。本文自始即已声明,它是带全体性的,要求全民支持,因此社会组织必须容纳一个无限制的交换原则。这种组织和原则,即使是在西方也须由海洋性格的国家经过多方实验后,才通行于全国。穆罕默德的活动是在7世纪初期,大概与唐太宗同时,他主张一个社会应该是有秩序且须依赖伦理来维系,这种观念无论如何也不会容忍一千年后如荷兰及英国之体制。况且,当时他传教的目的在使接近沙漠地带的部落,充实其战斗力,一切以简单一致为主。他的一神论及“神圣战争”的宗旨,都无法接受个人主义的发展。从这些迹象看来,穆罕默德绝不可能去提倡一个多元化的社会。

纵使回教国家历尽沧桑,但神学家及法律学家根据经典对伊斯兰政府及伊斯兰社会作有系统的解释、确定教徒的地位是16世纪及17

世纪的事，总之也有四五百年的历史。今日看来这样的架构仍脱离不了大陆国家的背景，注重全民的集体主义，支持以武力为主的威权（即使征服者是异民族，只要他们信奉回教，被征服者也应服从）。在日常生活中以道德代替法律，如此也必具有保守性格。这些特点都在最近伊朗政变及革命时表露无遗。

伊朗在1962年推动的土地改革并没有普及到机械化农场，小自耕农所分得的土地狭窄又贫瘠，无法与新型农业竞争。

伊朗因土地干燥，农业需用地下水灌溉，地下水沟贯通，规模庞大，无法以小自耕农的方式经营，历来土地所有带封建性质，及至最近几十年仍有半游牧性的部落。商业则与手工业一体，各城市中的市场仍是属于传统式的。如五十年前中国内地街市，店铺开设于寺庙旁，零售也与制造不分。总之，就是商业组织尚未现代化，没有银行信用机构及各种服务性质的机构支持经营，只能各自小本买卖，直到最近德黑兰市中心仍有如此的店铺四万家。可是又因为近几十年来伊朗有了石油收入，机械化的农场及新型工业也开始出现，它们带外向性格，与上述旧型经济不相关联。

1950年代伊朗首相摩萨德（Mohammad Mosaddagh）主持石油国有运动，激发了伊朗国民的爱国情绪，摩萨德也为人拥戴。伊朗国王则因内政政策与之不合，企图剥夺他的权力，但是没有成功。1953年伊王且被逼出亡海外，后因得到美国的援助而复位，他将摩萨德囚禁，可是国王自此不得民心。1962年国王主持革新运动，包括土地改革、废除封建、提倡乡村教育、解放妇女、让工人分享工厂百分之二十的利润等等，这些措施并经全民投票通过。当时办理此项改革的人称之为“大文明”（Great Civilization），但旁观者则称之为“白色革命”（White Revolution）。

这种种步骤一时替国王挽回一部分民间的支持，可是有些措施并非短时间可见功效,也有与预定目标成效相反者。例如土地改革并没有普及到机械化的农场,所产生的小自耕农分得土地既狭窄又贫瘠,更无从与新型农业竞争,而全部计划又不免与教士的利益冲突。

伊朗的石油收入虽然带来财富,却导致小自耕农无法生存,群往城市谋生,造成农业窘迫,这是霍梅尼政变成功的重要关键。

伊朗的回教属于什叶(Shiite)派,自18世纪即为国教,其教士最高者称为"神之显示",因其解释经典的权利可以决定何种政策为合法,何者为不合法,所以类似高僧与圣人,又同主教,实际则持有对国事的否决权,有如最高法院。况且又下辖数以十万计的普通教士,也能左右一般民众。当国王实施"白色革命"时,即受到有位主教霍梅尼(Ayatollah Khomeini)的反对,起初并未被外界所注意,他日后成为伊朗反对派的领袖,并在1979年初乘民变驱逐国王,建立了伊斯兰共和国,执行以教治国。

霍梅尼之所以政变成功,主要是1972至1978年间油价大涨,伊朗的国民生产总值从每人四百五十美元骤增至二千四百美元,表面看来是件值得庆幸的事,可是石油本身即是一种集中的财富的资源,对伊朗而言是出口的重要项目,但对传统经济各部门则只是相克而不相生。这种情形可由以下一段文字看出:

> 真实而带独立性的工业化或现代化尚无具体的基础,而高速经济成长却让政府在若干孤立地区树立经济的架构,它们甚为倚赖国际市场,对经济的其他部门缺乏向前或向后的联系。

实际情形导致小自耕农无法生存,群往城市自谋生计,农产减少,政府又向外采购大批粮食抛售于市场,使农业更感窘迫。都市之中也因此而人口激增,德黑兰即成为一个拥有四百五十万人口的城市,但房舍与健康都成为问题。传统小规模的制造业及商业更无法生存。影响所及使原对国王不满者,即自由人士、马克思主义者亦站在反对派的一边,最后几个月内连武装部队也开始叛离,空军军官、学生参加绝食。

伊朗因经济组织尚未明朗化,伊朗国王也一直使用特务及高压手段对付异己,使政党政治一向有名无实。在此之中只有教士还拥有由上至下一贯的组织,也只有教堂的广播能及于一般民众。霍梅尼指斥美国为魔鬼国家,有时指责中央情报局干涉伊朗内政,有时亦指责美国风尚侵犯其性禁忌,国家主义者也随着群起附和,并指责美国以自由贸易对伊朗实施经济侵略。霍梅尼甚至反对妇女解放,马克思主义者也反对妇女解放。马克思主义者迷信列宁的教条,以为国王代表封建体制,霍梅尼及其附和者则代表城市小市民阶级及自由主义者,于是鼓励后者清算前者,亦即先完成初段革命作为日后无产阶级专政的准备,但最后的结果却促成霍梅尼建立政教合一的政权。霍梅尼在掌握大权以后不仅不向新时代低头,反而借着权力清算以前附和他的自由派人士。

霍梅尼取得政权之后,不旋踵间即与伊拉克爆发八年战争。目前他虽身故,而其行动究竟是一场革命或仅是一场政变,尚是未可知之数。这一连串发展使我们对中国在历史上的未来既感欣慰,也心存警惕。欣慰的是可以互相比较,我们看到中国改革进行之前已有相当的基础,抗战之后又经过内战,中国已在体制上经过实质的改变,所累积的资本也系由下向上集体地构成。所警惕的是,经济发展在体制未固定之前仍可能遇到潜伏的危机,可能引发的问题与道德并没有直接的关系,也不一定由执政者或左或右或开明或顽固而定。在这情形之下,我们更要使下一代年轻人认清一个国家组织与结构的重要,而不致为各种标语口号所眩惑。

伊拉克自1972年宣布石油国有，经济才取得自主，但政局仍不稳定，直到萨达姆掌握大权政治才明朗化。

与伊朗接邻的是伊拉克，这个国家经过近四百年奥斯曼帝国的统治，到第一次世界大战以后才将土耳其的势力驱逐，可是随后又在国际联盟委托下归英国代管，仍与殖民地的地位大同小异。直到1958年的革命推翻英国所立的国王才真正独立自主，到1972年宣布石油国有，才取得经济上自主的地位。在这前后数十年伊拉克的政局经常不稳，每三年五年必有一次大政变，其中以受外界影响的居多。伊拉克曾与英国绝交，曾防俄反共，也曾承认共产党政府并与之合作，也曾在原则上承认北方库尔德(Kurds)族人的自治，允许其代表参加立法机构，但后来又改变方针，对库尔德族人彻底地围剿。现在的强人萨达姆·侯赛因(Saddam Hussein)是在1968年的政变登场，1979年后担任总统，总统一职现为终身制。自从他大权在握之后伊拉克的政治才明朗化，可是政局全在萨达姆的控制下，他以军队和特务作护符，遂行巴斯党(Buath)的一党专政，西方的评论家有时将他和希特勒相比较。自任总统不久即于1980年9月发动对伊朗的八年战争，双方死伤超过五十万。停战才两年，他又于1990年8月占领科威特，引起西方和其他阿拉伯国家的武力干涉，导致国内疮痍满目，凡公路、桥梁、发电设备、通信工具都遭到有系统的破坏，不仅影响到今后的工业生产，也极可能对目前的公共卫生与健康造成严重的后果。

我们也可以循着有些人的观点指斥伊拉克穷兵黩武，罪有应得。可是只要稍微将历史与地理的因素搬出来，则虽仍不能对萨达姆个人同情，至少对全盘局势的发展有其他看法。

伊拉克与古代的美索不达米亚地域大致相同，除了沙漠荒瘠地带以外，其灌溉耕种土地区在洪荒之前似为海底，是以地下水带咸质。灌溉虽有一时之利，却又使地下水位增高，盐分上升的成分更多，日久耕地又必放弃。加以在近代修筑防洪堤及水库等以前，耕作物常有被夏季洪水冲没之虞。所以固定地经常耕种,只是近来的事,也有专家指出,直到第一次世界大战以后,伊拉克的农业才有较显著的发展。

有了这样的背景,使得这地区的人口带流动性,农夫也兼营畜牧业,于是部落的习惯浓厚。在其他的社会里区分而为行政、教育、民法、刑法的各部门,回教国家则以宗教综揽之(一个更显明的例子,则是今日之沙特阿拉伯以《可兰经》为宪法)。

伊拉克独立后其上层机构可说是从无到有。该地域在遥远的古代为西亚文化的摇篮,后来则为不同帝国的一个省区,从未建立民族国家,伊拉克的疆界也是由英国人在地图上一手划出,尤缺乏适当的逻辑作为鼓舞全民的凭借。

伊拉克因有石油收入,使改革所需的经费较为充裕,1970 年以来政府即对各类新型工业大量投资,但农业的发展则极为迟缓。

伊拉克目前的人口约一千七百万,其中百分之六十属于伊斯兰的什叶派,与在伊朗者同一源流。其他百分之四十属逊尼派。逊尼派中又约一半为北部的库尔德族,在人种语言上不属于阿拉伯语系,倒和伊朗的波斯语系接近。什叶派者崇拜历史上殉教的先知,带着传统悲剧式的感情性格,遵守极为守旧之教规,因其经常提及各人身后的赏罚,最易为无知小民所拥护。又因其憧憬于超现实理想上的完美,因而经常有和现代政府行政冲突的趋势,即维新政策也在所难免,我们在前面叙述伊朗时已经提到,可是这宗派今日亦不容个人的选择,因已通过各部落有了历史上的决定,伊拉克之什叶派者偏重于这国家之东南。

逊尼则出自“宋纳”(Sunna),意近习惯。因为他们遵守穆罕默德留下的传统,凡《可兰经》提及之处,概依《可兰经》;经典不及之处则依习惯;再有习惯不及之处则依理智,所以他们没有什叶派教徒的偏激。又因土耳其人视之为奥斯曼帝国之正统,传统上亦无经常与政府作对的趋向。

近数十年来伊拉克的改革因有石油收入支持，一方面可使经费来源较为充裕，另一方面也使其组织愈为困难，其情形也与伊朗相似。自1973年至1978年五年之内，伊拉克来自石油的收入增加约十倍，至1976年，即占所有收入百分之七十六。石油为一种资本浓厚的工业，雇用较少的技工（与农业和手工业等比较），其市场主要在国外，除了净收入以外，生产运输自成系统，同时与经济上其他部门缺乏技术上的关联。

在1958年革命之际，伊拉克的制造业仍只占国民生产总值的百分之十。自1970年以来政府对各类新式工业进行大量的投资，可是生产总值无法准确地估计，主要的原因有二：一是向外购买的整个厂场其目的在接收科技，所生产的产品不顾及利润，或甚至与国民经济毫不相关；二是与军需工业联系，政府不公布实情。1958年的土地改革，对于分田一事有了充分的准备，但是农民分得土地之后如何经营，官民彼此缺乏经验，所以生产额反而下降。1970年的改革中所成立的合作社、设立农民银行及推销机构等，至今成效仍不显著，也有农民将分得的土地放弃而到城市就业。伊拉克的城市人口与乡村人口之比率在1970年约为六比四，1980年则上升为七比三。这个国家的粮食始终不能自给，两伊战争之后粮食进口量更是大增。

伊拉克高层机构所操纵的事业具有国际性格，受世界市场影响很大；低层机构则未形成，一般人仍脱离不了部落的心理与习惯。

伊拉克在很多方面的改革，既积极也卓有成效，如解放妇女、普及教育、就学儿童数及儿童营养系数（在入侵科威特战争之前）都在最近二三十年有了长足的进步。

所以伊拉克因有石油，无须农民胼手胝足锱铢必较地遂行“原始的累积资本”。可是正因为如此，各种经济因素无从重重相因，造成紧凑的组织,彼此牵制,以厘定各当事人的权利与义务。以上各因素既不能由自由价格决定,也只好让国家主权人片面地决定。这个国家纵使财源富裕,却不能凭借个人的私利观作为组织原则,只好借重于警察权和政治指导员的力量了。再换一句话说,伊拉克高层机构所操纵的事业有国际性格,受世界市场的影响很大;低层机构则未形成,一般人民仍脱离不了部落的心理与习惯,以两端差距之大,建立两者之间法制性的联系必为棘手。

我们不能武断地说伊拉克的未来仍是如此,可是将现局之发展加在历史的基点之上,则其来龙去脉可以互相衔接。萨达姆年轻时即已加入巴斯党,它的宗旨是一方面主张社会主义,一方面强调阿拉伯的民族主义。在伊拉克可能与之竞争的为共产党、库尔德族人的独立运动和什叶派徒的政教合一运动。伊拉克实行土地改革之后已无阶级斗争之对象,共产党本身又有受国际操纵的嫌疑,所以不难消灭。伊拉克境内什叶派信徒虽多,但没有像伊朗同宗派者那样严密的组织(伊朗的教士可能接近二十万人,伊拉克什叶派的教士最多不过万人),所以萨达姆严禁以宗派作为政治活动的借口,但不限制宗教活动。只有库尔德族的独立运动历来受伊朗支持,必须以军事行动对付。伊拉克的军备,一方面迎合传统全体武装支持圣战的风尚,一方面也接受外国的援助。在中东首先发展军备的是伊朗,它是伊拉克历史上的对头。阿拉伯国家自 1967 年和 1973 年被以色列两次打败之后,都共同地感到新式武器的重要。可是这样的竞争永无止境,况且拥有庞大的武装部队和精良的装备很难备而不用。萨达姆攻占科威特以后称所有的阿拉伯人只是一个民族,在他看来,可以算作一种"公共意志"。可是西方国家不愿世界百分之二十的石油产量落入萨达姆的控制,因这将使他可能继续觊觎沙特阿拉伯,进而垄断世界产量百分之四十五的中东产油区。因此他们都愿意为汽油而流血,这问题已经在联军集结于沙特阿拉伯时提出。另一方面,对今日世界上很多开发中的国家而言,这已经不是单纯的汽油问题,它关系着繁荣与萧条、就业或失业,也涉及整个社会的动向。所以联军的行动也在另一方面代表一种不同的“公共意志”。

1945 年的上海

抵达机场时，不能下机，因为还要半小时战事才终结。

1945 年，我担任前驻印军副总指挥郑洞国将军的随从参谋，随他述职而往重庆。原来他在驻印军里承息于总指挥史迪威麾下，不被重视，毫无指挥权，中枢却只说要是他能含忍，他的承担，仍被重视，来日也仍当倚仗。好不容易，列多的中印公路打通，驻印军回国后总部撤销，郑到重庆后希望派到一个独当一面之任务，可是命令公布时仍只获得第三方面军副长官的地位，而且情形比前更差。第三方面军已有一位副长官张云中，他和郑同系黄埔一期毕业，因之资历不比郑低，他又因在第十三军时为现司令官汤恩伯的旧部，关系密切。郑自是不仅为第二个副贰，况且又“疏不间亲”，还不知道汤长官衷心欢迎他与否。倘使他对派遣的职务表现得过于热切，可能反遭疑忌。

于是他接到命令后并不立即往柳州第三方面军报到，而声称驻印军尚有待收束之事宜，须往昆明处理。一部分这也是实情，譬如说驻印军在缅甸森林中作战，有副总司令直辖之警卫排，又因为与国内长久隔离，曾由郑将军向重庆的商界募得经费购得印刷中文的机件与设备，此时都待区处。至于在兰伽所训练的特种部队有如炮兵团、战车营等，此时分割配属国内的大部队，也产生了不少人事上与经理上的问题。昆明既为各部队行进道途之枢纽，又是陆军总司令部之所在，也是解决各种问题之场所。

也料不到我们在昆明一住就是两个月，正轮上了一个“山中方七日，世上已千年”的局面。我们还只看到南屏街前中国妓女与美国士兵搭档，是谓“走国际路线”，后面巷里小贩兜售从印度进口的商品，如咖啡及化妆品之类的时候，报纸的号外传来：原子弹已将广岛毁灭，苏联对日宣战，日本向盟国投降。

当日国民党军队的部署，初步目标，还只望打通海口，待到第三方面军向广州、湛江一带推进打破日军封锁，获得大量美援物资之后，才能提得上全面反攻。料不到目下的任务突然变为“受降”，而且第三方面军的受降区包括南京与上海。我们既不能想象的如是突遭好运，而且立即要亲临光复国都和第一个对外的通商口岸，当然是极端的兴奋。

我第一步的处置乃是减轻行李。因为预料到国内物资的缺乏，我从印度回国时曾在军用卡车上带回一只大铁箱，也因为我曾在缅甸战场一年余，每个月上尉薪饷五十卢比几乎全未动用，再加以我曾替重庆《大公报》写过战地报道，一部分稿酬也用印币付（《大公报》有加尔各答版），在回国前夕曾采购皮夹克一袭等，足够一两年之所需，也另有自来水笔及扑克牌等，此时连铁箱在昆明就地发卖。到底以一个军官的身份，临街发售物品太难为情，乃请郑副长官的卫士做经纪，由他全权置理，由我酌付中费。在昆明此地也无所谓白市或黑市（因为无物价管制），也无所谓合法与违法（因无军用行李进口受检查付税之条例），总之，几小时内处置停当，净入法币近四十万元（约值美金二百余元）。后来在柳州又蒙第三方面军司令部补发两个月的薪饷，所以在9月5日抵上海时我的番布干粮袋随身自带，所剩全系钱钞，内中有崭新成扎成捆的钞票，其号码尚前后连贯。军中既有各种供应，我这笔本钱即为今后四个多月都市生活之凭借。

我们于8月底由昆明飞柳州。9月4日晚上，乘美军的C-54去上海设立第三方面军司令部前进指挥所。飞机上有两位副长官和必要的参谋副官卫士与翻译官,并随带指挥车一辆。

当飞机到达京沪区上空时,不免感触万千。虽然战前南京与上海为我旧游之地,这次是我生平第一次由上空下瞰长江下游地带。当处水位之低,所有房舍道路只像无根无底地漂浮在水上。

江湾机场地处抗战开始时双方鏖战、寸土必争、国民党军队名实相符的“以血肉作长城”的区域,此时为日方的军用机场。我们的 C-54 下降时,看到边缘尚有二十多架驱逐机一线排列整齐,机翼、机腹上的红圆徽令人触目惊心。着陆之后,我们不能立即下机,还留在座位上至少有半小时。原来日本政府和日军大本营虽已在米苏里战舰上向盟军代表签订降书,战事终结,此间双方之接触方在开始。日军派有迎接之将领与我方的两位副长官应根据何种仪式礼节见面,尚待翻译官在机旁临时协定,又待上机向两位副长官报告奉准之后,一行才有秩序地下机受礼行礼。我们的指挥车全未置用,日方早已安排了军用轿车十余辆伺候。将官级上挂红旗,校官级挂黄旗,尉官级挂蓝旗。我们的副官指令一体摘去,改挂青天白日满地红的国旗。这倒是副官处在柳州就预计好的,已带来小型国旗一大盒。日本军用司机立即如命,更换停当,毫无迟疑犹豫的情形。以后我们的经验也是如此,和我们接触的日方人员,上自中将、少将,下到军曹、列兵,没有一个嘴唇突出歪脸块、带着不愉快和不愿迁就的模样。

我们一行由日人领入南京路靠外滩的 Hotel Cathay(今和平饭店)。这是全远东最特级超级的饭店。桌椅全是楠木,窗帘用最厚而结实的物料构成,全身长的镜子触目皆是。张副司令官的卫士说,在这地毯上睡觉就比往日的床上还要舒服,一位随从副官立即吩咐他说时小心,不要被茶房服侍取笑。日本军官看到我们都已安排妥当之后,即敬礼告别。这样子既不知道我们是他们的贵宾,也不知道他们已成了我们之俘虏,目前不过假释,以便承应各项事宜,那天下午和以后几天,两位副长官和日本将领会商。凡他们有何吩咐,对方总是

wakarimashita 唯恭必谨地从命。我们房间窗户下瞰黄浦江，当美国飞机经过时，江中的船只纷纷鸣汽笛致敬。既为饭店之贵宾，我们的中餐与晚餐只要下楼往餐厅或咖啡店照菜单点叫即可，概用签字计账。我至今还不知道以后此账单由何人付费，尚不知日据期间此饭店之经理属何国籍。

那天下午，我从前公共租界往法租界巡行一周，替自己买了一袭睡衣。最初还怕带来的法币不能通行，谁料到至此已大受欢迎，而且利市十倍！我一计算，我在昆明卖出两件衬衫，在此可以量身订制英国呢料的西装一套。我后悔不该在临行之前在柳州理发，要是能延迟两天，这理发费用足够在上海理发一年，而且理发店有各种新式设备。上海称沦陷的孤岛，此时盛陈西洋各色物品，英国之呢绒、法国之香水、苏格兰威士忌已是满目琳琅。美国香烟战前用听装，现在也如原状出现。更大一项的发现则是霞飞路上的钱庄已标牌价收买黄金、美钞和法币。我们的法币会被列为与黄金、美钞同流一样的受人珍视也是三生有幸！这时候，我应当将全部法币，折为黄金或美钞，保存其购买力，要是更有心计，则当购入高贵物品囤集。可是我满认为生活问题，至此业已解决。况且以后尚有薪饷可恃，也不屑作此琐碎之事。

投降的日军不仅有礼，而且态度坦然，很难想象他们是入南京残杀的刽子手。

两天之后，郑副司令官奉命往南京处置汪精卫和陈公博所编的“伪军”。我又挂着我的番布袋随他入京。至此，也看到“支那派遣军”总司令冈村宁次向中国陆军总司令何应钦签纳降书的情形。这典礼的筹备设计全由新六军副军长舒适存负责。虽说新六军的先遣部队已由美机空运到达南京，可是受降典礼所在的中央军校内中场地的布置各项勤务仍由日军担任。我们想象之下日本人被征入伍，在“支那圣战”和“大东亚共荣圈”的号召之下也苦斗了八年。他们的戚友在太平洋上各岛因“玉碎”而全军战死的不计，而国内的大城市也都被轰炸成为了一片废墟，必定有无限恨恼。像德军和俄军在第一次大战终结时各种哗变的情形都可产生，士卒不听指挥尤在意料之内。但是事实上此类情事全未发生，我们看到他们的军官毫无失去控制的模样。翻译官告诉我们，下级军官在部队前训话的时候还总离不开责骂的字语，称列兵为“你们这班蠢家伙”。我唯有一次看到日本人表露出情绪上之反应为冈村步入军校大礼堂时双手握拳，一望而知，其心情紧张。此外，与我们接触的不仅有礼，而且态度坦然。我们昨日之敌人表现得如此之磊落，我们很难想象他们之前乃是入南京时残杀我们几十万军民之刽子手。

等到收编伪军的工作告一段落之后，我们回上海，将近过中秋节。第三方面军司令部已由饭店迁入法租界的华懋公寓(今锦江饭店)，再迁入虹口前日本海军陆战队的营房。每一次迁移之后，环境与待遇已较前不如，同时内地来的人员更多，法币也随着贬值。然则纵如此仍较我们在重庆、昆明的情形不可同日而语。况且 9 月初，我们刚来时一般人民还只带着好奇的眼光，对我们侧目而视。现在经过报纸宣扬、游行庆祝，他们已领略八年对日抗战确已结束，胜利军民有份，内地与沦陷区互为一体，于是也将此情绪在行动上表现。甚至 9 月下旬，单独的炮仗声还在不断不续地传出。中国成为四强之一，是一种值得注视的事迹。也不知是谁设计制造了一种绸质旗帜，全幅划成四个等分，分别以中国、美国、英国和苏联的国旗排置在左上、右上、左下和右下。不少的三轮车悬挂着这别出心裁的联合国旗，招摇而过。而且三轮车也是引起外人好奇的事物，不时有美国水兵叫三轮车夫坐在车里，自己反做踏车人，在大街小巷里驰骋，引得人哄笑。

这样一境如狂的情形继续了两个多月。大概法租界的梧桐树叶落，虹口公园的冬日阳光已不可畏而实可亲的时候，各人才像大梦初醒觉悟到胜利的滋味已不过如此，以后来日方长，我们的大问题，并未解决,当初本地居民对国军的热情也早烟消云散。原来9月初沪上各学校纷纷组织欢迎队,到江湾机场迎接国民党军队。时人还以为我们的军队是百战英雄,及至看到下机的士兵身体孱弱,掮水桶,扛箩筐,与苦力无异,已失去了对我们的一般仰慕。及至汪精卫政府所发的中储券全部收兑为法币之后,各物的价格又继续上涨,以与内地扯平,我们更失去了受欢迎的魅力,而为埋怨的对象。以后内战的可能性继续增高,我们的身份也愈低。

在这几个月内,迄至我番布袋里的储藏尚未完全告罄之际,我倒是度过一段前所未有的轻松生活。首先即缝制了一套入时的新制服(英国材料,由印度带回)和军用大衣。次之就学跳舞。先从舞池里的舞女学,再找朋友的姊妹指教,然后才放胆交女朋友。司令部的指挥车经常给我用各种名义借用(有时也确有差遣)。凡逸园、仙乐、百乐门都有我的踪迹,只是我学做现代时髦军官的事业尚未大功告成,只能狐步、舞华尔兹,不及掌握到伦巴、探戈之际,好景不常,一切有利的因素相继撤去。我们在战时,大家都像寺院里僧众,谁也没有顾及成家立业,此时不仅大梦初醒,想起来年已二十七岁,还是一事无成。仍然在军队里待下去?还是回学校念完大学?谁付学费?我所倾慕的一个女朋友,可望而不可即。难道经济条件不是阻碍之一?要是她果真说:"好吧,我们结婚吧!"那我又如何应付?只怪我当初废学从军,从来没有想到胜利,胜利之后,更没有想到面对现实生活负责这一问题。

当时缺乏有效的执行法律,极难辨别是非,贪污之说甚嚣尘上。

我的出处,命运已替我安排。当我尚在踌躇之际,郑洞国将军奉命监督日军第六十一师修补沪杭公路。这给我一个绝好的机会,去实际体会到处理大部队之日俘(非常容易)和与我们自己的后勤机构协定补给经理事项(十分为难)的经验。每日奔波,也忘记了切身的问题。这工作刚完成,郑又奉派以东北保安副司令长官的名义,代理长官杜聿明的职务(杜因割去肾脏住院)。我又随着他去沈阳。所以,前后不出一年,我已从缅甸的新威、腊戍战场,赶上了驻印军的朋友,置身于四平街、双庙子的内战战场,可以将在南京、上海的一段遭遇,当做生命中的一段穿插看待了。

多年之后,我看到旁人所写的历史,提到国民政府在战后接收沿海各城市的情形,指斥接收人员之贪污腐化,鱼肉当地人民,失去民心,伏下了以后内战缺乏民间支持之远因;还有人提出当日的传说"人心思汉"(不满意于接收大员,反而思慕汉奸政权);甚至何应钦将军首先规定以中储券二百元折法币一元的兑换率极不公平,也列入作为蒋政权不体恤沦陷区人民之一例证。

今日去此已近半个世纪,我们不能也无意为贪污辩白,况且我也知道接收期间确有各种黑幕。以上海言,首先在市区露面的尚不是我们的正规军,一部分为国民党的地下组织,原来已与秘密结社的团体交结,其任务为"锄奸";又有中美合作所,是为特别与美国情报人员联系之机构,任务为准备迎接美国部队在沿海登陆;再有第三战区的军情人员。我曾听说 8 月 15 日之后有不同的单位,出面争取伪政权之物资,互相冲突而使用武器。我也曾听说一位军职人员,将从日军接收过来的筑城工具,包括小圆锹、十字镐等整个的一仓库当做废铁卖与商人,此后此人即不知去向。这样的消息得自传闻,以当日混淆的情形判断,极为可能。

可是我们不能说这是国民政府的腐化。腐化乃是一个原属健全的组织,浸淫而失去既有之品格。当日毛病之根源尚是组织未遂,倒符合"无法无天"的解释,亦即缺乏能有效执行的法律,尚且极难以天理良心辨别当中的是非。我回忆到初履足上海时,没有将我番布袋里的法币换成黄金与美钞。后来读到哈佛经济专家卡尔布雷思(John Kenneth Calbraith)之自传他就说及,因为当日货币价格之差异,也有美方人员将上海之黄金、美钞盘入内地换成法币，再在上海买入黄金。只要有来去飞机之方便，短期间即获大利，而且因为法律条文不及，这交易之本身不能算是违法。加氏尚且只恨自己手头无现钞，不能购买上海价廉物美之绸缎及纽约尚购买不到之物品。既然世界上有名的经济专家尚且如此，则我之失策，也不足叹息了（此时加教授要向我商借，我倒真能有力臂助，我们尚可能住在同一饭店里）。

至于法币的兑换率，后面更需要一层解释：在1945年8月15日前后，南京伪政权既如树倒猢狲散在即，中储的经手人发行了一大批纸币，既不向任何机构负责，票面上亦无序次号码，所以无从确定其发行数目。即使我们已在南京、上海，是否仍有人继续私印抛入市场的情形也不得而知。因之其价格低，反衬法币价格高，非接收人员所可操纵，一般商人尚恐中储券全部作废。事实上陆军总部宣布二百比一之兑换率时，其市价尚在续跌，接近于二百三十至二百五十之数。沦陷区群众没有想及，迄至此时法币无兑现地发行，等于向内地同胞征税而来，以之收购伪钞，也等于以之负责偿还日据时代之空头支票。当日陆军总部有维持全面治安之责任，也无可避免物价与内地逐渐扯平，尤非其可左右（只是，这也不是否认当时有人“发胜利财”）。

上海因鸦片战争而划作对外通商口岸；因太平天国时之骚扰由外人组织，才借着治外法权而构成租界体制；再因太平洋战事展开，英美放弃不平等条约，才在理论上树立了国民政府收回之凭借。可是这大好商埠港口，尚在日本军据之下。更因着抗战突然结束，才有第三方面军作先头部队向日军接收之指令。此间超越了很多层次，所以内中脱节的情形必有无疑。

再说国民党军队之组织。军队为社会之产物，如果社会尚逗留在前世纪，很难期望军中人员之思想行动接近于新世纪。因为实质上的体制尚未产生，不能凭空令多数人在揣拟之中经常表现其“应有的”日常生活习惯。我在国民党军队多年的经验，则是上自将帅，下至士兵，所隐蓄“忠”与“奸”“有面子”和“无面子”的观念超过权利与义务之安排，简言之，即是人身关系重于组织制度，此全为农村社会之产物。读者不难从本文看出：郑洞国与汤恩伯间的关系如此，我为郑将军之低级幕僚，向他直接报告，也只有更如此。概言之，此即一般常态。

很多人知道国民党军队对付民众之不公平，很少人知道军队里内在的不公平。因为我们的装备补给和素质不如人，对日抗战中挫败时崩溃的情形常有。统帅部防患于未来，不得不执行军法审判。多时只能保全官僚机构之逻辑，不能再顾及各个人之死生。譬如说第五十七师师长余程万守常德苦战十余昼夜，即最高统帅亦承认其部属阵亡者已逾五千人，其他负伤者不计，最后援军不继，余师长率少数残余官兵脱离县城，事后即受军法审判。前提及的舒适存将军因昆仑关战功升师长，翌年在湖北作战不力被判死刑，禁押于重庆附近之陆军监狱数月，后因保释才往印度戴罪图功。

这样，军法审判之压力也通过各将领，加临在他们部属头上。所以无数官兵，不仅出生入死，而且饱经忧患，如果他们对抗战之旁观者取嫉视态度，或者甚至认为沦陷区民众均是自愿做日人治下之顺民，其偏激态度实有以上之背景，我们也可想象沦陷区同胞不明内幕尚且指斥我们军人：志不在保国卫民。当日我们尚不能从中参说，唯恐用辞不当，话未说完反已使双方误解更为加深，今朝才敢据实提及此中原委。

而且受降及接收工作最大之缺陷，即是时间上组织预备不充分，各人即仓皇就道。据我所知第三方面军司令部仅有在柳州三日两夜的会议，即决定了受降接收之一切方针，所以飞机着陆之后，才提及与日本军官见面之仪礼。我随着郑副司令官由沪去京时，由日人安排一切尚有条理，及至由京返沪，虽预定得头等车房间供我二人用，只是车未开行已有群众一拥而上，亦无车掌查票员或卫兵阻止，不数分钟邻厢及走廊都已站满踞满着各色群众，他们又携带着行囊箱箧，已挤得水泄不通。我们只能紧锁车门,外面犹有人不时在门上敲打。车行八小时我们全程被禁闭,亦无法饮水或上厕所。从车窗外望,在车站外维持治安者只有尚待缴械之日兵,他们个别的持步枪面背铁道伫立。我们也不悉他们受有何种指令,在非常情形之下作何处理。事后想来,若有中国人向他们寻差报复,或者他们之间有叛兵及激进分子闻风劫架我方高级长官均属可能,也令人心悸。

及至南京,听到汪记政权收束前之情形更是闻所未闻。当中最令人感到诧异的乃是伪军中的知名将领数人,我们过去以为是汉奸及黄埔败类的,到头乃证明确是奉有我方密令降敌,他们也在收编期间来谒郑副长官。经过这段接触后,他们好像又已重归地下层,从此不见踪迹亦无人提及。以上曾讲到在我们之前,已有神秘性质之单位活跃于京沪市区,是以忠奸难分。以后经第三方面军经手之后,各官署站房、仓库等又移交给文职人员省市政府及接收委员会,当中互不对头、浑水摸鱼之情形,可以猜想而知。

军方接收时,失控程度可以处置日本军刀作例证。日本军官全带军刀,上自统帅下至偏裨,亦不问职务性质。此时解除武装,各处缴纳的军刀盈百上千,看来我方始终无负责之人员或单位集中数对。即是我们,也将此等武器当做纪念品随手收授转赠。以后,我曾在上海看到小孩以父兄获得之军刀向邻居夸示。还有一次我在辣斐德路(现名复兴路)弄堂内看到一个小女孩,身不过刀长,也携着一把日本军刀来去,处之有似玩具。

我写这篇文字的目的何在?系替国民党军队辩白?还是谴责或自我忏悔?

这都不是。在检讨各人功过之前我们务必先澄清历史的因果关系。过去,我们总以为将已发生的事迹秉笔直书再加以道德之评价,连缀之即成历史。现在看来,如此传统办法已不适用。中国对日抗战八年不仅在本国历史内开辟门面,在世界历史里也少有类似之事迹。

所以，首先必须将当时资料参照社会情形、经济状况和群众心理相互印证。以本文之经验，至此仍无从获得确切之结论，只有更将眼光看远，了解受降与接收亦是史无前例。所以，一切已不能用平常尺度衡量。

“一国两制”在历史上的例证

我这次讨论“一国两制”限于一个国家企图在现代化的时候，其行政事项不能全由一套数学公式处理所产生的情形。在我看来，一个现代化的国家，有别于尚未现代化的国家，在其政务可以用数目字管理。因是它之体制，具有流线型。以后的行动，也比较可能预测，即使在过程中有“一国两制”的办法，其需要两种立法或是两种司法体制，也是缘于历史地理上的要求。这与一个国家故意将其权力在两个地区不平等地分配者不同，有如母国与殖民地的关系，或者王畿与诸侯采邑之区别，那不是我所说的“一国两制”，也不属于刻下讨论的范围。

下面提及四个例子，彼此在时间上及空间上的距离都很大。自此看来“一国两制”早已在各处前后发生，并不算是在今日伊始。我提出这几个例子，也无特殊创意，它们早已经历史学家提出，也经过专家之推敲。只是把这些例子，归纳于现在的“一国两制”标题之下，倒确是草创。我希望有了今天的初步检讨，再加之以继续研究，大家可以在实质上体会到“一国两制”，确是历史上曾经发生的事物，而不仅只是一种带宣传性的标语，或者只是一团政治尘沙所产生之雾影。

当然这些例子可以在大范围之内给我们若干启示，可是我不提倡从中抽出细节和现下中国比拟。原因很简单，今昔不同，环境上与背景上有很大的差异。刻下我们的检讨，无从避免粗枝大叶。除非我们有更精刻的研究提供极确切的资料，否则，将两种偶然相似之处混为一谈，迹近武断，甚可能产生误解。

我的第一个例子为蒙古人在中国所创立的元朝。《元史·食货志》提到，元朝立国之后税收南北不同，华北用租庸调制，华南用两税制。我们在检讨此间区别之前，先在背景上应有若干认识。

上面提及，“一国两制”因企图现代化而产生。元朝立国于 13 世纪至 14 世纪，此时中国是否已曾现代化可能引起争执。哈佛教东亚史的专家赖世和与费正清，在他们的标准教科书内提及中国“前期的现代”已在晚唐来临，亦即在 8 世纪至 9 世纪间。他们所持的理由乃是此时中国社会稳定，所有的组织制度也已整体化，又能彼此平衡。这和“古典时代”的中国前后不同①。这样说来元朝确已进入现代了。他们的立论不是没有独到的眼光，只是用词缺乏坚定性。所谓“稳定”“整体化”和“平衡”都是抽象字眼，不可捉摸。用之在历史里树立里程碑，不能令人完全置信。

我个人认为中国传统时代极长。中国早已进展到现代化之门前，甚至比很多国家早好几个世纪，可是虽叩关仍不得其门而入。究其原因乃是中国早已发现用数学公式处理国事之大前提，她却始终不能引用真实的数目字，元朝的情形亦复如此。

租庸调制承袭于北魏暨李唐王朝，其先决条件为土地国有，全民通过“均田”的一段层次，每家每户都按人口及耕作力据有配有耕地。于是，税收采取“包束式”，租为谷物，庸是不付工资的劳力，照例每人每年 20 天，调为纺织品，普通用麻布缴纳。其税率全国一致，各家户按丁数乘基本数付税，或以一夫一妇为一“床”而按床缴纳。事实上均田很难按实做到，各家各户的田地也有高低，只是因其税率极微，一般农民不难照办。换言之，租庸调取其明白简单，不仔细计较内部之公平。在一种原始型的农村经济之间，佃农不成为重要因素的话，可以

① Edwin O. Reischauer & John K. Fairbank, *East Asia, the Great Tradition* (Boston, 1958), pp.183—185.

通行无阻①。

两税为夏税与秋粮，各在收成期间征收，以田地的亩数为根据，也因肥瘠而高下，亦即税收与各家户之收入成比例。一般情形，较依租庸调之包束式的收取为多。

元朝之南北两制有其历史上及地理上之原因。当蒙古人进占华北时，这整个地区已经契丹、女真等半游牧民族割据一百多年，这些民族已将当地胡汉混同的人口编为各种公社。虽说我们无从确定当日土地占有之详情，只是契丹、女真之民政兼具半军事性格，可见得其政权能直接控制绝大多数之小自耕农②，于是征兵筹饷都以极短线条的途径直接输纳于军中。蒙古人以马上得天下，没有不欢迎这动员容易之制度的理由。

可是华南地形复杂，耕作物品类繁多，上述包束的税制碍难通行。况且南宋已在此间定有完整之税制，如果将其税收底账放弃，一切重来，未免花费。所以元世祖忽必烈于公元1282年诏令全部地区一切如旧，自此"一国两制"成为事实，终元季之世，只有局部修订而从未全部放弃。

再则在忽必烈之前，蒙古人已采用他们在草原地带的办法，将征服的部落发配贵族王子为奴，他们在中国也有如是之封禄称为"投下"③。直到忽必烈采用南宋体式之政府实行中央集权，才诏令废止此等小单位，但是《元史·食货志》仍载有150个皇子公主及功臣等的采邑。他们封到的户口，少只有三户五户，多至10万户。根据法令，食

① 关于租庸调的解释，历来考证的结果意见分歧，这里只概示与其他税制最大不同特点。参见 Denis C.Twitchett, *Financial Administration under Tang Dynasty* (Cambridge, 1963), pp.24—27.

② 契丹与女真对华北户口的管制之概况，见《辽史·兵卫志》所叙"蕃汉转丁"及"五京乡丁"及《金史·食货志》内所叙之"猛安谋克户"。

③ Herbert Franz Schurmann, *Economic Structure of the Yuan Dynasty* (Cambridge, Mass., 1956), p.3, 60.

邑者只能派经理人员至地方政府，接受纳税所得，不能据地产为庄园，或执人口为农奴。可是如此重复的编派，在体制上至为紊乱。

忽必烈本人执政也多矛盾。他在并吞南宋时希望结纳南方人心，于是诏令凡宋廷额外征派一律罢免。在纸面上元朝税率极低，可是事实上非正规之差派仍是纷至沓来，有如征日本时造船之征发，在忽必烈统御期间他经常需要扩充财政与税收，因此曾牺牲手下三个功臣。

阿合马乃是回纥人，他前后居官名目不同，如所谓平章政事兼制国用使，即等于副总理兼财政部长，如是者前后 19 年。他生前总以能干有效率著称，也获得皇帝信任。1282 年他被一位汉人军官谋杀，御前也为他复仇将凶手拘获，明正典刑。可是不久阿合马殃民的传说接二连三地供达圣听，忽必烈因此大怒，下旨将之剖棺割尸。卢世荣初从阿合马入政，在 1284 至 1285 年间也有了统领财政税收的权责。虽说他得到忽必烈的口允，在他执行国务期间被控告得豁免，可是到头来告讦者多，卢世荣被检举获死罪，在年终之前执行。桑哥初至译员，专理宗教事宜，也继卢世荣整理财政，于 1287 年至 1291 年掌税收 4 年，其结局有如其前任①。

这些事迹与“一国两制”何干？

以上三人之作为均列入《元史·奸臣传》，在传统作史者的笔下，这是归纳不孚众望各权臣的办法。他们执政失败之后，总以道德丧坏之罪名见诸史籍。我们仔细反复阅读三人传记，尚且发觉他们的获罪，全由部下人事安排而起，纠葛大都出自南方。

凡是熟悉中国传统官僚政治的学者即可指出，此邦无从以精确之数字管理，官员数目有限，下端的小自耕农以百万千万计，又缺乏司法独立之传统，于是“宽大”与“仁厚”的宗旨，总不可少。颁行法令是一

---

① 三人整理财政情形除《元史·奸臣传》提及外，尚参见《世祖本纪》，又注意《食货志》述及“世祖立法，一本于宽”及“至元十九年用姚元之请命江南税粮照宋旧例”各节。赵翼在《廿二史劄记》里则称过失在忽必烈本人。

件事，按字面执行又是一事。将各地区之利害与中央的政策平衡，是艺术而非科学，人事上之妥协总不可少，如是儒家之人本主义才如日中天。所有文官由科举出身，先在意识形态里有了一段熏陶。他们的作风一致，于是各处官职均可平行交换。他们之协调即为朝代安全之根本。蒙古人面临此种局面，既不将之全部废除又不迁就，模棱两可之后在组织上及心理上均缺乏准备，总之即无从决策。

阿合马、卢世荣与桑哥都有能臣之气派，他们处理近身直截了当之事都无差错，一到执行权力于远区，责任需要交替转达的时候，才有各种参差与过失。他们和他们部下之亲信是否贪赃枉法，有如攻击者之所指摘，我们已无从考证。可是只从技术的角度看来，我们至少可以指出蒙古人既以“一国两制”作财政税收之根本，即不宜引用中央集权的文官组织主持，至于其组织结构中尚有其他矛盾，更不在话下。

忽必烈之财政无出路影响到全朝廷。他的继承人缺乏适当之收入，难能维持一个天子万能的局面，只有滥发纸钞。通货膨胀之余，全国瓦解。

原来中国在11世纪已显示了她的优点，她在经济上及文化上的成就在北宋时即已取得世界上先进的地位。只是王安石之行新法不成，而朝廷江河日下。经过一段研究之后，我们今日可以论断：新法失败由于北宋君臣不能将公私掌握之服务性质事业及物资畅快交流，有如现代商业体系。王安石之设计一言以蔽之，无非使财政片面地商业化。从西方的经验看来，若要此种举措成功，必先具备司法独立之条件，各个人拥有财产与否，他们的权利义务都需明白规划，于是在法律之前举凡遗产、破产、典当、监守自盗、蒙哄欺骗各种事端，全有应付的办法，全无罅隙，不得虚赖。要做到这地步，先又要国际贸易大量地扩充，使交易的数额在国民经济中占特殊之比重，迫致农村组织改组以适应新环境。倘非如此则只有官僚作主，凭己意将各数字翻来覆去地修订,只有与事实相距愈远,亦即仍是不能在数目字上管理①。

有了宋元两朝惨痛的经验,明太祖朱元璋才决定全面退却。新朝代设计不以经济方面最前进的部门为基础,而以落后的部门为基础,前朝兴办之铸铜币、开工矿、倡水运都不能引起这位贫农天子的兴趣。朱明王朝代表一个农村拼凑而成的大集团,内向而不具竞争性。在洪武皇帝立制之下航海受限制,奢侈品被禁止。他声称“藏富于民”,于是税收数量低,可是他的政府除了管制之外,对民间的服务也有限。这样一来在西欧各国突飞猛进、整备现代化之际,中国只在体积上膨胀,其组织与性格未变。

我所列举的第二个例子乃是南北战争前之美国。当日北部禁止蓄奴,南方则认为合法,这在国家法令及社会组织同属“一国两制”。

美国在 1787 年修订联邦宪法时,所刊条文有两项涉及奴隶。第一款第二节规定各州派往联邦众议员之议员,照各州人口成比例,算时将奴隶数折作五分之三自由公民数抵账,可是奴隶无选举权,前项条文引起日后攻击“奴主势力”之借口。因为影响所及,全体奴隶主确在立法机构各有声势驾凌一般公民之上。宪法第四款第二节则称凡人在此州具有服务之义务者,不能因转往他州即开释放弃此义务。这也是说奴隶,纵脱逃,虽远走高飞,亦当送回原主,依旧为奴。可是此段文字含糊,宪法既未责成各州有押返逃奴之义务,也未指定联邦政府执行奴归原主,可以订立章程,区分职责②。

除了以上两项之外,宪法亦规定由海外输入奴隶应自 1808 年终结。宪法虽未言明,各条款实已承认各州有权决定境内有关奴隶之各种法则。

---

① 王安石新法失败原因曾在我所著《赫逊河畔谈中国历史》(台北,1989)页二十四至二百四十七里提及。引用《宋史》页次载《放宽历史的视界》(台北,1988)页七十之注释内。

② Alfred H. Kelly & Winfield A. Harbison, *The American Constitution: Its Origin and Development* (New York, 1948), p.359.

此"一国两制"不出自有心的企划。历史学家曾臆度修宪人士已考虑对付奴隶问题,原望彻底解决,只因此问题过于棘手而罢①。在13州尚未组成之前,美洲大陆一部分为西班牙及法国属地,黑人奴隶早已输入,在种植稻米及棉花之地区,奴工使用少则数十年,多则逾百年。一般人以为奴工与棉花关系密切,其实此尚为以后事。北部奴隶与农作物生产之关系不深,经济价值低,所以废奴较易。马萨诸塞州于1780年禁奴,新罕布什尔于1784年禁奴。宾夕法尼亚、康涅狄格、罗德岛、纽约及新泽西采取逐渐废奴办法,亦于1804年完成②。所以修宪人士如果认为奴隶问题不必操切,假以时日,不禁自废,不能算是全无理由。不意棉花退籽之技术于1793年发明,去修宪只6年。以前此物无法应世,至此成为奇货。南方酷热宜于耕种,黑人体格也足胜任,至此使用奴工只有方兴未艾。

新世纪的来临,展开了立即全面废奴运动。原来在遥远的过去基督徒彼此有约,不迫致同教人士为奴,对于异教徒则另当别论。有人更以为即使令未受福音之野蛮人在劳动服役之余受教获救,未尝不是对他们有益。有了各种自圆其说的办法,则轻纵了奴主之良心,即使大哲学家如洛克亦主张有限制的奴隶制度。

19世纪一片人道主义的高潮传遍美洲大陆,至此很多人直接地认为畜奴非道德,与自然法规背离,虽有成文法维护无效。北方之废奴运动如火如荼,带着宗教性的虔诚,不可阻遏。当然也遇到强烈的反抗,又不能避免地与南方经济利益不可划分。

1820年北方之自由州有人口五百万强,相对南方四百五十万弱。北方出席众议院议员一百零五人,南方八十一人,算是维持着难于继续的平衡。这时提出的法案组织新地域密苏里为畜奴之州,北方人士

① Dwight Lowell Dumond, Anti-Slavery: *The Crusade for Freedom in America* (Ann Arbor, Mich., 1961), p.36.

② Ibid, p.46.

立即认为他们的利益被威胁。以后产生妥协办法,密苏里虽为畜奴之州,但是今后凡从路易斯安那购地之区(1803年美国向拿破仑购得北美领土)北纬三十六度三十分以北永不畜奴。这妥协一时平静了两方之争执。

及至19世纪中期,兴建横跨大陆之铁道引起各方对西部之注目。此时提出之堪萨斯——内布拉斯加法案,常被称为南北战争之"真原因"。这1854年的法案称:内布拉斯加可以组织为数个不同之州,以后"加入联邦时畜奴与否,由其(州)宪法决定"。这无异于废除密苏里法案,因为所述地区均在三十六度三十分之北。更有进者,提倡此法案人士尚在高举"全民最高主权"的旗帜。他们论说,畜奴与否,属于各州全民最高主权。联邦政府无非多数(即多数之州)最高主权所授命之经理人,本身无权对此重大之事自作主张,则密苏里法案不仅被废,而且本身尚是违法①。

于是最高主权在州或在联邦展开激烈的争执,也成为党派间的纠葛。共和党在此际诞生。党的政纲提及:"议会之权利与义务都在要求它在全国领域内廓清野蛮习惯的两大遗毒,即重婚与畜奴。"有了这样的宣言,立即废奴成为道德事件,再无妥协之可能。

可是南北战争在1861年开火时,其复杂远超过废奴人士与奴主的决斗。很多家庭分裂为二,父子兄弟成为对头。有良心之人士很难置身事外,不在此即在彼。罗伯特·李曾为西点军校校长,生平未曾赞成奴隶制度,至此成为南军总司令。杰克逊将军号为"石城",在内战为南方捐躯,在战事爆发之前夕,犹在公众谈话时希望军事冲突可以避免。斯蒂芬斯日后为南方邦联之副总统,当初在提出退出联邦时投反对票。至今南北战争犹为美国读者手不释卷之题材,因为固然有

① 以上标准美国通史大都均已提及,另详 Kenneth M-Stampp, *The Causes of the Civil War*(Englewood Cliff, N.J., 1959), p.44.关于内布拉斯加法案可参见 Edmund Conrad Smith, *The Borderland in the Civil War*(1927), p.44.

各人自私自利之阴暗一面,却始终不缺乏为国或"州"牺牲浪漫主义及理想主义之高潮。

今日将一个半世纪,我们在局外检讨美国的"一国两制"时,当然对奴隶问题之本身已无考虑之必要。当中值得注意的是,基本法律之中含糊之处可能引起日后无限纠纷,不仅所谓"全民最高主权"及"多数最高主权"之名目,值得历史学家仔细窥探,并且因"一国两制"产生之宪法问题,现有历史记载仍有参考价值。内战之前数十年内,有南方奴主之所雇侦探,在北方缉捕亡奴,表面看来符合宪法之含义,而北方人士则指其违反北方州法,可判之以绑票罪。又有黑人之海员,在北方为各州公民,随船往南方港口时竟为当地警察拘捕,因当地习惯自由行动之黑人均可视作亡奴也①。如许之争执重见叠出引起感情激昂,显然地与1861年内战爆发攸关,终至"一国两制"全面破裂。

下面我要提及荷兰,在历史时代里且要倒退一步。16世纪及17世纪荷兰民国崛起与欧洲旧体制抗衡的时候,它将联邦制的一个观念发挥得彻底,以后对内外之影响至为深巨。它的作为也可以视作将"一国两制"之原则,伸展到极端的一种表现。

荷兰民国于1581年宣布独立,当时参与者七个省(其实荷兰为七个省中之一省,非正式国名,今则十一省),这些省区曾未受统一而强有力之中枢统治。15世纪至16世纪曾有两次由王室作主,希望将各省管制加紧。第一次的企图半途而废,主持者勃艮第大公爵号称查理冒失者战死他乡。第二次企图由西班牙国王菲力浦第二主持,因之而激成独立运动②。

---

① Kelly & Harbison, *The American Constitution*, pp.354—376.

② 荷兰独立之背景可参见 Henri Pirenne, *Early Democracies in Low Countries* (New York, 1963), Bernard H. M. Vlekke, *Evolution of the Dutch Nation* (New York, 1945), A. J. Barnouw, *The Making of Modern Holland* (New York, 1944)。独立战争之前后经过,可见 Geoffrey Parker, *The Dutch Revolt* (Ithaca, N.Y., 1977)。我所著《资本主义与廿一世纪》(台北,1991)内有关荷兰之第三章亦有摘要。

在背景上“低地国家”包括今日之荷兰、比利时、卢森堡，向来是各不相属的公国、郡国、主教区的统称，在16世纪共十七个单位，传统上地方分权的痕迹显著，各市镇自治的程度超过远近的政体。

勃艮第王室希望在德法之间构成第三个王国，曾将此十七个单位因联姻、遗产、合约等等方式全部纳入彀中，一时将统辖的领域从瑞士西北角连串而至北海，于是召开全体议会商讨全面抽税事宜，又成立统辖各地区最高法院，用罗马法作根本，以拉丁文为官方文字。当地居民对种种措施表示不合作。他们从未承认查理大公爵为国王，他不过是一个贵族，一身而兼各地的爵禄，各地的习惯法依然有效，全体议会也无权全面抽税。如果大公爵要增税，倒先要与各省的议会个别商量。

假使僵局如是维持，以下发展无从臆度。只是查理于1477年战死，勃艮第解体。查理的女儿玛丽，芳龄二十，无力应付内外难局，十七个公国郡国的绅商领袖乃向女大公爵提出一项文书，世称“大特权条款”，与英国大宪章比美。内中维持各处地方自治之特权，尊重习惯法，都有详细的记载，甚至女大公爵本人之婚姻也要属下诸市镇同意，玛丽全部受纳。

菲力浦第二是查理及玛丽之苗裔，只是因着欧洲王室联姻结盟等办法至此统领低洼国家，而又实为西班牙国王。当他施用宗教法庭的办法在低地国家执行大审讯以便加强管制的时候，当地居民相安于地方自治至此又将近一百年。菲力浦之高压政策引起全民武装抵抗，战事前后绵延八十七年，在过程中荷兰独立。

在这长期斗争之中，新教的加尔文派为荷兰抗战人士发生了团结的力量（因为菲力浦的大审讯以天主教堂出名）。作战期间奥兰奇王室的威廉沉默者毁家纾难，自己被西班牙国王刺死，儿子又继续着领导作战。荷兰人是否应以加尔文派的革新教堂为全国教堂以代替天主教？又是否应当崇奉奥兰奇王室？

可是要采取以上之途径，却又辜负了抗战的宗旨。上面已经说及荷兰人铤而走险，其目的在保卫地方分权。七个省区联合作战，在于维护个别的不同之处及地方之个性。要是有全国统一的教堂，或者掌握全境之王座，那岂不是和自己作对？一场辛苦所为何来？

革新教堂曾召开全国会议，也一度主张统一教义，可是只做得虎头蛇尾，到头仍是缺乏全国体制，各处的加尔文派各自为政①。各省大致上依成例选奥兰奇王室之王子一人为总督，但未曾承认此官衔或地位可以不由选举而世袭，有时甚至任总督位置空而不补。且有七省中之五省任命奥兰奇王子为总督，而其他二省则以其从兄弟为总督之事迹。荷兰民国政体之连续性，由所谓“摄政阶级”者所保持，他们约两千个殷实的家庭，长期掌握着各省议会②。

称荷兰民国在17世纪的情形为“一国两制”，还没有把它当中的情形描写得清楚。一位英国外交官在世纪之后期写出的报告，称这国家不仅是七个独立主权的国家所组成的邦联，而且七个单位中尚有不少市镇保持着独立自主之风格，荷兰之海军由 五个海事枢密院分掌。荷兰东印度公司由六个厅构成，每个代表一个不同之城市。迄至18世纪中期，荷兰之邮政尚在各市镇管理之中。

这个新国家无外务省，亦不设外交部长。外国人士若要洽与全国有关之事，须向全国议会接洽，在一个时期内荷兰省坚持有和外国订约之权，不受联邦约束③。

今日无人建议任何国家将“一国两制”的原则，贯彻得如是之彻底，而且荷兰人保持地方公权之自由，不是没有付出代价。荷兰省内

---

① Emile G. Leonard, *A History of Protestantism*, trans. by Joyce M. H. Reid (London, 1967), pp. 254—259; Herbert H. Rowen, *The low Countries in the Early Modern Times* (New York, 1972), pp. 114—115.

② Parker, *The Dutch Revolt*, p. 244.

③ Rowen, *The Low Countries*, p. 214; George N. Clark, *The Seventeenth Century* (New York, 1961), pp.55, 88, 92, 119.

尤以阿姆斯特丹市内之民国派和奥兰奇派之长期对立,即使政治经常不稳。后者代表传统权威,也代表内陆利益,有人称之为保皇党①。

荷兰人之长处则是力求实用,不顾外界之观感。中国官僚经常设计着冠冕堂皇的政府机构,充满着对称与均衡,而其实则是闭门造车,与现实距离远。荷兰人则不急于销毁已经行使见效之事物。

然则,荷兰绝非只保守不创造。他们在建立联邦制的理论与实际,最初之国际公法、证券交易、银行业务,而尤其治水各方面以及造船业都对新世界有长远之贡献。

我最后的一个例子将提及17世纪之英国。在司法制度里区分着“合法的法制体系”与“衡平的法制体系”,当然也属于“一国两制”。这不由于当日创造,而是长时间亘世纪所积累之结果。只是内战期间两者冲突显著,议会派高呼普通法至上,维持衡平法的则又提倡国王之特权,于是泾渭分明,直到光荣革命前后两种体系才融合调和。

这两种体系之冲突并不仅见于英国。商法与民法不能融合早已有之。我们都知道英国首先以领事裁判权加诸中国,很少人知道在宗教改革之前,意大利人在伦敦也享有治外法权。如果意人彼此间有法律上的纠纷,例由他们的领事根据本国法律审判。只有一方牵涉英国才开混合法庭,其原因乃是当日英国法律尚未赶上时代,不能适用于地中海沿岸诸自由城市国家的商业习惯②。

普通法与衡平法在英国构成“一国两制”,因后面有两套法庭支持它。普通法在诺曼人征服英国不久之后即已开始。诺曼人做事有条理,在他们君臣经理之下,有系统地保存了一套法庭审案之记录。这

① 荷兰民国与奥兰奇王室关系,可参见 E. H. Kossman, *The Low Countries*, 1780—1940(London, 1978), p. 21, 34.

② M.M.Postan, E. E. Rich & Edward Miller, ed., *The Cambridge Economic History of Europe*(Cambridge, 1963), Vol. Ⅲ, pp.102, 117. 可是领事裁判权似相互交换,英国商人之在意大利者亦受本国领事裁判,见 E. Lipson, *Economic History of England*, 11th ed. (London, 1956), Vol.I, p.590.

些成例,对以后的诉讼有束缚的力量,积时愈久,愈带硬性,有等于以前未做之事,以后统统不能做,甚至程序上亦不能圆通,这在现代社会展开、人与人之间交接频繁、社会上之争执也愈多而国家本身之行政能力尚待扩大之际,过去农村社会之习惯法,承袭于封建体制之一成不变,当然有不合时宜的地方。可是普通法法庭,包括普通民事法庭、王座法庭以及财政大臣法庭碍于旧规,不容自作主张①。

衡平最初并非法律,只是一种公平合理的观念。也无尺度可凭,起先必被人视作漫无条理,宜由宫廷牧师法庭额外开恩之施行一二。因为宫廷牧师主宗教之事,又与国王近,能照国王之良心判案②。在普通法不近情理,或无例可援不置可否之际,有匡正的功效。此例一开,以后有若干衡平法庭出现,亦有依借国王之特权,称特权法庭者,至都铎王朝时为盛。宫廷牧师法庭有如前述,到 17 世纪已不可缺,因为此时普通法之缺点更为暴露③。所谓请愿法庭者则随国王辇驾出巡,国王特权法庭首有星房。星房为枢密院内栋上绘星之房室,用以审判刑事。亦因新世纪武装暴动侵害良民之事愈多,为旧世纪之未有,普通法所予之惩罚,过于宽纵过于迟缓,星房接受此类案件,初谓之"刑事上之衡平"④,以后被视为国王不用普通法而用特权视事之机构。在斯图亚特王朝内,星房法庭滥用特权,加酷刑于政治犯,激起反抗。高级委员会法庭亦属特权法庭,专审讯宗教之事。然都铎王朝执行英国之宗教改革以来,国王成为英格兰教堂之首长,于是授权高级委员会管理宗教之事。在斯图亚特王朝此法庭激怒清教徒,同样不孚人望⑤。

---

① 在此段的解释我甚为依靠 Theodore Plucknett, *A Concise History of the Common Law*(London, 1956)。此外 Edward Jenks, *A Book of English Law*(Athens, O., 1967)则甚为简短。除开此二书之外,目下只有百科全书提及,再作深度研究恐只能涉猎法学专著。

② 这是一般的见解,普拉克内特不以为然。见 Plucknett, *A Concise History*, p.180。他认为最初普通法庭亦间常施用衡平原则,至 16 世纪才有两方之对立。

③ Plucknett, p. 195.此段特指欺骗舞弊情事。

④ Plucknett, pp. 181—182, 676.

⑤ Plucknett, pp. 185, 197.

而在此时期财政大臣法庭亦渐迁就环境,局部施用衡平原则①。

此两种法庭判案时可能相差甚远,而尤以触及现代商业时为显然。有如普通法习惯之下,遇有典当,借方立即将作担保之产业割与贷方,所借逾期未还,业归贷主,借方无从称有赎当之部分权益。凡合同有违约时,其赔偿只及于被害者实际之损失,当中失去做生意之机缘或其他不便,不得计较,而且赔偿须待一段等候期间,一般为 7 年。又有动产之继承甚成问题,在普通法之法官看来,凡人对可能腐朽之物品称有终身享有权,已属离奇,而尚称可以传之子孙,更为荒唐。此外普通法对于现代商业习惯如破产、股份经营、合资租船均无适当处理办法,又对于风险、过去虚冒等等情节亦须待衡平补救②。

以上两种法制之冲突,尚只产生各种不方便之处。而 17 世纪议会派及普通法法理家,反对国王滥用特权,恣意惩罚异己,不按成例妄自征税,更是掀动全国。此中是非历来意见分歧,法制史家普拉克内特曾作如是说:

> 当王室拟将中古之机构施用于现代国家之际,财政危机引起一连串之法制问题。于是产生了冗长的争执,涉及募捐、强迫借款、关税、封建常例、造船费等等。国王与议会彼此都说引用中古成例。反对派自然地集中于下议院,此间财政危机构成了宪法危机。议会派以普通法之法理家作顾问。他们所称在数个案件内引用特殊权利,显然的有虚饰假借的地方③。

其症结在时代业已改变,而两方之争执,仍以为过去之事可供凭借。当他们互相将过去之事解释得对自己有利的时候,英国法律上的

---

① Plucknett, pp. 185—186.

② Plucknett, pp. 607—609, 677, 690—691; Jenks, pp. 258, 269—270, 285.

③ Plucknett, p. 191.

"一国两制"之裂痕只有加深。当反叛临头的时候,清教徒被鞭挞,异议派罚带枷,至少有一个散发违禁传单的人物被惩将耳朵割去,面上黥字①。于是激成高度情绪,造成了英国一个多世纪在动乱之中的气氛。因之有了内战、弑君、革新为民国,实验以克伦威尔为护国公,因无成效又复辟等等情节。直到17世纪末叶,才成定局。

其所以如此,乃是1660年复辟之后,而尤以1689年光荣革命之后,英国之上层机构业已更新,议会至上,成为了今后原则。国家之公债也成了一种制度,免除了国王人身上对国家财政负责的需要,一种人权法案,在此时公布。迄至世纪之末,关于王室之继承,也制成法案。

内战期中和之后,英国社会之下层结构也有了确切的变化。战前的"副本产业人"原为封建时代跟随着领主的种田人,在新时代里既不配为自耕农,又非佃农,在内战期间前后他们的身份逐渐被澄清。又因为长期的干戈扰攘与政变,强者占先,弱者引退,土地领有整个地规律化与整体化。于是土地问题剔出了中世纪的含糊,逐渐可以引用现代的管制。此时圈地的办法仍在进行,只待新世纪土地领有更有头绪,于是付费公路的修筑广泛地展开。从此内陆与沿海的距离缩短,全国经济构成一元。法制上的"一国两制"可以放弃②。

事实上特权法庭之星房及高级委员会法庭在内战前一年,即1641年被裁撤。宫廷牧师法庭则仍继续,而且普通法法庭也随着变更成例,在引用衡平的原则,将典当、破产、欺骗、股份合同、子女继承多方面采用新式商业社会的办法。衡平的法制体系原无成例可循,积时既久,它也产生成例。马秋·赫尔爵士在民国时代为高等民事法庭法

① 此人为 William Prynne。注意普通法无此刑罚。

② 英国土地问题历来争执极多,此处只指土地领有之整理,不计领有人社会背景,见 Joan Thirsk, ed., *The Agrarian History of England and Wales*, Vol. V. Pt. Ⅱ (Cambridge, 1985), pp.144—145, 147, 149, 153, 163, 171, 198—199.

官,复辟后依旧任职,他至此声称,衡平法不过普通法之一旁支。1689年约翰·贺尔特爵士任国王高等法庭首席法官,他决定以后判断与商人有关案件凭商业习惯办理①。这样一来,内战之前同情议会派人士所谓“普通法独一而至上”,才可算名副其实地做到。

我们可以注意的乃是英国人尊重习惯法,以上的改革,不出于行政机构之通令,也不由立法机关起草,而是径由法庭审查的办法。研究 17 世纪的专家乔治·克拉克爵士说:

> 司法衙门与法庭不断地工作,除了几个月之外,用法庭的裁判去树立法规的情形总是在进展之中。相反地,法律改革的呼声虽高,但是危机一发生,纵在最革命的关头,有关土地(的买卖、典当、占用等)及商业合同各事却连一桩立法也未完成②。

这样我们可以看到,英国到此已进入现代的阶段,它已经能够全部以数目字管理,过渡期间之“一国两制”因之被淘汰。

从上面四个例子看来,“一国两制”并非设计者创制的花样,而是自然的发生。它不是一种和谐爽快的局面。一国而两制,必有尴尬的地方。但是分裂的情形既已发生,即无可避免,只有两方谅解,从“一国两制”做到一国一制。如果我们仔细观察,其他国家进入现代化的过程中,也都可能有“一国两制”情事,不过其表现不明显罢了。历史专家曾指出日本明治维新之后对农民生活甚少顾虑,虽无“一国两制”之名,但是农民没有分摊上新增之财富,先后受到经济萧条通货紧缩之逼迫。可见得其国家制度,牵涉财政税收预算,甚至公民表决之权利,必有袒护某方,扣克他方之情事。最后只有使问题外界化,发动侵略战争,终受玉石俱焚之浩劫。所以,战后日本领袖竭尽全力对此事

---

① Plucknett, pp.246, 692.

② George N.Clark, *The Wealth of England from* 1496 *to* 1760 (London, 1946), p.114.

特别关注，以消除城市与乡村间之隔阂。

前面已提到将历史上一人一时一事任意抽出与现局比较之不当，可是我们如将地跨东西、纵横几个世纪的例子综合起来，却仍可不待研钻得到若干启示："一国两制"由于内部经济不平衡的发展而产生，通常免不了地理因素，也有历史性格。战争甚难解决此类问题，因战争通常将局势改变，而构成新问题，也通常出于交战者意料不及和操纵力之外。

对中国讲以武力统一更毋庸议，一则中国内战再开牵涉广泛，很难不扩大而为国际战争，其情势不堪设想；二则现今中国大陆与台湾、香港之经济均在互相提携，并无互相侵害嫉视之情事。

在这情势之下，我们更要猛省到现代人之经济性格和现代管理注重数目字之先决条件，有了这样觉悟，必能接受历史之仲裁。意识形态只在历史前端有用，大凡革命初起时，局势未见明朗，标语与口号为动员之利器，及至革命成功局势澄清，则当着重历史之教学。抽象之争执已无意义。我们需要定出数学公式，并且提供真实之数字。对中国讲造成独立之司法制度为不容再缓之举，外界之经验可供参考，外间之人才亦不妨借用，局部问题应在下端解决，只是保存档案尊重成例至为重要。以今日计算机之方便，今人之作为不当不及前人。

资本主义与21世纪

(一)资本主义

缺乏适当之定义:

此名词最先引用者似为 Louis Blanc,以后经过 Pierre Proudhon 和 Werner Sombart 引用,Adam Smith 未曾提及。马克思在《共产党宣言》称“资本家时代”(Capitalist Era),在《资本论》称“资本体制之立场”(Kapitalischer Grundlage,近有人将此名词译为资本主义),但马氏未曾引用英文之 Capitalism 或德文之 Kapitalismus。

Blanc 与 Proudhon 及 Sombart 对资本主义无好感,引用此名词即有批评指责之意。

以19世纪之名词述及几个世纪之前的事迹,也与今日之情形隔阂。

本世纪初期犹为一个“坏”名词,一般人认为全世界经济不景气,多数人失业,应由资本主义负责。仅在东西冷战之后,成为一个“好”字眼。

陶蒲的三种学派：

剑桥大学讲师陶蒲（Maurice Dobb）著有《资本主义的展开之研究》）（*Studies in the Development of Capitalism*），书中将研究资本主义之著述分为三派。第一派认为资本主义一行，工人出卖劳动力，对制成品无权过问，此即马克思学派，陶蒲即自称其本人亦属此派；第二派注重资本主义之精神，Max Weber 正面褒扬此精神，Sombart 反面讥讽此精神，同属此派；第三派注重资本主义之技术性格，资本主义与远距离大规模之商业不可区分，资本主义一行，批发商开始管制干预到零售事业。

怎样处理中国之情形：

我们觉得以上三派的解释，不论其本身的价值，总之就不适用于中国的情形。中国固然无西欧近代灵活之商业，其商业又较欧洲中世纪之封闭情形为优势，其工人不能过问制成品，早已有之，但未产生资本主义。Weber 认为儒家伦理即阻碍资本主义之发展，亦为太过。孔子自己即对冉有说，卫国既已“庶”矣，则当“富之”然后才“教之”，仅在“不义而富且贵”之条件才视之“如浮云”。至于第三派说以 Fernand Braudel 为表率，但 Braudel 无系统，古今中外，一切同时都来，以致把中国之湖南解释为一个“沿海之省份”，中国在 1640 年至 1680 年间，却给“蒙古人征服”（时在清朝顺治、康熙年间）。

我们的假说：

我们用归纳法不用演绎法，重综合，不重分析。譬如马克思提及初期资本主义存积资本时注重贩卖奴隶，用占领征服的力量，事诚有之，但是日本即未用奴隶，台湾地区最近存积资本也不用征服的力量，所以这些条件已不复为我们提及资本主义时之共通因素（common denominators)。

我们的假说(hypothesis):我们先认为资本主义一行,资金广泛地流通,经理人才不分畛域地使用,技术上的支持因素如交通、通讯、法庭之律师的服务以及保险业等全盘活用。此即wide extension of credit,impersonal management and pooling of service facilities,所以资本主义是一种组织和一种运动。以上三个条件全靠信用(trust),而信用不可能无法律之支持,所以资本主义之展开,各有国界,其所以行得通,亦即当中内部的各种经济因素都能公平而自由地交换。如果一个国家做到这种境界,即可能"在数目字上管理",所以资本主义也与金融经济不可分离。

我们用此假说,推用到今日公认为资本主义的国家上去,取其能全部适用。

(二)历史上之衍进

威尼斯

中世纪教皇与神圣罗马帝国争权,意大利在两方无力全盘掌握之下,产生了很多自由城市,都有进入资本主义的体制之可能,只有威尼斯做得最为彻底。其他的城市,农业上的财富就与商人之流动资本有牵制冲突模样,也引起亲教皇派(Guelphs)及保皇党(Ghibellines)之分歧。这些政治上的对峙,妨碍经济因素公平而自由地交换;有些城市,公会的力量过大,也容易阻滞资本主义之发展。

威尼斯处在一个海沼之中,本身无农产,才兼鱼盐之利,尽力经商,又因海中咸水不便制造,容易组成一种公平而自由交换的情形。对天主教与教皇的冲突,尤能置身事外,其商船即与海军不可区分,用陆军时则以雇佣军（Condottieri）。因之其城市内组织简单均一，有如一个大公司。在1400年之前，其特殊体制，已引起广泛之注意，不少新时代商业法律与商业技术也由威尼斯首先提倡使用。

荷 兰

今日之荷兰、比利时和卢森堡，在16世纪分割为17个公国及侯国，过去无组织民族国家的经验，实际上，整个地区有等于西班牙国王之家产。

1567年，当地低级贵族不满意于天主教堂崇拜之仪式发生动乱，其实西王正透过主教强调王权神授说，翌年国王派兵镇压引起全民反对，更引起荷兰民族主义之抬头。自1568年的事延续至八十年，至1648年之Westphalia和会，荷兰民国才正式脱离西班牙而独立。又因为西班牙曾希望以战养战，曾在该地抽税筹饷，更提高了反抗时之经济性格，领导权也渐落入各地绅商手中，不少之制造者及技术员工，即向北迁移集结于Amsterdam一带。

战后新国家有大河流域的保障，无向大陆拓土之野心，过去地方自治之传统强，于是锐意经商，向航海、捕鱼、银行业、保险业务方面发展，用联邦制协调沿海区域及内地体制上之差异。因之我们以上所述资本主义之三个条件均能在新国家施行无阻。荷兰农业又重畜牧而不重谷物之耕种，也容易与商业配合。历史上荷兰之农业未为工商业之赘疣，只有工商业发展之后，农业受其反馈，有增进治水、人造牧场等之便利。

英 国

英国在17世纪，以羊毛输出为对外贸易之大宗（占百分之七十五至百分之九十），其经济受国际情势之影响，更因为商业交往频繁，外交关系活跃，政府亟待扩充权力，如由国王作主，则为君主专制，如由民间作主,则必产生代议政治。以当日的情形看来,其局势也必由资本家掌握,只是时人无我们的历史眼光,斯图亚特王朝(Stuarts)君主,希望以宗教约束人民,只筹办海军,征税维持,引起普遍的反对,双方都依成例争执,其实局势已展开至事例之外。

于是,英国在 17 世纪经过内战弑君,改为民国,复辟之后,再经过光荣革命,至世纪之末期(光荣革命 Glorious Revolution,发生于 1688 年至 1689 年)一切方有头绪。

这些动乱使土地所有较前明朗化,整体化,适合于金融经济之展开。一方面以衡平法补助普通法,亦即引用商业习惯,以补助农业社会内习惯法之不足,至此也造成事例,因之农业上之财富才能与商业上之财富交流。

因为,整个国家下端造成一种能够充分公平而自由交换之局面,上端组织代议政治的情况才算成熟。1689 年,议会通过《权利法案》(Bill of Rights)限制了国王之权力,使英国之君主立宪成为事实。

资本主义之性格更因 1694 年英伦银行(Bank of England)之成立而更明显,该行股东为国家贷款一百二十万镑,既有公债,国王无须对财政以人身负责,也开借贷经营之门。该行既收政府付给的 8%之利息,又奉准发行如数之钞票,此钞票也可以对外贷出,于是两头生利,一镑作二镑用,开启信用膨胀(credit inflation)之门。

英国的例子,证明一个农业基础相当稳固的国家,可以用数目字管理,亦即能以金融操纵,造成一种优势之组织,以借贷经营,很多以前不能做之事业至此均属可能。一到 18 世纪,乡村银行(country banks)、付费公路(turnpikes)普遍地展开,保险事业有了空前的发展,英国也不再迟疑,即以此优势组织之压力,凌驾于尚未如是改组的国家之上。

资本主义的理论家,包括 James Harrington 与 John Locke 和 David Ricardo 等都出自英国(内 Ricardo 祖先为荷兰之犹太人)。

比较容易改造的国家

及至18世纪局势已相当明显,历史上之资本主义(我们注重技术性格,与意识形态上的资本主义有别),由小国家发展到大国家,由海中的国家发展到滨海的国家,从无农业基础的国家发展到农业组织相当稳固的国家。威尼斯迄14世纪人口无逾十万人,荷兰在16世纪,人口只一百五十万。英国在17世纪,人口由当初之四百万增加至六百万。马克思在《资本论》里说及,初期存积之资本,亦由威尼斯至荷兰而入英国。

可是经过各段改革之后,各国的实力,打破了国际间的平衡。

以后的改造,也便利于海洋性格的国家,而不便于具有大陆性格的国家;便利于地方分权的国家,而不便于中央集权的国家。

美国以英国已经实验成功之体系,加于一个空旷地区之上。很多的州自始即无使用衡平法与普通法对峙的局面,两种法律,最初即已融合。由东部向西开发时也采用资本主义之方式,即整体的借贷投资,由大西洋海岸进展到内地。

德国在19世纪统一之前,分为三百多个小单位,神圣罗马帝国有名无实。普鲁士在腓特列大帝时(18世纪之末)即已注重对外贸易,由国家主持。统一之过程中,也利用经济之力量,如使用关税同盟(Zollverein)。所以有人称俾斯麦之成功,乃是"资本主义拥他上马"(历史学家Boehme及Maehl)。

日本在德川幕府之末期(18世纪至19世纪)分为二百六十五个"藩",各藩主称"大名"者在所辖地区内有财政权及经济权,其剩余之谷米又由"藏元"(Kuramoto)主持,在大阪及江户(东京)发卖,是以组织全国市场之因素在明治维新之前均已存在,亦即已构成一个近于在数目字上管理之局面。

改革困难的国家

法国在18世纪上端中央集权，下端又未经过整理，只是重楼叠架，以国王派出之省长(Intendants)与各地贵族及神父各掌握地区之一部，不仅犬牙相错，而且职权交搭，整个无法在数目字上管理。

是以大革命流血不已，非经过整个的全面破坏，无从创立新体系。

新体制系无中生有，重新创造。由国民会议(National Convention)之公众安全委员会(Committee of Public Safety)造成上级威权，由Danton开始，落入Robespierre手中，在热月政变(The Thermidorian Reaction)之后，曾一度由Sieyes及Barras出掌，由他们交与拿破仑。

法国之低层机构也整个重创，贵族与教堂之土地一律出卖，造成新的中层阶级，重新划出省区。

上下间之联系则由国民会议派出督导员至各地执行，监视物价与工资之管制(maximum)，及动员支持对外战争而产生新体系。迄至19世纪，拿破仑颁布新法典才有着落。

最近，法国历史学家已承认大革命推行了历史上之资本主义(如Lefebvre，Furet，Soboul)，可见在革命期间已有共产主义者出现，如Babeuf。

从历史上客观的分析，中俄两国所提倡之共产主义与马克思所谓的共产主义有了绝大的区别。

马克思之共产主义系资本主义发展到绝顶后之改进，姑不论其是否实际，已与经济组织落后之国家，不相关联。马克思在《资本论》时提及中国十次，倒有七次与印度并列，其他各次，亦只提到中国落后退步之情景，曾未有超越过资本主义之体制、直接进入共产主义社会之主张。所以，我建议提及中俄两国最近几十年情形，通以战时共产主义(Wartime Communism)看待。

(三)因资本主义而产生之战时共产主义

从以上情形看来,只要一个国家对外能独立自主,对内打破妨碍公平而自由交换之故障,此国家应立即可以在数目字上管理,而实际却又不然。如俄国及中国,大陆性格浓厚,工商业无从迅速地伸入腹地,如立即将亿万农民解放,可能酿成治安之问题。

在这些国家初期存积资本亦至为不易,马克思提及先进国家贩卖人口,使用奴工,以战事掠夺,强迫赔款,至此已不能实用;而向外移民以减少人口之压力(如德国、瑞典工业化时),或由外方借得巨款资助亦有困难,于是只有执行战时共产主义。

名义上被解放之农民,可以编入公社之中,帝俄解放稿夫(Serfs)时于1861年开始组织公社。以后苏联亦抄袭其体制,一方面解决了治安及管制的问题,一方面亦遂行初期的存积资本。如果资本主义着重公平而自由的交换,则战时共产主义执行强迫性的集体交换,因其不顾成本及利润,亦无人身之自由,只能在战时或防战之环境气氛中执行。中俄两国遂行此种体制时均向外隔绝数十年,或保持极有限度之接触。

从技术之角度看出,战时共产主义,亦仍在因袭资本主义之技巧,有如资金之流通,则全部由国家计划分配,所以能不待时机之成熟立即进入重工业及高等科技(与军备不可区分)。经理人才不分畛域地利用,则代之以官僚组织,职务亦由上级指派。技术全盘活用更不成问题。许多法律上之纠纷及破产、保险等项尚可以略去不用,因其无私人之权利、义务混杂其间,全部归公,可以马虎将就。

此种体制以单位之大著称,如苏联之集体农场,大至五十万英亩,水力发电、拖拉机站亦以庞大著称,在短期内迅速存积资本,其成效非不显著。斯大林即以此组织打败希特勒，中国亦在人民共和国初成立之三十年接收到六千亿元以上（应值美元二百至三百亿）。今日中国之国家资本及公众资本，由此强迫节省而产生。

可是此非永久体制，而且一切企业不顾成本，不计损耗，无从持久，尤不能与外界竞争。一旦备战之气氛消散，其组织与士气都难维持。

（四）21 世纪之展望

1969 年中苏边境冲突之后，苏联即准备对中国使用原子武器，后因美国反对作罢。事后引起基辛格及尼克松之访华，中国与西方之隔绝自此消除。1978 年勃列日涅夫又与越南订有攻守同盟条约，次年中共即出兵越南，以打破其包围之威胁。有了这次军事行动，战时体制更不必要，于是裁军百万，全面放弃战时共产主义体制。可是名义上“早打，大打，打核战争”的宗旨，迟至 1985 年才由中央军委扩大会议正式放弃。

有了以上的发展，我们可以放胆写出讲出，中国一百多年来的长期革命旨在从旧式农业之体制进入新型的商业体制，使整个国家可以在数目字上管理。

被马克思指责之资本家时代及资本体制，今日已不存在。例如马、恩在《共产党宣言》内提出之改革，包括强迫义务教育、累进所得税制，在西方各国内早已司空见惯，再因着战时共产主义之逐渐解体，我们已毋庸顾虑极左及极右之立场。

中国以人口之众，内陆疆域之广和旧有体制之坚韧顽固，能在一百年左右，组织这样的改革，不失为划时代之壮举。我近年所著书即强调，国民党与蒋介石因着北伐与抗战替新中国创造出来一个高层机构;中共及毛泽东则因着土地革命翻转了低层机构;今后中国之当前急务为敷设上下间法制性的联系。在此工作中,香港人士应当有机会提供实质上的贡献,因为英治下之司法独立的体系应当于1997年之后高度地发生功效。

我主张以历史替代意识形态,无意为前人洗刷,而是减轻下一代的负担,使他们确切看清当前的道路。

我们不要忘记,即使中俄两个大国明日全部都能用数目字管理,全世界尚有一半左右的人口,不能在数目字上管理。他们尚以宗教与社会习惯之名义,阻塞各种经济因素之公平而自由的交换。

从历史的观点看东南亚金融危机

当前的亚洲陷于严重的金融危机之中，依笔者拙见，补救措施当分三步而行：第一，即刻理清债务。尽管有相当一部分银行不能避免出局的命运，但是，在国际货币基金组织的倾力相助之下，一批濒临破产的银行将得以重生，而这些幸存者今后必须严守行规。第二，采取合理的汇兑率。所有的国家都应对汇率进行审慎的调整，如其不然，汇率波动很可能导致价格大战和关税壁垒的一触即发。第三，卷入风波的国家必须进一步扩大并开放其国内市场。此点至为关键，然而实施起来尤其困难。当然，历史也给了我们几多可供选择的索引。

我们所谓的现代经济或资本主义，实质乃是一整套技术的应用。包括资金的广泛流通、经理人才非依附性的雇佣，以及包括法治在内的技术上支持因素之通盘活用等等，庞大的国家因此得以数字化管理，公私领域和城乡范围里一皆如是。在这样环环相扣的管理中，国家资源的调整如水在瓶，颇显得心应手。无论孰者胜出，完全是公平竞争的结果。

17 世纪，英格兰即已迈向资本主义，这样的改革起步很是艰难。毫不夸张地说，要把土地权集中起来使之合理化，要将农业经济置于新的商业利益的基础之上，其费劲的程度简直比内战更有过之而无不及：根据普通法解决公平进入问题竟花了数十年的时间。

荷兰采取了某种类似“一国两制”的模式以避免过激的利益冲突，

即使如此，沿海各省与内陆腹地的紧张还是持续了一个世纪之久，法国在改革中举步维艰，这一点众所周知，此不赘述；德国凭借着普鲁士原有的官营国际贸易机构 Seehandelung 创立新经济体系，铁路修筑与关税同盟则成为基本建设的重镇。与此同时，大量德国人移民美国、巴西甚至智利，多少缓和了人口负担，大大纾解了对农村的压力。

而在“主流”之外的欧洲国家亦通过不同的方式，根据自己的国情，艰难探索，方各各进入新的体系。丹麦借欧洲国家工业化后民众生活水平提高的东风，完成了由粮食生产向副食品生产的农业结构转型。在管理模式上，它通过合作社来经营分配，从此整个改变了国民经济与农村社会的形貌。挪威囿于其特殊的地势，不能不特别倚重于发展水利，亦能卓见成效。再来说瑞典，它向以农业立国，在 19 世纪以前还是一仍其旧。其后依托科技进步，本土资源方得以开发利用，其著者有北部的矿砂之开采和原始森林之木业，就业结构变化显著，农业机械化在此情势下方可谓顺理成章。

西班牙经受过佛朗哥的独裁统治，这个政权虽然保留了私人财产权未动，但却自充老大，把企业的经营决策权抓在手中。二次大战后始出现松动，出租军事基地以换取美援提升了西班牙的经济；旅游业是收入的主要来源。随着一般生活水准的提高，在长枪党掌权时已经有所缓解的农民也就扬眉吐气了。

当前的这场金融危机看似突如其来，其实早有征兆。信贷变得极其容易，而投机与腐败则日长夜大。这一切的背景则是：在历史上从未有过像 20 世纪的亚洲这样的情形，有如此之多的国家争先恐后地要进入现代化，而其选择的发展策略却又如出一辙，即以地产为抵押，吸引外资。劳动力的市场构成非常单一，主要集中于制造、服饰、玩具、汽车等产业，而电子集成电路合成更成为重中之重。无疑，以这些产品为出口主打，迟早会造成销售的重叠以至于内耗严重。

长远的解决方案唯需求诸扩大并开放国内市场，但这样做又可能引发许多爆炸性的问题。部分国家的落后现状或可归咎于传统的农业人口所占比例过重,民众的文化程度过低大大妨害了现代法律的植根农村,于是,诸项管理事宜不得不承袭传统的做法,现代化在农村的实现遥遥无期。正如 Fernand Braudel 曾经批评的那样,内陆地区金融管理的放开,对某些人有利,却损害了其他人的利益。由是造成了一系列难以解决的社会问题,其著者如国家主义、城乡对立、宗教情绪、民族冲突等等,且有愈演愈烈之势。

或轻或重,这个地区所有的国家都身陷困境。日本业已挤入发达国家的行列,战后美国的复兴计划在日本的重建上居功厥伟,然而日本的农业在国民经济中占的比重与工商业极不相称,农业已成人们的副业。台湾地区亦不景气,多数民众需要打第二份工以维持生活,政府亦因此不得不对国内市场加以保护,竭力避免国外竞争者的长驱直入给经济造成更大的负面影响。中国大陆似乎没有卷入这场金融危机。然而,失业人数已呈锐升的趋势,在大都市中,摩天大楼里的写字间闲置率已高达百分之四十,与此同时,百万背井离乡的民工依然怀揣淘金的梦想,争相涌入都市。香港地区与新加坡是弹丸之地,倒没有受农业问题之累,不过,作为港口中转之重镇,既然置身于这一困境重重的地区,想要独善其身可不那么容易,注定也难逃此劫。

东南亚危机头绪纷繁,牵一发而动全身,与整个世界之经济命脉息息相关。东南亚地区如何完成现代化转型?关系千万重的地区事务如何运转如意?种种问题至今悬而未决。

形势险恶如此,我们能度过此劫吗?

以史为鉴,我们深知,战争暴力、民族情绪、关税壁垒、铁幕控制都无助于问题的根本解决。纠缠于谁之过失,更是无济于事。所幸者,东南亚土地富庶,资源丰厚,人口众多,国际货币基金组织与太平洋盆地峰会亦为此地区的振兴制定了详尽的计划。万众一心,大山可移。况且我们今日所拥有的先进科技手段与二十年前相比,早已不可同日而语。凭借如上条件,东南亚之复苏应非痴人说梦。而我们应该做的,则是付出更多的耐心与诚信,以期达成进一步的分工与合作。也许这会比马歇尔计划与新经济政策更为成效显著。毕竟,除旧布新、摆脱今日之困境、重建有序之社会,唯自尊自立者能之。

世纪交替的回顾与前瞻

一个学历史的人不应当武断地说什么事必会发生，什么事必不会发生。未来的事由很多潜在的因素掺和而成，纵使我们能了解所有因素的话，它们在时间上的汇集（timing）也不能由我们作主。五十年前，没有人曾预先断定今日中国在世纪末的出处。

可是在另一方面，我们也不能说过去的事对未来的展望全无用场。我们自己的决心即根据对过去的了解为基础。以今较昔，我们尤其处于一个前所未有的场面。过去一百年间中国曾经度过一段空前未有的大变化。这变动范围之大和程度之深都在历史上留下一个永久的折痕。要是我们能充分明察它的逻辑，同时体念它的冲力的话，必定知道它对未来的局势——就说还有五十年吧——仍是有深沉厚远的影响。所以本文从20世纪中国的长期革命说起。

今日局势已相当地明显，我们可以开门见山地说中国20世纪的奋斗，其目的在进入资本主义的体制。我当然知道这句话突然听来深具争议性。可是我所谓资本主义，不为意识形态所笼罩，既不涉入马克思的阶级斗争，也无关于韦伯的新教伦理。从技术的角度看来，其精义在负债经营，亦即 deficit financing。

说来容易，可是负债经营具有全面性的时候，政府发国库券，各公司发行股票，买卖房舍分期付款，学生借款上学，旅游者凭信用卡各处观光，工人以还没有到手的工资作担保去买汽车，作为上班的交通工具——而且人人如此,社会视作当然,法律上行得通,那就并不十分容易了。

因为如此,英国历史学家克拉克(George N.Clark)曾谓资本主义即是现代经济。显然的,现代经济有全面性,一有都有——从生产到消费,从批发到零售,从物资的处理到服务性质的事业——这些因素务必在全国构成一个大罗网,无所不包,以至资金广泛地流通,经理人才不分畛域地利用,逐渐与所有权分离,而且技术上的支持因素如交通、通讯、保险和律师的事业,都要全盘活用。因此,全国经济也如液体之被封闭于油管而保持一定的压力。这是一种极紧凑的组织,因之才能高度地引用科技。

中国在本世纪之初与这形象有千万里的距离,怪不得要经过一段天翻地覆的场面,整个改造,才能在世纪之末接近这形象的边缘。

在叙述中国长期革命的过程,我服膺于黑格尔所说的,在经过如此一段广大的群众运动时,当事人不可能看清他们所行事的实际意义,虽领导人亦不过较旁人所知略多一二。征诸英国 17 世纪的内战和法国 18 世纪的大革命,其情形确是如此。中国的情形又较之更为复杂。只因为今日有了多余几十年的历史之纵深,才使我们参照它们的成例,逐渐看清这段往事的来龙去脉。

世纪初年,中国尚逗留于皇权时代,上层组织以昊天明命为号召,具有宗教性格;中层领导以熟读诗书的文士为骨干,用刑法作执政的张本;下层以传统的小自耕农小块经营,为当兵纳税的基础。征诸现代组织的需要,以上可谓无一是处,因此只得一切放弃,整个重来。这也是几十年大量破坏之所由来。

在建设方面,蒋介石与当日国民党的作为,无非替中国创造一个新的高层机构,包括统一的军令、征兵法、法币、税制与教育体系。我的经验,我刚一提到此处,立即会听到"贪污无能"的指责。我曾在国军内充当下级军官十年,众目所视,我不能也无意否认这些弊病,只是那不是大问题之重点。蒋之创作为传统体系所无,而且仓皇提出,置放于残余的旧社会之上,缺乏中下级的支持。但是最低限度它以补苴罅漏的方式支撑难局,使中国独立自主。若没有他这段奋斗,毛泽东的人民共和国即不能应时而起。所以,他们人生上算是对头,他们的事业却在长远的历史里表现而为一种接力运动。

毛及中共最大的成就,则是重建中国的基层。当时土地改革的着眼还不外以全民平等为依归。以后才能看出:它的实际意义在使土地的使用规律化和整体化,使今日的承包到户为可能。同样的,倘使没有这段预备工作,邓小平的改革开放也无从着手。

说到这里,我必须插入,在马克思看来,共产主义社会为人类经济组织的最高层。不论这种理想能否实现,总之在马克思的体系里,即没有一个待开发的国家可能跃级而进入共产主义社会之事例。在《资本论》里,马克思提及中国9次(也可说10次,看你如何分段),7次之中即把中国与印度并列,只算是殖民地,有一次在讲到太平天国时涉及中国,还有一次提及中国工资之低,可能将其他各处的工资一并压低。总之,中国一切为落后,有如毛泽东所谓“一穷二白”。

中国不具备共产主义社会的条件,人民共和国的过程中却有一段时间,符合于“战时共产主义”(Wartime Communism)的规划。此中情形是这样的:

前述资本主义的三个条件——即资金广泛地流通,经理人才不分畛域地任用和技术上的支持因素全盘活用——虽在准备不充分时也仍可以由国家作主,提前强制执行。在战时共产主义的领导下,资金概为国有或为国家征用,分派资金是政府首一任务。经理人员亦完全由公家指派,私人无自由就业之可能。服务性质的事业如交通、通信只在重点上配备,保险及法庭和律师则可以全部或大部省略不用。

如此之架构,缺乏由民间自然发展的体系所能具备的繁复与纵深,只能粗枝大叶地应景。有如苏联以大至五十万英亩集体农场、超级水力站和钢铁厂为骨干,忽略供应民间的消费物品。又因其交往价格纯由政府片面指定,往往涉及亏本生意而无法摆脱。

另一方面则因其管制范围之大,权力之集中,只能在对外隔绝、对内专制的条件下执行。其所制造也只能着重于军需和国防工业,这种种条件使其国家虽平时亦具战时体制。

我不能说战时共产主义对中国毫无贡献。即在“文革”期间全民穿蓝布袄吃大锅饭,也仍替国家挣集得一段资本。

要是没有垫下这段根基,后来在改革开放时吸收外资,决不会如此地得心应手。

自从改革开放之后,战时共产主义已被放弃。1985 年中共军委会的扩大会议正式宣布停止准备立即作战的姿态,更是划时代的明证。

以上各节概述使我们了解,从长久的眼光看来,历史之发展必有它的逻辑与节奏,局部的差迟错失不足以损折大局。

中国为了迎合于世界的潮流全面改造,已付出至高的代价。资本主义虽然有它本身的缺陷,但是它以负债经营的办法,提前生产,提前分配,制造一个日新月异的场面,使每个人在现身地位里抱有进步图强的希望,如此才为众望所归。我们看来:

中共主持目下的建设,地位相当巩固,尤其在技术条件下无可替代,可是中国经济汇合世界经济,更需要西方各国的善意支持,在这情形下任何人没有理由把自己解说得只更使旁人厌弃。今后中国进入法治阶段的趋向,较前明显,许多重要的法律如公司法、劳动法、保险法、对外贸易法和国家赔偿法都于最近十年内外公布,过去虽有类似的法律,但是社会条件不具备,无法普遍执行,于今经济多元化才不致文不对题,人身上的自由也要在法治阶段才有实际的效用。

台湾海峡两岸的争执应当不致用武,因为两方没有实质上的利害冲突,所争纯在名位问题。

中国的隐忧在于人口过剩,农业工资过低,摆脱亏本的国营企业又要增加城市中的失业人数，但是瞻前顾后没有旁的办法，唯有更加速工业化，疏通前进的部门才能提引落后的部门，彻底的解决还在科技，这类问题有全球性，因此中国更须要开诚布公地与外界合作。周边国家如印度及印尼的出处可能在下一世纪对中国有很大的影响，有如 20 世纪内中国的出处已给美国和日本很大的影响。

总之，我们说今日中国已在历史上面临一种突破，这并不是说所有的问题都已解决。新世纪必会产生新问题，这是人类历史的必然趋势，我不相信历史的终结。

中国的经验[*]

葡萄牙将澳门交还中国，是一件值得庆贺的事；今年年底美国也会将巴拿马运河退还给巴拿马。同样地，这些地方的特殊状态已经达成了它们的历史任务，由占领的国家主动地退回原有国家，不失为明智之举。

我学历史，自中国之明代开始。要是只顾个人兴趣的话，我甚想与各位检讨为何当时郑和已至东非，而不能绕过好望角，几十年后，大西洋国则能。

1970年间，我与英国汉学家李约瑟很接近，他有一段解释：郑和可能已经绕过，只是当时气候风把他吹入了大海之中，他见不到陆地，只好东返，因此也不知有好望角，然则这完全是他个人推测之辞。我虽对李博士十分景仰，却不愿和他一样让葡萄牙除澳门之外，连 Dias 与 da Gama 航海探出的功绩也一并交给中国。

在此，让我提到一个比较严肃的问题：李博士纵对中国有某种偏爱，他不能否认在1450年之后中国较欧洲为落后。为什么如此？我们都认为资本主义之兴起与中国之不能效法是一个很重要的关键。

但什么是资本主义？这就成为一个麻烦的问题了。不仅言人人殊，而且以一个国家的经验写来的报道不一定和其他国家的情景符

* 本文为1999年10月23日作者在葡萄牙里斯本“大西洋国：葡、澳与中欧关系国际检讨会”上发表之演讲稿。——编者注

合，过去的情景也可能与今日的状况有距离。一般通病，更在于写报道的人受意识形态的支配。

在李约瑟博士的导引下，我曾花了一段长时间思考这问题：什么是资本主义？最近三十年来，我的工作与著述，也无不与这问题有关。今天我来报告一点心得，与这次开会的大标题相符合。最近这些国家——葡萄牙和中国、大西洋国和 Middle Kingdom——都处于经济改革和产业私有化的过程，我希望我的报告为应景。

首先我必须指出：在 20 世纪末期，用马克思的阶级斗争或韦伯的新教伦理来概括资本主义早为过时之论。以今日的眼光看来，同时也能包括历史上的事迹，资本主义最显著的特色为“负债经营”，亦即 deficit financing。

难道有这么容易吗？各位可能要问。

在负债经营下形成的经济体系中，政府发行公债，大公司卖股票，工人上工立即用还没有到手的工资作担保去买汽车，学生利用借款上学，旅行时用信用卡，而且人人如此，造成风气，社会视作当然，法律上也行得通。

因为如此，英国历史学家 George N. Clark 认为资本主义即是现代经济。

但是现代经济有全面性，金融的展开务必透过任何部门。从政府到民间，从生产到消费，从批发到零售，从物资到服务性质的事业，都能公平而自由地交换。于是全国的经济因素构成一个大罗网，也如液体封闭于油管之内，保持一定的压力，以致资金广泛地流通，经理人才不分畛域地利用，逐渐与所有权分离，技术上的支持因素——如交通、通信、保险和律师的服务——都能全盘活用，彼此支持。

说到这里，我要承认马克思说初期存积资本，是用掠夺、贩卖人口等方式行之，确曾在历史上发生。但是在今日，这已不能被视为资本主义的共通性格。韦伯的新教伦理，也在某些场合上有它的用途：有些国家,在经济发展上,不靠外在的纪律,而以内在的良心为约束依据,即能达到某种突破。但是,这算是特殊情形。威尼斯可算世界上资本主义发展最早的国家之一,它就没有经过这样一种阶段。

如果我们不被意识形态把持,从技术的角度看历史,负债经营是资本主义的不二法门。从1694年英伦银行的成立到今日中国之申请加入WTO,都出于这原则。它的特点,不在剥削,而在以紧凑的组织,高度地引用科技。前剑桥经济学教授Joan Robinson说资本主义在世界第二次大战之后出现了一段新生命,即是针对这种积极性格着眼。她引用了马克思在《资本论》第三卷里面说的,私人资本经过高度竞争,利润下跌,于是全民受惠。

中国因为防洪、救灾和对付北方游牧民族大规模内犯,在公元之前即采取了一种特殊体制:政府培植了数以百万计的小自耕农,而由中央政府向他们直接抽税,以作动员的准备。这种体制,规模大,表面看来冠冕堂皇,实际组织结构简单,可变性小,因此质量脆弱。我最近将中国自明朝以来的财政税收数字和同期的英国作比较,即发现中国在全明朝还能在纯数目字上占先。及至英国经过光荣革命,公私都采用负债经营的办法,中国方始落后。18世纪之始,英国人口才六百万,其国家支出已与人口一点五亿之中国相近,以后更使中国望尘莫及。

难道中国的政治家没一个人看出当中的缺点吗?

因为这篇报告以高度紧缩的方式写成,我除了下面举有实例之外,先只能简概地说。因为在现代交通、通信工具出现之前,庞大的文官组织只能按部就班,一切依赖成规。经常以一个简单的数目公式囊括全部体系,最怕变数。因此,如果一个官僚想要提出新方式,结果往往只会在文官体系之中造出分裂现象。尤其是财政数字,一般无法核实,所以一个技术问题,经常在几次争辩后,演变而为道德问题。改革者也难避免扰乱体系的坏结果。在我中文的著作中,我曾提出很多实例,如汉代的桑弘羊,唐代的韦坚、刘晏,宋代的王安石,元朝的阿合马、桑哥、卢世荣及明代的张居正。他们都想提出新方案,扩大国家财政税收,却没有一个得到好结果。

当中,以王安石的例子最容易使我们了解传统中国不能在西方力量进入之前力图改革的一大主因。

王安石是11世纪的大政治家,他得到了皇帝的信赖,于1070年任为同平章事,即有如今日之首相。

在他的改革计划里,首先将全国土地以东西和南北各一千尺为一方,方内土地按肥瘠分为五等抽税,以作新税收的基础。所谓青苗钱即是一种农村贷款,春散秋收,取利百分之二十,在当时并不为过。市易法将政府多余的物资放给商人,买卖生利。免役法令民间向政府亲身服役的义务一律改付代金,由政府另雇替身。初看起来,他的计划可谓将财政税收片面地商业化,也和我们所说的负债经营相符合。他自谓他的计划实现时,可以“不加税而国用自足”。亦即民间经济经过一段刺激,交易次数频繁,幅度升高,向他们收税,不用提高税率,只要以原有税率加诸增进的幅度之上,即可达到加税的目的。

因为王安石远在中世纪即能提出近代的经济原则,他因此成为了不少学者思考的对象。

可是学者们最容易犯的毛病,乃是忘记了我开始提及的现代经济之全面性的特质。很多著作在检讨王安石失败的原因时,反根据当时改革使文官体系分裂的情形,将赞成的和反对的两派分为前进分子和保守分子看待。

而根本的问题是,现代经济之有全面性,乃是基于许多技术条件的支持,例如:交通、通信的设备能使统计确实,货币制度之健全能使广泛的交易可行,一个独立的司法系统足以保障各种交易确为公平而自由,而且社会的基层组织已经成熟,内中各种成分需要交换,是为常态。法律之能通行,全靠社会力量的强迫性(social compulsion)。如果以上的条件具备,执行不难。否则,所立的法与社会条件发生距离或甚至相背驰，则难见效，甚至成为具文。

如果我们引用以上的眼光检阅王安石改革的成果，即可相信当时反对派提出的指责虽然可能夸大，却不是没有根据的。他们指出：国都开封府附近的“方田”，因为不能克服技术上的困难，同时又要交纳当年的赋税，只能“随方随止”，以致二十年还未完成。青苗钱贷款于民，不以个别农户为对象，而是编排于一村一镇，也不问个别的农户是否愿借，而是一律摊派，还款时集体负责。并以“大户”为每一单位的担保。所贷款原出自预备赈荒的储备金，有些县份的预备金早已亏欠，这时候被派缴纳青苗钱的利息，以致并未贷款于民，仍然将所谓利息编为一种正赋之外的附加追缴。免役法则是强迫无钱的农户出钱，显示着金融经济尚未在城市里打开，却先要在乡村里强迫实施。市易法则找不到适当的商人愿和政府打交道，只能由官员亲自出马，在市场买卖各物。但凡他们贩卖某种物品，那物品就昂贵。

这种种指责暴露着背后的社会状态：中国的农民，耕地过小，也无力担负繁复的诉讼费用，官僚只能把他们看做集体的族群，以刑法作张本，民法始终未能展开。如此，政府所标榜的开明专制，多只是一种修辞学的功夫而已。因此，真理总是按着威权，由上至下。这种体制，本身缺乏应变的能力，就无力支持王安石的方案。

王安石之目的，是要使国家的制度长久地置于发育成长的过程中。以上种种也可谓之为传统中国之悲剧：政治上的初期早熟，在纸张尚未发明之前即先造成了一种高度中央集权的体系，以后为免于分裂，便一意维持这体系，始终不能使地方性和专业性的因素发育成长，以致一旦被西方赶上，各种弱点同时暴露。

最后王安石总算得其天年而终，可是他的“新法”被推行又被放弃，如是好几次，至北宋灭亡为止。千百年后，还有历史学家认为他应当对宋代的覆亡负责。

北宋之后又有南宋，中国被契丹（辽）、女真（金）和蒙古相继侵入,这当中当然有很多复杂的因素。可是从财政税收的角度来看,北方的少数民族动员简单,补给线短,不受官僚作风的羁绊,他们所主持的法制全部可行,是以往往能以之击败中原的多数民族。可是也难能令人相信,他们入主中原之后,也都统统模仿中原体制,也都爱慕社会生活的繁复状态,开始憧憬于扩张性的财政税收。这时期也值纸币通行,这些少数民族建立的朝代无不因通货膨胀而亡国。彭信威是中国货币史专家,他说中国人民受恶性通货膨胀之害,世无其匹,重点在指这一阶段。

1368 年朱元璋建立了明朝,他对扩张性的财政特别存戒心(虽然他也滥发纸币,这对全朝代的影响不深)。他对当时财政税收之设计,可谓一意复古。有如会计单位:宋朝已用铜钱之缗,他又恢复为谷米之石。王安石以来的出钱代役,他又恢复为现身服役。明朝各种税收的幅度,都有一定的限制,由户部刻石刊载。朱元璋又设计一种奇怪的补给制度:即是不设中央银柜,而指定某税收单位将一定的谷物按时交纳于某需要开销的单位。户部只监视这种侧面的收受,本身不参与执行。从此,全国盖满了重叠的而相互来往的补给线:一个开销机构可能受到十余个供应机构的支持,同时一个供应机构也可能受命供应十多个开销机构。

如果王安石的新法是超过时代,则朱元璋的复古不仅将时钟后拨,而且将中国的中古时代延长了好几百年。

而且 1644 年后,清朝代替了明朝,朱元璋的财政设计依然存在。户部仍然不是执行机构,国家仍然没有中央银柜,此来彼往的补给线依然存在。只是以前的谷物交替,现在已改用银两。1840 年鸦片战争发生以后,道光帝命他的侄子奕经去反攻宁波,他的军费不能整批赍付,而是要他在不同的地方,设立四个不同的银库,去接收各地零星押运来的款项。1894 年的黄海战役,李鸿章的北洋舰队接受好几个省份的津贴,李却没有权力干预各省的财政。

我们在检讨毛泽东以前的中国时,务必承认这个现实:中国的问题不是一个正常的组织当中发生了脱节的情事,而是健全而正常的组织并不存在,往往用以应付局面的机构至少比它想解决的问题落后二三百年。

20世纪初年的中国,仍然是一个农村编成的大组合,也仍然缺乏民法的支持。它之无力筹集款项作大规模的突破不说,即是现有收入也只能用于维持这大组合的日常生活,而不能顾及其他。

各位不难想及:过去几百年政府专注于维持小自耕农的体系,施政的要点重在管教而不在于发展服务性的事业,甚至视提高生活程度为畏途(因为它带来一种繁复的社会现象,不容易为一元化的官僚集团操纵)。那么,其结果只会制造一个资源有限、缺乏可变性而且人口庞大的社会。毛泽东概括中国为"一穷二白",无非是对中国几百年来缺乏突破的一种指责:以庞大的人口追求于有限度的资源则"穷",缺乏可变性,不能容受多面目和多色彩的社会现象则为"白"。

在这情形下,治外法权应时而生。当我年轻时在中国的时候,我们对治外法权非常痛恨。当时没有想到,我们的社会条件不具备对外贸易的法治体系,而在列强炮舰政策之下,闭关自守已不复可能。将外方的法律在隔开的地区施行,成为了唯一出路。以后我有机会读及英国史,才知道英国尚在保持农业体制的时候,意大利人前往伦敦经商,他们也保持着治外法权。

无论如何,中国在20世纪受了内外极大的压力,开始作全面的改变。事后看来,其改革范围之大与程度之深都在人类历史里无出其右。

1911年的革命使中国推翻了两千年来的皇权。这种皇权以昊天明命作标榜,具有宗教性格,并且与宗法社会互相呼应。它之被放弃,足见革命高潮,已不可遏止。次之传统的文官考试制度,不仅为朝廷选拔了人才,这些人也因此成为各地乡绅,形成了朝廷与地方之间的上下联系。这种制度也先于1905年停止。中国的小自耕农,则于1950年间的土地改革而消失。

这样看来,我们所谓传统中国,从上至下已荡然无存,而这当中的经过是可以有各种不同的解释。

这故事如何结束?以上提及的王安石、朱元璋,昊天明命、科举考试、小自耕农的体制,是否与我们今日历史上的立场毫不相干?

经济史学家熊彼得(Joseph Schumpeter)说,历史学家的任务,无非引用过去事迹,将今日的立场讲解得合理化。中国以世界上五分之一的人口,不可能在历史上来无影,去无踪。中国过去为组织不合时代,已付出至大的代价,重新改造。简概地说,自1911年至1926年蒋介石兴师北伐,中国经过一段军阀混战的局面。一方面旧体制已经崩溃,新体制尚未登场的过渡期间,符合霍布斯(Thomas Hobbes)所说"所有的人与所有的人作战"之无秩序,另一方面也表示着新兴的地方武力,将在民族复兴期间扮演一个重要的角色。

现在看来,蒋介石与国民党在这过程中的贡献,是替新中国创造一个高层机构,包括统一的军令、征兵法、法币、税制和新教育制度。他趁着对日作战期间,废除了不平等条约,使今后的中国能独立自主。

可是各位不要忘记:事实上的真实性不一定就是历史上的真实性。提及蒋介石我们不能忘却前面讲的中国社会只是无数农村的一大组合,一穷二白,缺乏民法的支持,比外界赋予的问题要落后二三百年。不仅各位在外很难体会这种历史的真实性,即使我们在内也可能视而不见。我还记得我们在军官学校的时候,钢盔涂油,阅兵时戴白色手套,满脑袋腔新式战术。及至下部队发现我们的士兵半像乞丐,半像土匪。我们不仅不用新式教育去感化他们,还随着他们去吃狗肉,讲粗话,对老百姓心狠,以为如此才有传统的英雄好汉性格。

这样看来,蒋介石的高层机构只是仓促地敷设于残余的旧社会之上。

传统的土地税，收入过于短少，只能供地方政府的开销，还谈不上经营服务性质的事业。北伐之前，蒋之军费，一部分得自鸦片公卖，由商人承包。占领南京之后，因为收回关税自主权，得以稍微的宽裕。可是至1936年，亦即对日抗战之前夕，整个国家的预算，还只有国币十二亿元。以当时三比一的汇率计，实值美金四亿元，不及今日一个小公司的出入数。虽有当时购买力之不同，以这数目去维持海陆空军、兴办教育、支持建设，必至捉襟见肘。各位不要忘记，蒋之规划，我们称之为新中国的高层机构，概为传统体制所无。而且抗战军兴，海岸立即为敌方封锁，所有关税收入又全部失去。

1991年，我得到台湾《中国时报》的资助，获得一部分国民党的文件，包括片段蒋之日记。将这批资料参对美国公私的报道、日本和中共的文件、蒋之敌对及部下的记录一并阅读，并且征诸我个人做下级军官的亲身经验，我得到的结论则是：蒋以合法与不合法的手段，道德及非道德的方式，将他自己与各方的关系牵扯拖拉到极大的限度，以补助组织制度之不足。

只举出几个简单的例子：抗战后期，中国军队还称全员三百万，实际只有步枪一百万支。每月兵工厂用来造轻兵器子弹的原料三百吨，还靠美国飞机空运输入，制成子弹，平均每兵分得四发，包括机关枪所用在内。我当少尉排长时，月薪四十二元，通货膨胀已达十倍以上，已去无给制不远。这时候高山上的土匪出资收买我们的逃兵带去的轻机关枪，每挺七千元，等于我们一个上等兵四十年的薪饷。我们按征兵法抽来的壮丁，通常千里行军到达各部队，路上无休息及医药卫生的设备，经常只有十分之一的人数能够到达驻地。

中国的抗战，是在这种情形之下完成。虽然没有完全凭己力将日本打败，最低限度已将强敌拖垮。好坏不说，一个国民党的官员贪污无能，必有十个尽力牺牲。在实证主义的立场上讲，我不能抹杀他们对新中国的贡献。自他们造成一个高层机构之后，中国即成为一个独立自主的国家，毛泽东不可能没有这段预备工作而独自完成他的千秋大业。

而毛及中共的贡献，则是造成一种新的低层组织。在改造期间，他们有意地不用高层机构，整个地避免都市文化，以干部开会讨论代替官僚组织，军队则以无线电联络，并且以迭次的整肃和斗争获得立法的功效。这种种行动不是我们所能赞扬或提倡的，只是事后看来，经过土地改革，他们确能重新造起新社会，与旧社会相当隔绝。同样的，我们不能因为对少数过激的共产党人之反感而忽视中共内数以千万计的青年男女对中国的贡献。他们在极端困难的情形下，无代价地工作几十年，才能使中国进入今日的局面。

土地改革的过程中，最初的公平主义已在实用的场合上逐渐被放弃，代之而为土地最有效地使用。今日的承包到户，使千百亩的耕作地在私人经理的情形下，带竞争性地发挥最大功效，也仍是继续接受实证主义的结果。

既有新的高层机构，又有新辟的基层组织，则必须注入上下之间的联系，才能构成永久体制。于是“摸石头过河”——也仍是实证主义——应运而起。1980 年至 1990 年间北京方面各种立法工作相继展开，有如公司法、劳动法、保险法、对外贸易法和国家赔偿法都在这期间出现。难道过去这类法律全不存在？

据我所知，此类的法律，过去确是有的。国民政府在南京的时代，就通过了很多此类的法律。只是缺乏社会的强迫性在后支持，也就是 18 世纪的社会形态无从施行 20 世纪的法律，这些法律因此成为具文被遗忘了。今日的法律与以往不同，则是它们已能渐进地通行。

我在此一再提及实证主义，也可以说是因袭于黑格尔所说，在一种广大的群众运动之中，即使领导人物也不能完全明了它的实际意义，只有事隔几十年，有了够长的历史之纵深，才能使人了解它在组织上所起的作用。

我所谓实例是这样的：中国抗日战争期间，被驱入内地，迄至1939年各省的产钢量总共只有一千两百吨。一千两百吨！那只能架一座小桥！以后经过资源委员会的惨淡经营，至抗战后期的1944年，也还只有一万吨。现今在1990年代，则早已超过年产一亿吨。这也就是说，现今每年三百六十五天，每天二十四小时，任何一小时的产钢量即已超过1944年在内地的全年产量。没有如此的成就，中国绝不可能吸收如是许多的外资，作今日改革开放的基础。这种成效不可能只是由于一人一时一党一事的力量所可左右。

至此我们可以断言：中国虽然经过战时共产主义及“文化大革命”的阶段，全部旅程，依然不悖于历史上长期之合理性。

所以，综合以上的观察，今日中国已进入“资本主义”的阶段。这也就是说，私人资本在公众生活之中，发挥了最大的作用，负债经营是一个紧要的关键。很多重要企业，尚且在国外筹资。马克思追溯历史上国际资本之源流时，曾在《资本论》之卷一指出：这种资本实由威尼斯输至荷兰，再至英国而流入美国。如此看来，今日之经济愈全球化，中国愈融合于世界潮流，与西方文化汇合。这一切也仍与我所说历史上之长期的合理性相呼应。

那么，如何理解社会主义呢？

在20世纪的末叶，社会主义已是任何的开明之资本主义的体系所必需。今日去《共产党宣言》已一百五十年，资本主义能够依然存在，主要由于它能纠正自己的错误，补救本身缺陷。比如说，《共产党宣言》里面所主张的废止童工、施行累进税制、提倡义务教育及由政府管制信用等等，在当时看来都有社会主义性格的措施，今日已为资本主义体制内之家常便饭。美国可算资本主义最发达的国家，它预算内最大的支出项目则为社会福利性质的开销。

此中精义则是我们以今日眼光，从技术的角度，而不以意识形态来看资本主义，它不一定与社会主义冲突。只要私人资本能在公众生活中发挥最大功能,社会主义与战时共产主义不同,它甚有扶助的功效。前面已经隐若提及:中国之存积资本,经过全民几十年的节衣缩食,况且至今还要防止人口的过度膨胀,那么,“实现有中国特色的社会主义”,不足以用之勾销我所提出之中国业已进入“资本主义阶段”的解释了。

掌握人类知识之全豹

我们成日坐在地球上，必然会觉得天圆地方，天动地静。譬如说，我家里是一座木制的平房，处在纽约州的乡村丘陵上，每值黄昏，可以看到西山落日。第二天早上一觉醒来，又眼见朝晖出现于后面寝室窗楹之上，经常如此，也不以为意。

然则仔细想来，所谓日出日没，不外我们在地球上的幻觉。其实则是十二小时之内，我们已经自西向东排山倒海地翻了一个转。太阳的方位大致未变，我们自己则已经涉过无边的黑暗，又归还于本位，不过昨晚欣赏日没的一面则已摆在后面，现在则以原来在后的寝室之一面迎接晨曦了。

后面这种看法，才接近于历史的看法，因为历史须要客观，又要带全面性，并且不能忽略时间之重要。

十多年前我著了一本书，称为《万历十五年》，原来想勾画明朝末季自朝廷政治及社会姿态的一个剖面。可是濡笔熟思，就想起万历十五年乃公元1587年，去1588年才一年。这1588年，乃是西班牙发动“无敌舰队”征英而失败的一年。表面看来，一方面是东亚，一方面是西欧，互不相涉。实际我叙述晚明，重点在指出世界史已进入现代的阶段，中国尚以农业为主体的方式治理全国，以致政治、经济、法制统统落后。西欧新兴的国家，以商业的条例为表率，注重远洋航行，以英国为代表。1588年可算为一个转折点。今后西班牙尚以旧式方法治国,滥用宗教威权。英国则经过 17 世纪的内战,全国改组,向外发展,展开了历史的新形貌。虽说今日世界上最流行的国际语言为英语而非西班牙语,还要牵涉很多其他的因素,这 1588 年的转折点,却是此中重要因素之一。中国之落后乃是与西欧的突破相对比,这样看来 1588 年也不是与我所构思的《万历十五年》全然无涉了。

此外尚有很多被我们忽略的情事。中国书籍内即极少有人提及莱潘托(Lepanto)海战。此事有何重要?若是当日土耳其舰队战胜,则地中海成为回教徒之内湖,这也不可能与今后历史之发展不相关联。莱潘托则发生于 1571 年,去万历十五年也只十六年。

这样看来,凡是昨日和以前发生的事物都属历史的范围,远近之事物都互相关联。世界史即近于人类知识之全豹。那么,我们如何掌握它?

我觉得最先就要培养各人的历史观,可能时应在髫龄的时候开始,首要的就是不断地与重要的历史事物接触。

Dorling Kindersley 出版社的《新世纪世界历史百科全书》有这样的用途,我乐意为它介绍。

这书的组织以时间为经,自公元前 4 万年人类登场开始,至现今接近 21 世纪而止。最初只以千百年概述,在 16 世纪之后,才逐个世纪和约每隔十年分纵栏论列;又以地域为纬,非洲、亚洲、欧洲、南北美洲及大洋洲 Oceania(澳洲及附近诸岛)各为一横栏,并且以图片与说明平衡,这样首先使读者了解历史事物时间上发展之层次。例如说,查理曼统治西欧之日在中国为唐朝;郑和航行于南洋正是威尼斯极盛时;清朝入主,明代灭亡与克伦威尔战胜英王同时。你猜猜这有无前例?司马迁作《史记》时有《十二诸侯年表》,此书结构与之相似,只是注重图解增加阅读时兴趣。

书中之叙述,也激动读者的好奇心。举一个例:南美洲的印卡(Inca)帝国领土长逾三千公里,绵延三个世纪。可是无车辆,无牛马,无纸张,无文字。官僚结绳记事,却又能组织社会,颁行法令,治水修路,设计建筑。至今山顶的城市遗迹,既雄伟又精微,使人想象到人类经营能力之奥妙。

我们的一代在年轻时,倾慕欧美,怀恨日本侵略中国,却又不去研究了解日本,既不知有大化革新,更不知德川幕府。第二次大战之后我居留于日本,才领悟到战前两方之隔阂与误解,咎在双方。刻下的《新世纪世界历史百科全书》对日本史与韩国史有中肯的介绍,我希望今后此书的读者,可以避免我们这一代的错误。此外,我们对东南亚、亚洲腹地、非澳两洲的盲昧无知,可以在20世纪里轻忽带过,21世纪的中年人恐怕即不能因此而不受责难。观摩欣赏此书的图文,即可作扫除盲点之开始。

教育不仅开拓新领域,还要扫除成见。今日我们提及马克思,很难避免意识形态的争执。可是从纵观历史的读者看来,马克思在19世纪中叶(距今已约一百五十年)作《共产党宣言》时,仍在愤怒于当日之初期存积资本,有如贩卖奴隶,使用童工。有了这种在时间上及客观环境的认识,则我们纵仍有各人主见,最低限度不致偏激。

学习历史到底有何用场?这是一个经常被提出的问题,却没有一成不变的答复。我常对中国的读者说(有如本书的读者,以中文为传媒,与护照上之国籍无关),则是在学习之中,体会到“历史上长期的合理性”。中国在20世纪经过人类历史上最大的一次变动,大多数读者的家庭都经过一段颠簸流离,还有不少人的父兄受创伤牺牲。可是在世纪的末端看来,中国要从我在《万历十五年》书内所叙社会蜕变而为一个外向、带竞争性、以商业条例作主的社会,必须更变我们各人的衣食住行、思想信仰、婚姻教育,当中又无法律可循,则难避免过渡期间之流血暴动。这并非赞成非法,鼓励残虐,只以事已发生,不可逆转,我们与其永远怀记着当日仇恨,不如珍视以牺牲作代价所获之成果。

启蒙运动的思想家伏尔泰见到1755年里斯本之大地震,不仅对基督教无信心,还执问上帝这一个观念:要是上帝慈悲为怀,何以会让这种惨剧发生?我们今日看来,则是逻辑属于人类活动的工具,神学与宗教思想则须以神秘主义(mysticism)作主,两者无法混同。即是本书的读者,看到宇宙从“一声大响”而开始,以后数十亿年后太阳上的能源用断而整个太阳系统覆灭,此中意义何在?这不是历史学家能作主答复的问题,我们只能归而求诸次。我们知道人世间从短时间看去,确有不公平不合理之情事,即有如上述贩卖奴隶、使用童工等都是。可是从长远看来,这些情事都已被革除放弃。又如我和内人上一次往欧洲旅行,时值法国大革命之二百周年,我们的法国朋友尚对两个世纪以前之事觉得惶愧,我们即主张他们不要强调断头台上将妇女、儿童及佣人不分皂白牺牲情节,而注意于大革命带来的“自由、平等、博爱”的精神,表现于1804年的《拿破仑法典》,此亦即重视历史之长期的合理性。我在《资本主义与二十一世纪》书内叙法国,也是从此着眼。

况且,历史也不全是军事政治。固然过去人类历史以兵器与战争为常现主题,即历史学家亦无法掩饰,可是即以此书为例,读者也可以从人文因素如衣饰、建筑、造船、冶金甚至兽医(马掌)工具而得到启示。年轻的读者可能因倾慕莎士比亚而从事文学,因赏玩于新发明而从事于科技。我生在20世纪前期,年轻时不仅对电话、传真、月球探险认为不可想象,即是航空旅行、汽车自备,也好像与我人无缘,买卖公司股票更只是大富豪们之特权。及至今日世纪之末,以上情事或耳闻目见或亲身经历,早已不足为奇。后面之背景即是人类的历史已经过一段长远的进步,自科技至社会,自少数国家至多数国家,全部如此。我们不论男女老少,也都有如一觉醒来地球已翻一过转的历史经验。瞻望未来世纪,当更如此。

《新世纪世界历史百科全书》的作者弗赖(Plantagenet Somerset Fry)是剑桥开明的学者,作品带普及性,但是也不能完全脱离英伦的观点。虽说对鸦片战争的解释公平合理,对东方的读者讲,则只有新加坡之创建而无今日之立国,缺乏菲律宾第二次大战前之抵抗美国、印尼战后之抵抗荷兰,对乾隆皇帝之重要又不免说得过火(在他看来,乾隆为中国新旧交替之代表)。我们应当注意,作者在原序中早已指出,他尽量地提供历史题材,读者大可在这些资料中自作结论。即我在本文提出的看法,也仍只有示范作用,读者也要举一而反三。

我自己在评论我所著书时曾说(1994 年 1 月 10 日《联合报》),既已涉及上下古今,要是说全无差错,只是自欺欺人。《世界历史百科》当中也有小疵瑕。例如说,明太祖洪武帝并未废除奴隶,“乾隆御览之宝”为鉴赏书画艺术品之用,而非甄别公文之真伪,毛泽东之长征只一度接近桂林及昆明,图上所绘可能误认红军曾入此二城。这些地方只待次版时更正。

最后,我毫无犹疑地全力支持作者之结论。大约地球运转再两千次,亦即尚有约两千日,世界即进入新世纪。全人类因进步而产生的问题,有如人口过剩,环境污染破坏,都亟待解决。这是全世界的问题,也只有全人类一体合作才能获得整体的解决。当中只有增加食物生产,利用新科技,觅取新能源为目下看来之唯一出路。

所以,读者不妨将此书摆在床前桌畔,不时浏览,积日既久必会在精微之中,大开眼界。古人说“修身、齐家、治国、平天下”,以道德相比拟。我们在新世纪里注重社会组织与科技之展开,然则自鉴赏东窗晨曦至承认人类历史上长期之合理性,用意与修、齐、治、平同。

道德与技术之间*

从传统学术上评价史家的三个标准“才、学、识”三方面看来，黄仁宇的成就都足以当“一家之言”，虽然他的史学方法大异于中国传统，史观也远较宽容。他近年来的著作风靡台湾读者，虽部分可归功于现实际遇中的社会因素，但不可否认，一位历史写作者深入古典文献，进而以同情的理解发掘出来的“史趣”，透过生动的“史笔”传达给读者，自然会受欢迎。何况在学术与趣味的结合中，黄仁宇表达了他新人耳目的独创性。独创性的背后，是他数十年来杂治中西历史与社会科学的深厚功力。事实上，他在写出几本史学界难得的畅销书之前，也曾长期参与西方学界对中国历史的集体研究，如《明代名人传》与《剑桥中国史》的编纂，以及李约瑟《中国科学技术史》的最后部分。这次访谈的话题，就从他治学过程中与李约瑟合作的一段开始。

杨：您跟李约瑟合作的一段经验颇令人好奇，不知道当时分工、合作的情形怎么样？

黄：他在1968年写信给我要我帮他的忙，研究中国社会条件如何支持科技发展，特别注重经济方面，慢慢就变成我自己研究资本主义与中国的关系。后来我们又写了一篇很短的文章，大概只有五千至七千字，作为《中国科学技术史》最后的一章。写的时候是1974年，后来

---

* 本文原为作者1992年11月在台湾与《新新闻》总主笔南方朔、《历史月刊》总编辑林载爵、《中国时报》人间副刊主编杨泽和副主编黄庆寰的学术对话。——编者注

改了几次，大概是讲中国以农村社会管制的方法垄断经济，整个国家需要统一，须集中一切资源，不容许、不提倡各地方不平衡的发展，几乎就是向最落后的地方看齐，不让你向前，他也用不着特别禁止你，只要不在法律上保护你，你就没办法，所以造成一个很平衡的局面。然而现代经济的特质，就是利用不平衡的方面。假使说现在大陆人力低廉，这是好事，可以利用它，或者各地方资源不等，这是经济上不平衡，但可互相为用。中国却相反，先造成一个平衡的局势。譬如在江苏，县官叫百姓拔掉当地特殊的物产改种稻米，民以食为天，一定要这样，所以造成一种平衡的现象，与政府统治和经济都有关。

杨：大家都知道所谓“李约瑟问题”（The Joseph Needham Question）是个大问题，企图探讨中国何以未能走上现代化，但如你所说，最后一章用的似乎是你的结论？

黄：也不一定，他首先认为资本主义与文艺复兴和宗教革命三者是一起累积的，是同一个 package（包装），这对我个人有很大影响。我很相信他讲的话，我做的时候也照他做。我这个大历史的观念是笼统大体的，我写的历史注重综合，不注重分析。学院派的习惯是分开的，比如 17 世纪的法制学专家，16 世纪的经济学专家，分成无数片段，而我是追求一个大体的；“经济”是学科分类，只在观念上建构的，世界上并没有“经济”这个东西，我们说经济是生活的一个因素，但是你叫不出一个经济出来。什么叫经济？这是大学学院分工合作的办法，实际生活没有这种东西。所以讨论中国这个大问题，我们是不分科的；现在有人批评我也是如此，因为他们是分析学派（Analytical Schoo1），他们造出框框格格，然后以此来作批评。

南：是否总括地说，我们在谈问题时经常有一趋势，就是成功的人找出成功的理由，失败的找出失败的理由，所以失败者在谈问题的时候，永远处于一个会找错问题的命运。譬如近代一百年，中国是落后的，所以我们会提出一些问题，但事实上这个问题意识就蛮有问题。

黄:如果找到正确问题,就能解决问题的一大部分。

南:对!所以我们会问资本主义为何不在中国发生,而我们之所以会问这个问题是因为文明发展的落差而造成这种提问题的方式。可是当我们问自己这个问题时,它又会有几个不同阶段的发展。譬如在近代中西文明接触的时候,我们比较差,于是我们就防卫性地只想到船坚炮利,船坚炮利不能解决问题,这时会有个转折,就全盘西化。这都是我们在提问题时,因为文明的差距,然后问题提错了。或许"资本主义在不在中国发生"之真正涵义是在中国文明为什么长期地停顿、落后。我们在提问题的这个过程,人的学问的累积、增加,慢慢地,真问题才会出现。《资本主义与二十一世纪》这本书不错之处在于,虽然它提的问题还是西方给定的那个问题,可是它不再像以前一些人先含糊笼统地把自己放在一个较差的位置,然后接受或全部否定;它尝试从问题本身找出来源,把西方的一些条理做比较清楚的划分。譬如对于韦伯,台湾到今天还有很多人在讲新教伦理与资本主义。如果我们多读一点书,譬如读美国人、德国人的书以外,也去读读法国人、英国人的书,我们会发现,法国人是不讲这个东西的,因为法国是天主教国家,它根本否定韦伯的学说。又比如,英国历史学家 Hugh R.Trevor-Roper 说过,当时资本主义开始发生,好几个资本主义重镇都是天主教国家,后来新教合法化它自己的那一套韦伯的论点,这在法国人是不谈的。书读多后,我们就会弄清楚这些问题。这本《资本主义与二十一世纪》在这一类问题上就弄得比较清楚,这是第一点。第二点好处是它对中国的历史,原则上还是根据西方的问题意识谈,可是它已不是用意识形态来看问题了,它已将资本主义这个不大清楚的东西,划分成几个不同的范畴。这本书的尝试是从制度面来谈问题,所谓上层结构、下层结构、中间的联系,从数字计算等(当然黄先生以前就谈了很多,这本书也不是第一次出现),它尝试将比较制度面的东西,放到中国的历史架构中来看,对中国有一点同情的理解。"同情的理解"对于写历史的人来说是很难的，尤其中国的历史。这本书跟近几年谈中国历史文化、文明的书之最大对比在于：例如中国大陆学者认为什么都不对，一切符号，长城，黄河，龙……都不对。打个比方，他们要走向海洋，但是我曾对他们说，如果不会游泳，就会被淹死。

黄：他们写的我不认为是历史，而是对历史的反应；他们认为事情应该这么发生，没有这么发生，我不高兴。但历史有它自己的原则。

南：从这些现象，我们感觉从台湾及海外成长出来的对中国历史的看法，开始有一种较成熟的还原。中国大陆一开放，整个脑筋混乱，所以他们在重复着早年的全盘西化，顺着那个逻辑还在发展中。从台湾成长的到西方受教育的比较用功的人，还有像您这样的留美学者，问题抓得较准。这样的对照，我觉得这本书很值得近代中国人好好去读，可以重新反省到许多历史的东西；不从意识形态来看问题，而从比较制度、比较长远的、从对中国同情的理解来看问题。

黄：谢谢。问题本身也决定了许多事——亚当·斯密并没用资本主义这名词（*这名词是1850年左右，先由法国学者发明*），他在法国大革命、美国独立那个年代，就讲到用农业的办法来增加国家的财富不及以商业的办法，这当然与资本主义有关——由商业的体制增加国民的财富。可是没想到短短一二百年，现在这个商业体制不仅支持我们的经济，且影响到政治，用这种商业原则管理我们。很多自由不是真正的自由，我们被金钱操纵，政府做预算或抽税方法不同，这些都管制着我们，我们受了管制而不知道，但除了那个管制外，我们就可以很自由。旧式像中国大陆这样的社会不自由，因为它没有用间接的方法在数字上管理。资本主义本身已改变很多，起先是增加国民财富的一种手段，到现在成为管理方式。我们同日本作战时，我当排长，士兵只有一套衣服，所以在河里洗澡要把衣服晒干才上岸，穷到那个程度。我觉得资本主义也好，说是金钱管制也好，现代化也好，日本比我们强的地方，不仅是精神、意志，也在后面控制它的经济制度，人与人的交换，一个庞大的体制,影响到很多事情。

南:回到先前的主题,在谈资本主义甚至整个资本主义文明时,我们习惯从英、美的经验去了解,您书中提到一个关键,就是我们忽略了意大利,特别是 14 至 15 世纪间的意大利。法国的 Braudel 就特别推崇意大利。我们今天所用的一些西方的概念,像 Cooperation 这个字来自意大利文,另外像社会、会社,也来自意文的 Societa,有很多资本主义后期到今天西方文明一些原生性的概念,也都从意大利来的。例如当初他们的城邦自治、海上贸易,每一阶层都有不同的会社,这些都开创了整个资本主义的形式的。我觉得资本主义有一个核心部分,就是它整个社会秩序是透过自动管理而形成的。意大利的经验在你的书中特别被提到是很关键的,你这本书把资本主义的发生,从英国工业革命往前推,也可以打开台湾很多人的视野。但以下我要提出一些疑问。首先您书中似乎疏漏了很多部分,譬如整个资本主义在进行原始累积阶段的野蛮、残酷,贩奴、投机、抢劫、占领之类的恶行,您着墨不多,但在很多部分又下了很大的断语,您说资本主义后来进步很大,所以不要去否定它,这我不同意。我较相信你讲的 George Clark 所说资本主义后期的进步性是奠基于它前期的野蛮性;问题是任何国家尤其是后进国家,要走向较合理、进步性的资本主义阶段所面临的原始累积怎么来?除了日本帝国对外侵略,以亚洲为腹地,然后很顺利地现代化,很难再找出其他后进国家平稳地走向现代化。原始累积怎么来?这个问题您完全没谈到。我们可以讲自由民主的问题,也是这样产生的啰。您刚才讲到亚当·斯密,他认为民主是根据经济的合理性,但有个问题他也没解决,就是当我们自由民主后,我们要重新分配,就会冲突,但是这个冲突怎么解决?现在有学者认为民主制度一定跟帝国主义在一起的:用对外资源的累积去解除内部的冲突。在推崇西方资本主义之余,我们要知道后进国家这条路怎么走,因为已经没有对外扩张的东西(不能再贩毒、抢劫)。

黄：所以中共前几十年曾强制性地要求农民以低价卖粮食给政府，再配给城市居民，以人为的极低价格，两头扣除，这么省下来筹资本，这是很大的问题。

中国如此，印尼怎么办？菲律宾怎么办？我们知道历史的残酷，可是已经造成了。马克思讲"原始资本累积"，就提到杀戮，荷兰人把整整一个岛上的人都杀了去掌握这个地方，这也是资本主义的一部分；日本没有奴隶制度，但是侵略中国所得，对它也是很大的资本，它同时也苛待了日本农民，当时他们生活很穷苦的。这些问题当然存在，我也想过。

南：因为您是讲"大历史"的，我想大历史里面，这个部分一定不能丢掉的，就是后进国家的发展，怎么放在一个统合的史观里来看。最近我看马尔克斯的小说《迷宫中的将军》，写玻利维亚独立革命的那个将军，让我感动的是这本小说讲尽了一切后进国家的心事。譬如革命成功，进来一堆先进国的顾问，推销他们的发展策略，五花八门，搞得治国的将军无所适从，最后他赶走外国顾问，说："还是让我们过我们的中世纪吧！"

马尔克斯似乎有他自己的史观。后进国的陷阱台湾地区已经跳过了，中国大陆可能也会跳过，但印度、菲律宾、拉丁美洲、非洲都没有过，这时我们讲上层、下层结构、中间联系，对于后进国是很奇怪的说法，你将来若考虑真正的大历史，这些东西您怎么放它？

黄：不能因为我写大历史就想解决世界一切问题，我也不是预示的，只能写到现在为止，因为这种方法看上层结构、下层结构和中间发生的联系，是最直截了当的，我把相同之处解释出来，但不是一个蓝图，并没有要后进资本主义国家都照我的办法去做。批评我的书的分成两部分，一是讲框框格格的，我没有框框格格，世界上若没有马克思、没有韦伯，整个历史还是可以写；第二种说我是目的论（Teleology），我写书没有那么大的眼光，没有一个 universal destiny，我的是很实际的，并没有说一个社会一定会变成怎么样，我是根据自己的人生经验与历史知识，觉得现在中国正朝着这个方向走，就是在数目字上管理。我觉得近一百年中国没有历史，写的都是对事情不满意，满纸谩骂，所以我想站在中间。我觉得自慰的是，在这本书之前已有了《放宽历史的视界》《万历十五年》和《赫逊河畔谈中国历史》，其间有逻辑上的连贯性，但是只到1990年，并没有预言。

南：您的观念对此刻的中国人是一个很具有参考价值和反省价值的历史观点。您是从经济历史学的角度切入了西方资本主义的发展，希望透过这个逻辑去联系今天的中国，这对当前中国是蛮有参考价值的。但目前中国所面临的经济问题恐怕也慢慢要过去了，新的问题可能是秩序的产生，自由、民主的问题，这些在您书中谈得太少。

黄：这个我倒有信心。民主问题要从经济发展的角度来看，这一方面我是学习马克思的，马克思讲社会的生存决定意识形态。我的大历史也并没有要预言，而是比较接近一种"宏观经济学"（Macro-economics）的角度。我是把明朝至今五百年，与欧洲的一些背景如英国拿出来作为研究中国的参考。我在书中也提到了我的限制，你讲的一些问题不是我的能力可以解决的，我非常想再增加研究。

南：我不是学历史的，但我花了较多时间在政治、社会史，包括一些意识形态的研究，我想为你的书做一个注脚，你的书可以从近代一些学科中找到旁证。譬如研究西方资本主义发展过程中，怎么样去定义"他者"（The other）的问题，这本是哲学问题，但西方自15、16世纪，"他者"的定义跟资本主义的发展、帝国主义的形成等都有密切关系；西方"他者"的观念一直有种族主义在里面，这些可以放入理论架构中作参考。例如剑桥大学皇家学院院士 Patrick Collinson 写过一本书，很可以印证你的观点，他讲到新教伦理、新教文明，从16世纪研究整个文化重建、整个资本主义之发生、资本主义的秩序如何产生、中间的阵痛到今天的整个因果，以及伦理秩序、文化秩序全部的形成等，这些很可以印证你的宏观论述。

南:德国的本杰明(Walter Benjamin)说历史的意义是我们不知道的,它被后面的发展重新界定了;用诠释学的讲法就是历史意义本来就在不断开展中。对于这样的观点你的看法如何?

黄:我只能相信它有意义,假如没有意义就不用写历史了,所以 Charles Beard 讲 Writing history is exercising faith。我相信明天的事跟今天有关系,但是我不能证实,我只能有这个 faith。Faith have to be blind,cannot be proved.我们只能相信历史有它的用途、它的连续性,前后连贯,这样才能建立价值观。

南:"所有的历史都是当代史",都反映了写历史者的期望、企图,你对此看法又如何?

黄:完全客观不可能,一定会把自己的志向写进去。很多人讲我参加国民党军队,是一个 Nationalist。我不能完全否定,但也不是就这样子,我也是有选择的。事实上,我想赚钱的话,我可以骂蒋先生,我有很多人没有的机会,可以把他骂得更厉害。我写历史尽量不把自己变成一个 subject(主体),但我有某种认同,只是尽量保持平衡。

林:刚才南方朔建议您改掉"长期的合理性"这个名词时,你回答中强调你写的大历史并没有那么"大",这可能是您过去没有机会讲的,这对读者很有启发性。

黄:这完全是 practical(实际需要),没有旁的字,rational 这个字很大,我当时用这个字没想到会有人将它解为目的论。

林:一般人看了这个字会把它想成解释所有的历史。

南:近代社会学思想,rationality 这个字几乎已成了公敌。因为从西方启蒙以来,一直在讲,这个 rationality 居然造成一个非常 irrational 的世界,这个字已变成一个很可怕的字,这时候突然有一个人讲 rationality,会令人误会。

林:所以您说的 rationality,只是要解释历史上的一些个别的事件,并没有扩大成历史发展的普遍规律。譬如中国和平转换的可能性与发展经验的累积,在你看来不可能适用到其他国家?

黄:我不能讲不可能,但这超出我的范围,例如提到伊拉克,你必须先了解回教。

南:我觉得黄先生的逻辑中有一倾向,也是很多史学家都有的,就是会从结果去合理化过去。历史学家在书写时,内心都有一种张力,因为历史上有很多事很残酷,但确是历史上所发生的事实,所以只能去面对它。对于历史学家心里这种挣扎我可以用《圣经》上的"末日审判"来比喻……所有死去的,都会接受一个终极的审判,而真正终极的意义虽还没出现,或许最后是由上帝来审判的。即使在历史的过程中,那些受苦的、受勋的,总还是会在某一个时间中爬出来被重新审判,像哥伦布。

杨:黄先生的大历史,作为一种叙述及叙述的真理(narrative truth),事实上一点都不枯燥,主题与细节间往往有种动人的平衡。这应当不只是黄先生过去曾以一国民党青年军官身份百战沙场,走遍大江南北,行万里路,读万卷书;也绝不只是他的分析架构。读史,读黄仁宇的现代史,尤其不能抛开其文章叙述不论。黄仁宇的大历史试图解释现代化的诸多问题,不但可满足现代读者对历史的关怀与探询,他对史实背后人情世故的整体观照,对历史推展的眼光,才是让读者感受最深的。但黄仁宇也是比较单纯、乐观的,因为他多少总想把历史推到一个单一的方向上去。

黄:你要写大历史,写 onto-rationality,你一定要乐观。

附　录

《大历史不会萎缩》的编者说明*

林载爵

1985 年,黄仁宇在台北版的《万历十五年》自序中第一次提出"大历史"的观念,他说《万历十五年》虽然只叙述明末一个短时间的事迹,但却属于"大历史"(macro-history)的范畴。"大历史"与"小历史"(micro-history)不同,不斤斤计较人物短时片面的贤愚得失,也不是只抓住一言一事,借题发挥,而是要勾画当日社会的整体面貌。在提出这个观念的同时,他从 1984 年开始撰写《中国大历史》(*China:Macro History*),对中国的历史与文明进行系统的分析与解释。该书 1987 年定稿,1988 年由美国 Sharpe 出版公司出版。他亲自改写的中文版则于 1993 年由台北联经出版公司出版。

《中国大历史》仍然保持着黄仁宇一贯的"大历史"观点:从小事件看大道理;从长远的社会、经济结构观察历史的脉动;从中西的比较提示中国历史的特殊问题;注重人物与时势的交互作用、理念与制度的差距、行政技术与经济组织的冲突,以及上层结构与下层结构的分

* 本文为台湾联经版《大历史不会萎缩》(2004 年 9 月)的编者序。——编者注

合。这些观点在这本书撰写期间及其后的文章与专著中,他反复申论,读者自然印象深刻,但引起的反对意见也自然产生。

针对这些批评,黄仁宇也陆续提出他的回应,这本文集的第一个部分便是这些回应的总集,而以《大历史不会萎缩》一文作为书名,正是要彰显黄仁宇对"大历史"的信念,不因外界的评论而有丝毫动摇。他要借着他的论证重新修订中国古代史、近代史、个人观感及人物传记,这并不是所谓旧瓶装新酒,而是大规模打开门面,有如自隋唐的体系重新估计魏武,固然以旧迎新,也以新问旧,凡事都在再度审订之列。他明确地说:"迄今我没有失望气馁的理由。"因为:"我们虽不能在一分一秒的时间内目击木叶之成长,在长时间却可以体会它在继续成长,而且无从后退。"

本书的第二部分是对"大历史"的再度解说。《中国近代史的出路》《中国现代的长期革命》与《关于修订近代中国史的刍议》三个演讲互有关连,读者若想掌握黄仁宇大历史观的大要,这三篇文章提供了最精要的说明。《中国近代史的出路》是 1992 年 11 月,黄仁宇在台湾东海大学所作的一系列三个主题的演讲,从传统中国的财政与税收到过渡期间的社会与经济,再到现代的展望,勾勒了近代中国的历史进程。他对现场的东海大学师生说:"我们学历史的人不当着重历史应当如何地展开,最好先注重历史何以如是地展开。"

《中国现代的长期革命》也是 1992 年 11 月在台湾中华电视台视听中心的演讲。从大历史的角度看,法律制度与社会环境不相衔接,或是经济的条件变更,或是对外关系改观,整个国家社会逼着从基层再造,当中必有一番变乱,中国现代的长期革命,也是出于这样的要求。《关于修订近代中国史的刍议》是 1991 年 11 月讲于台北中研院近代史研究所的演讲稿。对于修订近代中国史,他提出了四个原则:

一、我们应当继续收集原始资料。

二、在整理各种资料时,不急切地以道德的名义论断。

三、以宏观眼光看历史时，注重非人身因素(impersonal factors)所产生的作用。

四、大历史的逻辑必与当事人的逻辑不同。

他特别强调，写历史与写个人传记不同，个别人物如蒋介石与毛泽东，在人身方面是对敌，但从历史的长远眼光来看，他们的作为在历史上的意义，必定前后连贯。

本书第三部分是时论与短评。黄仁宇对时势的进展保持高度的关切，举凡珍珠港事变、拉吉夫·甘地被刺、东南亚金融危机、“一国两制”，以及世纪交替的回顾与前瞻，他都能提出本于大历史观点的解释。

书中也收录了写于1998年9月的《1619年的辽东战役》一文。公元1618年至1619年的辽东战役是明代生死存亡的一战，黄仁宇以第一手史料作分析，将战争过程作了最完整的叙述，并亲自绘图说明，展现了黄仁宇细腻的史学分析能力。

《中国的经验》是黄仁宇生前发表的最后一篇文章。他应葡萄牙纪念航海探险功绩委员会之邀，在1999年10月23日，于“大西洋国：葡、澳与中欧关系国际检讨会”上发表了这篇演讲。他指出中国在经济发展上所面临的真正问题，是不同阶段的历史经验，如何因为不同的历史条件，被延宕或是被超越。他从这个角度综观了中国自1450年之后的经济发展，并对传统中国的迟滞不进与20世纪中国的改造，提出了他的大历史解释。

黄仁宇曾说：“我觉得近一百年来中国没有历史，写的都是对事情不满意，满纸谩骂，所以我想站在中间。”对于别人的批评，他的回应是：“批评我的书的分成两部分，一是讲框框格格的，我没有框框格格，世界上若没有马克思、没有韦伯，整个历史还是可以写；第二种说我是目的论(Teleology)，我写书没有那么大的眼光，没有一个universal destiny，我的是很实际的，并没有说一个社会一定会变成怎么样，我是根据自己的人生经验与历史知识,觉得现在中国正朝着这个方向走。"他要再三表明的是:"我们只能相信历史有它的用途、它的连续性、前后连贯,这样才能建立历史观。"读者应该可以从本书中的各篇文章了解这番道理。

海外中华学人著作出版工程

徐复观全集

（全二十六册）

简　介

《徐复观全集》共二十六册，收录徐复观先生已刊及未刊之学术专著、散篇论文以及译著，涵盖政治、思想、艺术、文学等众多门类。读者可由此概观先生治学一生之思想演变，研治思想史、艺术、文学之学人也可借此领略先生之治学门径。

定价：1790.00 元

书　目

《中国人之思维方法》
《诗的原理》
《学术与政治之间》
《中国思想史论集》
《中国人性论史·先秦篇》
《中国艺术精神》
《石涛之一研究》
《中国文学论集》
《两汉思想史》（全三册）
《中国文学论集续篇》
《中国经学史的基础》
《周官成立之时代及其思想性格》
《中国思想史论集续篇》
《儒家思想与现代社会》
《论智识分子》
《论文化》（全两册）
《青年与教育》
《论文学》
《论艺术》
《偶思与随笔》
《学术与政治之间续篇》（全三册）
《无惭尺布裹头归·生平》
《无惭尺布裹头归·交往集》
《追怀》

海外中华学人著作出版工程

《钱穆先生全集》[新校本]

作者：钱穆

书号：第一辑 978-7-5108-0917-0　定价：1196.00 元

　　　第二辑 978-7-5108-1272-9　定价：1328.00 元

　　　第三辑 978-7-5108-1273-6　定价：1276.00 元

定价：3800.00 元

《钱穆先生全集》[新校本]（精装）

作者：钱穆

书号：978-7-5108-2511-8

定价：16800.00 元

《黄仁宇全集》（精装·第二版）

作者：黄仁宇

书号：ISBN 978-7-5108-1226-2

定价：980.00 元

《王云五全集》

作者：王云五

书号：ISBN 978-7-5108-1848-6

定价：2980.00 元

《吴稚晖全集》

作者：吴稚晖

书号：ISBN 978-7-5108-1497-6

定价：2480.00 元

《新编唐君毅全集》（待出）

作者：唐君毅